NARROW GATE

美丽产业的活法

THE WAY TO SURVIVE IN THE BEAUTY INDUSTRY

张兵武 ○ 著

广东经济出版社
·广州·

图书在版编目（CIP）数据

窄门：美丽产业的活法/张兵武著：--广州：广东经济出版社，2025.4.--ISBN 978-7-5454-9543-0

I. F426.78

中国国家版本馆 CIP 数据核字第 2024CU3665 号

责任编辑：毛一飞
责任校对：吴莉娟
责任技编：陆俊帆
封面设计：吴东贤

窄门：美丽产业的活法
ZHAIMEN：MEILI CHANYE DE HUOFA
出版发行：广东经济出版社（广州市水荫路 11 号 11～12 楼）
印　　刷：恒美印务（广州）有限公司
　　　　　（广州市南沙经济技术开发区环市大道南路 334 号）

开　本：787 mm×1092 mm　1/16	印　张：20
版　次：2025 年 4 月第 1 版	印　次：2025 年 4 月第 1 次
书　号：ISBN 978-7-5454-9543-0	字　数：310 千字
定　价：68.00 元	

发行电话：（020）87393830
编辑电话：（020）38306079
编辑邮箱：664703063@qq.com
如发现印装质量问题，请与本社联系，本社负责调换
版权所有・侵权必究

前言

穿越窄门

2025年2月底，我在三天之内先后拜访了珀莱雅、自然堂、上美三大美妆头部企业的创始人侯军呈、郑春颖、吕义雄——在过去近20年时间内，这三家企业一直是本土美妆产业发展的"风向标"。

作为一个产业研究者，我与这三位企业家长期保持着不同程度的互动，且个人的事业也不断得到他们的关照与支持，这为我提供了更多观察产业发展的便利。

此行对他们的拜访，让我深切地感受到中国美妆产业已抵达一个新的分水岭。

作为化妆品专营店渠道当之无愧的王者，自然堂于2006年开启品牌战略，此后10年一直引领着本土护肤线下阵营的崛起，引发了新一波的产业浪潮。此次拜访的地点，不在自然堂总部，而在其直播基地，此行让我了解到其品牌影响力已在线上新兴渠道快速提升。更难得的是，在国际化道路上，自然堂也已走在前面，2024年已经成为东南亚主流电商平台Lazada马来西亚站美妆护肤类目销售额第一的中国品牌。

作为一个风格比较另类的美妆企业，上美集团是这20年来极少有的在各个渠道均有出色表现的公司。2022年底在港股上市之后，上美集团开始探索抖音电商之路，很快便成为这一渠道的领头羊——旗下主力品牌韩束在短剧营销方面的创新探索引人注目，其业绩也快速攀升——韩束在抖音的销量连续两年位居美妆类目榜第一，2024年在抖音的GMV（成交总额）高达67.49亿元，推动上美集团年营收冲击70亿元大关。

珀莱雅集团曾经也是线下渠道的一面重要旗帜，近几年成功向线上转型，电商渠道业绩剧增，整体营收跃居本土护肤阵营榜首，并于2024年成为中国美妆产业首个"解锁"100亿元营收的企业——这无疑是整个产业的标志性事件。2024年10月，珀莱雅集团迈出国际化战略的关键一步，在法国巴黎正式成立欧洲科创中心。法国作为全球美妆与时尚中心，拥有深厚的技术积累、丰富的高端市场资源，在巴黎布局将有力地推动珀莱雅的品牌升级发展。

值得一提的是，珀莱雅集团主力品牌珀莱雅2023年的销售额便已突破70亿元，实现营收71.77亿元，如此业绩使得其当之无愧地成为国货品牌中的"无冕之王"——国际日化巨头宝洁将年销量超过10亿美元的品牌称为"超级品牌"，按照这一标准，未来将有更多中国本土美妆品牌陆续达到这一高度。

在21世纪的第一个十年，本土美妆企业若能跻身"亿元俱乐部"便是产业中的佼佼者；在第二个十年，营收突破10亿元的企业陆续涌现；在第三个十年，打造百亿级的企业集团，逐渐成为多个本土美妆企业的战略目标。在上市公司当中，除了珀莱雅、韩束，上海家化、华熙生物、贝泰妮等企业的年营收也已超过50亿元。

如此狂飙突进的跳跃式发展，是世纪之交的人们所无法想象的。2000年前后，宝洁、欧莱雅等跨国企业凭借强大的品牌优势垄断了当时的主流销售渠道，本土品牌只能在市场夹缝中求生，国货被大众贴上低端货的标签。

20余年勤力前行，国产美妆不仅穿越了市场的"窄门"，在销量上与国际品牌分庭抗礼，更穿越了消费者心智的"窄门"，认知度、认可度均获得大幅提升。

作为一个从业者，我有幸见证了这一持续突破的历程。

2001年，我从当时外经贸部下属的中国对外贸易中心辞职下海，开始接触美妆产业。由品牌咨询，到产业供应链，再到行业媒体，我从不同层面深入产业，也在实践的基础上展开研究，20来年不间断地以媒体专栏文章的形式，写下自己观察与思考的结果。如今回首，不期然这些文章如同结绳记事般，以碎片化的形式记录下了产业发展的历史。

职业生涯之初，我作为卡姿兰的营销顾问深度参与了其整体战略规划与品牌塑造。2006年，我创办了专注于美妆产业的品牌咨询公司，作为战略伙伴见证了自然堂令人瞩目的崛起，也以不同的方式参与了一些领先品牌的战略规划与营销传播，并与众多企业创始人展开深入交流、互动。这样的机缘让我得以近距离观察国货美妆的进化并持续梳理产业发展脉络。

作家钱锺书在《围城》里借方鸿渐之口说道："天下只有两种人。譬如一串葡萄到手，一种人挑最好的先吃，另一种人把最好的留在最后吃。照例第一种人应该乐观，因为他每吃一颗都是吃剩的葡萄里最好的；第二种人应该悲观，因为他每吃一颗都是吃剩的葡萄里最坏的。不过事实上却适得其反，缘故是第二种人还有希望，第一种人只有回忆。"这两种人的选择正对应了企业发展的两种活法：一种是"宽门"模式，入门容易，因为门是宽的，路是大的，走的人也多，但越走越难；另一种是"窄门"模式，入门很难，因为门是窄的，路是小的，走这条路的人也少，但越走希望越大。

大多数企业都是习惯性地选择"宽门"，可路却越走越窄。而一开始便入"窄门"的企业，其道路却会愈发宽阔——中国美妆产业这20来年能在激烈的市场竞争中突围而出的，往往是那些在"少有人走的路"上筚路蓝缕、艰难探索的企业。

作为市场竞争中最重要的战略要素，销售渠道是企业走向市场的关键之门。在这方面，本土美妆企业充分演绎了"窄门"思维的魅力。21世纪以来，中国化妆品产业的竞争核心由原来的线下渠道霸权之争演进到线上的流量主权之争，化妆品专营店渠道则为本土美妆品牌提供了切入这一历史性转型的机遇。作为这一渠道的引领者，自然堂初创之时难以进入当时的主流渠道，于是转向少有人注意的化妆品专营店渠道，探索突破之道，积极引导零售门店提升经营水平。以自然堂为首，卡姿兰、丸美、珀莱雅、欧诗漫等一批本土品牌纷纷入局耕耘，因此开掘出美妆国货的"母亲河"。

有意思的是，在化妆品专营店渠道飞速发展的黄金时代，植物医生、樊文花经过一番努力却不得其门而入，遂由品牌集合店转向单品牌专卖店，走"独立自主"的道路，如今都已拥有数千家终端门店（樊文花6000余家，植物医生接近 5000 家），成为这一渠道模式当之无愧的领头羊。

中国美妆产业的发展史，也是品类创新的历史，同样离不开一批敢为人先的品牌。在彩妆领域，在大部分国人还没有化妆意识、本土也缺乏专业彩妆品牌时，卡姿兰率先以系统的品牌化运作模式进入这一市场，有力地推动了这一品类的发展；在洗发水市场，面对宝洁的强势挤压，曾经盛极一时的广东日化阵营陷入衰退境地，而滋源品牌却高举"无硅油"的大旗，带动了国产洗护往高端突围，由单纯模仿、跟随宝洁走向创新求变之路；在越来越同质化的护肤品领域，贝泰妮旗下的薇诺娜在产品开发方面聚焦敏感肌，开辟出了一条宽广的新赛道。这样的案例不仅见于品牌企业，在产业链上游也越来越多。

近些年，国内美妆产业涌现出一种特别值得关注的现象——长期以来，具有医药背景的企业跨界美妆殊非易事，而华熙生物、福瑞达、巨子生物这几家公司却凭借在原料科技领域的深厚积淀，将优势延伸至市场应用端，以非常规方式实现了品牌的爆发式成长，可谓另辟蹊径，树立了新的市场范式，也引领了新的产业风潮。

正如稻盛和夫在《活法》中所说："认真确立基于原理原则的哲学，按这种哲学办，就能促使事业成功，给人生带来硕果。但这过程绝非轻松愉快。"穿越窄门的过程，就是"蚌病成珠"的品牌苦旅，隐藏了企业成长的康庄大道。

本书之出版，乃希望将国产美妆突围背后弥足珍贵的"窄门"思维揭示出来，给来者以启迪。我从这 20 多年所撰写的 100 多万字的专栏文章中，精选部分辑录成册，其中有些文章受限于个人当时的经历、见识，难免浅薄，但仍不失为回顾产业历史的有效线索，故不揣浅陋，未予修饰，如实收录，以期读者对我们所处的产业有更为全面的了解。

最后，特别感谢我的太太邓晓燕，感谢她这么多年对我的包容与支持。谨以此书作为礼物送给她和儿子安乔、安南。

张兵武

2025 年 3 月 15 日

目录 Contents

| 上篇 | 洞察 |

新世纪与危机携手而至 / 3
回归品牌原点 / 11
被重塑的产业格局 / 18
专业化妆品零售渠道崛起 / 26
产业向"美"进化 / 29
大变局，新路径 / 32
彩妆品类的升级与突围 / 36
日化产业的"第二次革命" / 42
感受融合之美 / 47
日化产业的大历史 / 51
马镫与砂器：改变产业格局的专营店 / 55
不对称战争下的品牌悲剧 / 63
跨国企业品牌红利期将结束 / 67
被改写的竞争法则 / 70
直播造神，泡沫沸腾 / 74
超级监管，超限思维 / 78
玻尿酸红利 / 81
三个湖南代表 / 84

"流量主权"之争 / 87
山东美妆，后浪领新潮 / 92
拥抱洗护产业新周期 / 96
迎接中国化妆品产业的"华为时刻" / 100

| 中篇 | 标杆

第二次"长征"，联合利华布局中国 / 109
欧莱雅：品牌金字塔是怎样建成的 / 114
上海家化品牌突围，遭遇"三重门" / 127
奥妮的前世今生：辉煌如过眼烟云 / 130
宝洁传统品牌管理模式逐渐被取代 / 133
雅诗兰黛中国销售神话启示录 / 136
领跑美丽：自然堂十年品牌路全解码 / 139
后葛文耀时代，上海家化难平安 / 153
百雀羚，赋值以复兴 / 155
要跟欧莱雅平起平坐，韩束是吹牛还是 think big / 157
卡姿兰与国产彩妆 20 年 / 165

| 下篇 | 连线

陈丹霞：传承与突破 / 173
刘晓坤：构建国际品牌空间站 / 180
胡兴国：创见未来 / 190
崔京：如何成就第一美妆加工厂 / 199
沈伟良：欧诗漫如何用 48 年做成中国一线品牌 / 209

解勇：植物医生，为单品牌专卖店模式探路 / 219
范展华：诺斯贝尔，跑出中国智造"加速度" / 229
史学东：天玺国际高质量发展的底层逻辑 / 235
樊文花：终端"顶流"养成记 / 242
郭毅群：用中草药科技将化妆品重做一遍 / 251
高春明：越过山丘，开启福瑞达新纪元 / 259
许桂萍：10年还清3亿元债务，心怀使命冲击更高峰 / 267
涂桂洪：跨界创业，换道超车 / 273
郭学平：玻尿酸的产业传奇很难复制 / 279
梁其全：针尖上跳舞 / 285
梁宏丽：提升美妆制造软实力 / 291
朱洪：构建功效护肤方程式 / 302

上篇

洞察

新世纪与危机携手而至

"入世"前后的"土洋之争"

"这是最好的时代,这是最坏的时代",用狄更斯在其记叙法国大革命的经典性作品《双城记》里的这句开场白来描述今日本土日化界的现状,是最恰当不过的。在这个特殊的时间点——中国"入世"第一年,深刻审视我们的发展显得尤为必要。

叙述中国日化市场的发展,可以有多种方式,以"土洋之争"为坐标系,其现实意义更为明显且更具启示性。

本土日化企业与"海外兵团"的"双城"之争发轫于改革开放之初,其中发生了颇多周折,而今在"入世"的宏观背景下对其观照越发显得意味深长,毕竟"入世"给国人带来的心理效应让原本模糊的市场竞争格局更为清晰。

2001年,世纪之交,南风化工、浙江纳爱斯、广州立白、武汉丝宝分别携旗下品牌奇强、雕牌、彩奇、舒蕾蚕食洗化市场,在短短数年间对长期独步中原的宝洁公司形成合围之势。从高空的电视广告到地面的终端售场,汰渍与飘柔都已身陷"围城",宝洁向来为人称道的多品牌策略窘相顿显。让宝洁饱受困扰的已不只是疯狂的假冒产品,在拿起法律武器与地下工厂开战的同时,宝洁还不得不屈尊以其"行业泰斗"的身份与成名不久的本土品牌"近身肉搏"。这些市场迹象似乎表明本土日化企业已初步具备了在单一产品上与自己的"祖师爷"正面交锋的条件。

这些早已开始或者正在进行着的变化,使得"WTO对本土产业的冲击之类命题的答案看起来更为乐观。国人强烈的国货情结不由得让很多人感觉到民族产业正逐渐步入花样年华。

然而，这种上升的势头到底还能保持多久？是否有足够的后劲？这种繁荣的市场景象，是虚火旺盛的表征，还是持续竞争力的现实表现？

前事不忘，后事之师。以长虹领军的中国家电业在鼎盛期曾经让一些觊觎中国市场的国际家电品牌打道回府，让人看到了"土洋之争"中本土企业的美好前景。但好景不长，在"海外兵团"重兵集结高端消费市场的形势下，本土品牌最后只落得一个在低端市场充当价格杀手的角色，紧接民族产业全线飘红的就是全行业的整体亏损。以家电企业的实力、规模与成熟度，在洋品牌的冲击下，曾经的繁华景象居然只是昙花一现，而且这一现象正向其他产业蔓延。随着"入世"的实质化进程的加速，这种势头变得更为迅猛。与本土家电业相比，本土洗化行业无论是研发、营销还是管理与人才，都难以望其项背，但它们面对的海外同行与那些国际家电企业相比毫不逊色。

不得不承认，市场充分开放后，这场竞争将更清晰地表现为蚂蚁与大象间的较量。在与宝洁、联合利华等洋品牌的较量中，暂时的、局部的胜利并不会演变为更大的、全局的胜利。

眼下的忧虑并非杞人忧天，以宝洁、联合利华、欧莱雅、资生堂等企业为参照，目前风头正盛的本土企业，谁真正拥有可持续发展的核心竞争力，或者说不可替代的优势？在市场上不具有核心竞争力的企业，其结局可想而知。

在市场转型期深入探讨我们所面临的问题，对众多已进入或即将进入这一领域的中小企业不无裨益。

危机之所在

危机一方面来自盲目乐观，另一方面来自对竞争对手的肤浅理解。

盲目乐观使得众多本土中小企业在茫然无知中前行，化妆品市场每年近

13%的增长趋势，让欲进军这一领域的本土企业仍以操作一块暴利市场的传统心态与思维方式应对已经升级到更深层次的竞争。

对竞争对手的肤浅理解使得他们天真地认为"中国特色"的市场壁垒将让跨国公司大肆开疆辟土的进程止步于"最后一公里"——广阔的农村市场，这块市场将等着本土企业去占领。冀望通过"农村包围城市"的策略打一场漂亮的反击战，完全是建立在对跨国公司"非本土"形象想当然的基础上。

宝洁、联合利华的愿望是成为一个中国公司，而不是让中国的消费者始终将他们当作外国公司来看待。这种本土化策略结合其成熟的物流模式，使他们的产品占领所有本地品牌所能到达的市场。

"5亿红唇需要你的呵护"，这一煽情的口号表明了某洋品牌进军中国市场最强烈的动机，也昭示了所有跨国企业"入世"后抢滩登陆中国市场的野心。虽然说经过20多年的改革开放，能来中国的知名品牌基本到齐，但它们在中国市场还只是处于"试水"阶段而已。"入世"所带来的信心保证以及更广阔的市场上升空间，将吸引它们以更大的手笔操作中国市场。长时间进行资金投入而不求短期效应的市场培育方式，将让本土企业的低成本优势消解于无形。今后洋品牌会更多地采用资本运作方式，兼并收购本土品牌，通过更为便捷的方式绕过本土市场壁垒。

与此同时，随着国际商业资本向中国的转移，洋品牌实施地面进攻，获得更为强大的战略伙伴。以占领终端起家的一些本土品牌，在国际零售巨头参与中国商业格局洗牌的过程中因终端受到打压，原本赖以制胜的法宝失灵。宝洁与沃尔玛全球合作的双赢格局随着沃尔玛在中国跑马圈地的步伐在中国的各个地区得到复制。须知沃尔玛销售的宝洁产品超过30亿美元，占到了宝洁公司总收益的10%。在这样一个商业资本拥有强大话语权的时代，本土品牌的终端优势又能维持多久？与此同时，民族企业还没摸着与国际商业资本对话的门道。

更为重要的是，懂得经济全球化游戏规则、按理出牌的跨国企业，面对爱打擦边球的本土中小企业，在世贸组织的框架下进行竞争会更加得心应手。

窄门：美丽产业的活法

危机脉象

在洋品牌优势凸显的同时，本土企业潜伏的危机益发突出。与目前一些正享受着辉煌的本土品牌形成鲜明对比的是，一些曾经也如此享受过辉煌的其他品牌正经历着"大观园"末期般的煎熬。

绿丹兰，曾经是国内化妆品产业的第一品牌，其商标价值曾被国家权威机构评估为12亿元，全盛时期在国内拥有69个分公司、6大生产基地、18家合资合作企业，同时在法国、美国、印尼、泰国、新加坡等地设立了6个分支机构或合营公司，集团总资产达36.6亿元，是眼下正风光着的同类企业所不能比拟的。如此一时无两的阵势如今却成了明日黄花，仅六七年光景，这个产业航母便陷入半瘫痪状态。过去，绿丹兰旗下广州环市路上的一间连锁店每月批零绿丹兰系列产品的销售额就达300多万元，这个数目差不多是一些小品牌全年的销售额，可现在每月批零总额不足1万元，连生产成本都挣不回。现在，整个品牌的市场占有率近乎为零。

奥妮，曾高举一面"黑头发，中国货"的旗帜挥师进军大江南北，一张民族牌打得顺风又顺水。作为央视广告大亨簿上的最有气质的品牌之一，"百年润发"的广告与周润发迷人的笑容一样都已成为消费者心目中的经典记忆。"百年润发"能否百年，何以百年？目前尚处于冬眠期、回天乏术的奥妮，难以底气十足地给出答案。

其兴也速，其败也忽。这就是本土品牌较为常见的命运。

绿丹兰与奥妮，两个饱含本土文化意象的品牌，作为民族产业的标志性企业，却迅速衰退。而这只是冰山浮现于海面的一角而已，在海中涌动着的是更为剧烈莫测的暗流。

纵览本土日化企业，潜在危机的迹象主要有如下表现。

一、请得起名人做广告却请不起人才做市场

进入门槛低使得化妆品产业整体从业人员素质较低，人才奇缺，与医药这样技术门槛很高的行业相比更是有天壤之别。与人才极度缺乏形成鲜明对比的是，本土化妆品企业广告启用名人的现象最为壮观，几乎集合了所有具有商业价值的当红明星，港台天王、内地（大陆）新星被一网打尽。不少企业都不惜天价请巨星出场，在电视台黄金时段重金投播，竞相盲目攀比近乎疯狂。成本的畸形投入很难实现品牌价值的累积，由于没有高素质人才团队在市场执行上的有效支持，高端的广告投入所获得的效应被无端消耗。

作坊式生产加家族式管理是很多中小企业通行的模式，这种模式造成了目前的人才瓶颈，让这些企业只能停留在低端市场直至消亡。绿丹兰的一位高层管理人员认为家族企业管理机制是绿丹兰衰败"一切问题的根源"，因为这导致了内部管理的混乱无序，兄弟子侄、父老乡亲都纷纷进入不适合自己的岗位，甚至进入核心领导层，而为绿丹兰创造辉煌、立下汗马功劳的人则纷纷出走。

与本土企业舍得花血本请明星相比，宝洁、联合利华等洋品牌在抢人才方面更舍得投入。作为最受尊敬的外商投资企业，宝洁把到高校的招聘会渲染为精彩的路演，而许多优秀大学生最大的梦想就是要成为宝洁的一员。一些民营企业家可能永远都不会理解宝洁为什么要招那么优秀的大学毕业生去卖洗发水。

一个卓越的人才意味着一个富有潜力的市场，这是本土企业不明白的道理；一个富有市场经验的人才所接触的每一个经销商都是一个可观的微型市场，这也是许多本土企业不明白的道理。在市场运作成本分配方面没有合理的预算、对人才不够重视是本土企业缺乏市场远见最明显的表现，也是本土企业难树百年品牌的主要原因。

花100万元请一支高素质的人才队伍与花100万元请明星做广告，哪个能使企业走得更远？重要的不是钱的问题，而是市场经济下的一个观念问题。

二、偏安于金字塔底导致市场格局的失衡

在产业布局的金字塔结构中，本土品牌始终逡巡于低端市场。目前我国化妆品产业数以千计的国产品牌主要生存在中低端市场，而80%以上的利润被处于高端市场的外资和合资品牌占有。我们能看到的一个生动的景象就是：洋品牌悠闲地分享盛宴，国内品牌却在沼泽地里抢食。

北京三露作为本土化妆品产业的出口主力军，在海外市场已经享有相当广泛的影响力，但旗下的大宝品牌因在大众消费者心目中强大的影响力，已将其母体——三露强力地定格为一个大众型化妆品企业。这无形中对三露往本土市场的高端攀升设置了一层障碍，日后三露若要另创品牌主攻中高端市场，也难以对新品牌有效地发挥"核保护伞"的作用。

而众多进军国内市场的跨国企业在实施多品牌策略时，都有意识地用不同层次的品牌以求全面覆盖各个消费者群体。

"宝洁公司，优质产品"这一给消费者以强烈信心保证的传播语，在强化宝洁企业品牌效应的同时，给沙宣、润妍、海飞丝、潘婷、飘柔几大洗发品牌以强大的市场推力，各品牌分别专攻不同的细分市场，同时整体配合有效辐射大部分消费市场。

作为全能型选手的欧莱雅，在全球拥有500多个品牌和8万多种产品，几乎覆盖所有的消费层次。从高端的兰蔻，到中间的薇姿，再到相对平民化的美宝莲，欧莱雅进入中国的10多个产品已经占据金字塔大部分空间。为了进一步完善其在中国消费市场的金字塔格局，欧莱雅甚至打算通过收购深圳丽斯达旗下的小护士以弥补其在低端市场的空白。

跨国企业对产品结构的完美化追求与对市场的全方位占有欲望，将让满足于在低端觅食的众多本土中小企业体验到泰山压顶式的压迫感。由于产品结构单一，无法有效地消解这种压力，本土中小企业的生存处境将会越来越艰难。

三、品牌升级后劲不足

化妆品产业一直被视为暴利行业，但许多本土企业所赚取的也仅仅是暴

利而已，与洋品牌心安理得地所获得的高额附加值相比也只是小巫见大巫。

化妆品产品同质化程度相当严重，品牌异质化现象却相当突出。同是生产成本不到5元的产品，本土品牌可以卖到50元的市价，洋品牌可以卖到500元。但二者所获得的待遇却是很不公平的，本土品牌挣到的钱会被视为暴利，洋品牌挣到的钱却被叫作高附加值。

何以如此？高附加值来自何处？

技术创新。终端的暂时失利动摇不了宝洁的地位，在给消费者以好产品的时候，宝洁产品最重要的卖点是技术创新与研发，产品每年至少要做一次改进和改良，每年投入的科研费用就达5亿～7亿美元，而本土企业很少能把自己的技术与研发拿出来说事。宝洁与联合利华等洋品牌之所以在面临终端危机的时候，并不亦步亦趋地走终端模式，是因为它们对产品技术创新这一品牌生命线的执着与自信。

产品设计。设计是洋品牌高附加值的重要来源，露华浓、香奈儿的销售往往是"珠"因"椟"贵。洋品牌卖内容更卖包装，但不少本土中小企业的设计不是粗制滥造就是对洋品牌进行抄袭。

品牌文化内涵的塑造。使用兰蔻、美宝莲与同类本土品牌的最大差别，来自心理层面，而非使用效果，这些品牌让消费者感觉到自己与有品位的企业和高品质的文化联系在一起，这是一个自身价值得到肯定的过程。本土品牌在文化内涵上真正值得称道的是如今正处于冬眠期的奥妮，是奥妮让国人在面对内涵普遍贫乏的本土产品时有了一个有底蕴的品牌可以选择。众多企业对这个问题的忽视，是源于一种偏见，即过于关心品牌自身的时间积累，而忘记了文化底蕴主要来自人而非产品。

对消费者的了解与尊重。在近年层出不穷的概念游戏中，我们看到的更多是本土企业资本原始积累的冲动而非对消费者的尊重。以本土自居的民族企业在对消费者的了解与尊重方面很难与洋品牌相比。雅芳的"女人开讲"是品牌与消费者进行深入交流的有效沟通渠道。宝洁在市调方面下的功夫简直让人惊叹。据统计，宝洁每年会和超过700万的消费者进行交流，以了解用户的满意程度和反应，所有这一切，都是为了使宝洁产品的核心功能和外

围功能充分满足目标消费者的要求。

任何一个在这几方面缺乏投入的品牌都不可能获得高附加值。而反观本土化妆品企业近几年的市场表现，更多的是玩概念，企图以低品质的投入切入市场，以与消费者玩心理游戏的方式占有市场。因此，在忽视上述基础工作的前提下，本土企业即使长期烧钱请天王做广告，市场做得再大，也会被消费者有意无意地赋予暴发户色彩。

本土企业也正是因为对广告与策划这些表层功夫的过度迷信，贪恋眼前的低附加值，不能以理性的态度对待技术创新、包装设计、品牌文化，在这些方面的生命力与创造性冲动逐渐丧失，品牌升级的后劲也因此严重不足，难以在更深层次与洋品牌较量。

回归品牌原点

"入世"第二年，即 2002 年，长袖善舞的洋品牌在中国市场跑马圈地，一方面，给本土化妆品产业以典范作用，使其在心存艳羡的同时，明白唯有走品牌经营之路才是长久之计；另一方面，洋品牌市场操作向来是大手笔，挥金如土，无形中给中小企业带来巨大的压力，让其心存畏惧，以为高级品牌经营是豪门盛宴，行业巨子方能为之，小康之家但求温饱，因而长期逡巡于高级品牌经营的门外。

大公司高成本投入高筑市场门槛，加之专家们的过度阐释与理论泛化，让品牌策略蒙上"豪门秘籍"色彩，旁人难窥门径。然而，任何复杂的问题都可以分解为几个简单的小问题。制定品牌策略的人也许是规划专家，但宝洁的区域策略的部分具体环节必须简洁到易于居委会老人执行的程度，且其传播能渗透到街头巷尾。任何大公司，包括宝洁、欧莱雅、妮维雅、资生堂等知名品牌的品牌法则都可以被解密为简单、易懂、易用的程序。就像微软的 Windows 系统一样，这是一个最具亲和力的平台，没有太多的台阶，不论男女老幼，都将成为这一程序的操作者。品牌程序亦如是，零售商、服务商、制造商，不同类型与规模的企业只要善加利用，皆能从中获益。

品牌竞争不只是大公司的专利，也不只是富人的游戏。有的时候四两拨千斤，善用品牌管理的基本法则也是可以的，而不需要巨额投入。

回顾本土化妆品产业的发展史，从一些本土知名品牌从无到有、由弱而强的产业传奇中，可以看到品牌经营的规律，这些是最具借鉴价值的本土品牌成长的法则。

奥妮、姗拉娜、舒蕾、可采是 2002 年最值得玩味的案例，这四个品牌可能蕴含着本土化妆品赖以强健所必需的"壮骨钙"，像所有全球性品牌一样，它们的成长正契合了最基本的品牌法则——定位差异化。

下面简要剖析这四个品牌，以探究品牌定位差异化战略的玄机与魅力。

奥妮：黑头发，中国货

且不论如今的奥妮如何"虎落平阳"（有人在探究其中"落"时甚至把账算到了全球最知名的广告公司奥美身上），它在上个世纪末以本土化妆品产业旗手的姿态向宝洁发起冲击，进而演绎出的一幕市场传奇，无论从哪个方面来说都堪称经典：品牌名称、包装、皂角纯天然概念的提炼、天王刘德华"黑头发，中国货"的诉求，甚至后来周润发"百年润发"唯美情怀，交汇成一曲值得回味的咏叹调。

以挑战者姿态杀入宝洁、联合利华重兵布阵的化妆品市场，当日籍籍无名、市场根基浅薄的奥妮能在短期内打出偌大一片江山，迅速成长为本土洗发水品牌的首席代表，在其巅峰时期，销售成绩在整个业界坐二望一，风头直逼宝洁。

撬动市场的支点是什么呢？奥妮的高明之处正在于其找准了宝洁这一巨人的软肋之所在，并从此出发给自身定位：在国民被去屑因子、维他命原B5之类新鲜的科学名词洗脑洗得差不多的时候，推出皂角洗发浸膏，以中草药护发这一极具本土色彩的诉求对抗洋品牌欧美式的科学诉求。浸膏本是中药制剂中的术语，皂角自古就是中国人洗发的首选。这一定位正好戳中国人潜藏在意识深处的文化积淀，而这一策略是当时作为"外来者"的宝洁与联合利华还不可能采用的路线。试想，当宝洁推出十分契合中国人传统想象的润妍时，奥妮再去打这张牌，结果应该会是另一番景象。

可惜的是，本土中小企业成长过程中的通病也发生在奥妮身上。由于膨胀心理作祟，奥妮在并未强化与巩固这一皂角洗发浸膏概念的情况下，匆忙扩张，将营销重心转向"首乌精华"与"百年润发"。直至后来，推出"大江东去，浪淘尽"这样好看但不卖座的豪华型广告制作，偏离产品定位这一核心诉求走向空洞的形象诉求。这与海飞丝、潘婷、夏士莲长期围绕自身产品核心定位方面做文章、力保目标市场老大地位的精耕细作式经营手法迥异。

舒蕾：崛起于终端

　　舒蕾在广告上虽然并不逊色于潘婷、飘柔等品牌，但市场更多地把它的成功归功于其在营销上实施的差异化战略。确实，舒蕾发展到今天，其产品卖点本身并没有给消费者以突出的印象。与奥妮从产品差异化出发的思路不同，舒蕾选择了宝洁在本土的另一个薄弱环节作为攻击点，从终端直接发难。由于骄傲的宝洁不愿在卖场面前低下其高贵的头颅，拒付进场费、货架费以及其他各种说不清、道不明的费用，舒蕾才得以在终端策略的推进下异军突起。舒蕾独辟蹊径地将广告投放的重心巧妙转向了市场终端——消费者最终购买产品的超市、商场……放弃总代理制，花大力气自建销售网络，采取零售终端促销方式，铺天盖地的铺货+广告+促销小姐，终端市场洋溢着一片耀眼的"舒蕾红"，进而改变了行业内宝洁与联合利华两强相争的格局。

　　长远来看，终端策略并不会成为舒蕾的核心竞争力，它的成功与目前本土商业的不成熟密不可分。现实的情况是，终端与供应商的合作趋于畸形，卖场在缺乏竞争力的情况下将经营成本转嫁给生产厂家，部分商业机构甚至将收取各种费用作为一条生财之道。在这一失去平衡的利益格局下，近来一些城市厂商间的紧张关系不断激化，严重的甚至出现对抗局面，长此以往，本土商业的竞争力将被大大削弱，考虑到自身的长期发展，本土商业也在寻求自身的转型，探求与厂家更为合理的合作方式。随着"入世"后商业格局的变化，舒蕾终端策略赖以推进的机制、土壤将不复存在。而教育了中国消费者与生产厂家的宝洁，对终端的教育效应也将逐渐浮现，其战略盟友如沃尔玛等跨国连锁机构在本土日益得势，到时舒蕾要继续保持终端优势恐怕得改变目前的终端操作手法。

但舒蕾的营销差异化战略定位于终端，无疑是十分现实的选择，这正是它成功的关键。

姗拉娜：专业去痘

如果说奥妮、舒蕾的胜利还有太多资本的力量在起作用，如一律的明星路线、大投入做广告，那么珠海姗拉娜的成功则是定位战术"四两拨千斤"效应最为彻底的表现。

姗拉娜老板崔国防切入化妆品产业时接手的本是一个烂摊子，转到他手上的化妆品公司虽然有10多种产品，但没有一个拳头产品；年营业额只有300万元，亏损200多万元；生产陷入半停滞状态……然而正是这样一个企业成就了本土化妆品产业首屈一指的品牌。崔国防选择了当时国内独一无二的止痘产品——痘胶膏，主攻青少年消费者群体，以一个产品打响整个品牌，其品牌方针是"要让消费者提到姗拉娜就知道是治疗青春痘的产品，要让消费者提到青春痘就会想到姗拉娜"。在产品推广方面，与现在很多化妆品广告盲目地走主流媒体的路线不同，姗拉娜根据市场定位，在《中学生数理化》《中学生阅读》《作文通讯》等学生读物上刊登广告，投入极少。

事实证明，这一定位是极为成功的一招，当年销售即坐上直升机，姗拉娜几乎成为去痘产品的代名词。

有人将姗拉娜形容为一列高速行进的列车，车上除了一节车厢装满货（此处指痘胶膏）外，其他车厢都是空载。实际上，这是一台被误认为是车厢的火车头，既不能换，也不能丢。弱化了它的地位，品牌的核心内涵被掏空，提到姗拉娜，人们还会想到什么呢？正如当年奥妮匆忙将大笔资金投向"百年润发"，消费者多了一个谈论的话题，而奥妮却一下子少了很多本应属于自己的东西。

可采：出奇制胜

作为化妆品产业的新生代，可采的横空出世称得上是品牌差异化的经典案例。

之前，可采的市场细分面临瓶颈，整个行业对于市场创新处于思路枯竭状态。没想到，小小的一片眼贴膜竟然可以作出市场的大文章。投入资金虽少，启动市场速度却很快，2001年，可采迅速成长为上海、北京、广州最有影响力的品牌之一。

可采实现了产品定位与渠道定位的双重突破，大大拓宽了整个行业的经营视野。

在产品定位上，可采独辟蹊径，将自己定位于都市女性的养眼品牌。区别于其他国际大品牌的产品概念，走出眼霜、爽肤水、睫毛膏的产品格局，脱离保湿、爽肤、补充维生素等眼部护理的传统诉求，从"汉方养眼法"进行诉求，开发贴膜类产品，强化眼部护理需求，开辟了眼部美容护理的新市场。

在营销方面，可采从保健角度出发切入药店这一渠道。这一思路虽非独创，却打破了本土化妆品营销纠缠于日化与美容两条线竞争的框架，避免在原有战线上与强手正面接触；同时契合了本土药店产品结构调整的经营转型，因而一击中的。可采给市场带来的启发，进一步激活了本土化妆品在产品结构调整与渠道运作方面的创新。

品牌经营的核心：定位差异化

探究以上案例，定位差异化是其共同特征，无疑也是品牌得以树立的根本。以上四大品牌的发展道路，摆脱了对海外成熟品牌的简单抄袭与模仿，切入"海外兵团"尚无心顾及或无意涉足的势力范围，为本土化妆品企业走品牌经营的路子树立了信心，更带来了最为深刻的启示：品牌经营从定位着手，走差异化道路。

差异化定位之所以成为必然的选择，首先取决于整个市场的发展格局。

以下市场趋势促进了品牌进行明确定位，实施差异化：

（1）市场进一步细分；

（2）产品多样化和产品生命周期缩短；

（3）消费者越来越成熟。

在这一市场宏观背景下，品牌营销必然要去除产品价值与功能的赘肉，强化诉求点。品牌管理鼻祖宝洁旗下的三大王牌淋漓尽致地展现了这一法则：头屑去无踪，秀发更出众（海飞丝）；洗护二合一，让头发飘逸柔顺（飘柔）；含维他命原B5，令头发健康，加倍亮泽（潘婷）。通过差异化定位，挖掘出一个庞大的消费群体。

另一方面，企业现实竞争态势决定了品牌经营必须差异化。企业营销活动更朝向竞争的方向前进，在以耐久的产品、稳定的消费需求、界定清晰的国内和地区市场以及明确的竞争对手为特征的世界中，竞争是"位置之战"，公司之间像在棋盘上争夺地盘一样抢夺竞争空间，在明确界定的产品或细分市场获取并捍卫自己的市场份额。竞争的关键是公司选择在何处竞争。化妆品产业的航母级企业欧莱雅将所属各个品牌之间的界限划得很清楚，并强调每一个品牌的产品都有自己的特色，每个品牌都有单独的销售渠道和销售对象。如兰蔻是整个集团的高档化妆品系列；薇姿产品是保健化妆品，走的是药品销售渠道；而其他的像美宝莲、欧莱雅是大众化的产品，在百货公司或超市销售。

缺乏定位差异化是品牌经营的致命伤，最成熟的企业也不例外。欧莱雅集团时任中国区总裁，刚来到中国便向全体员工提出"要让每个中国妇女拥有一支美宝莲唇膏"的口号，但不久后就不得不改弦易辙，因为他发现如果一个来自纽约的彩妆品牌适合所有女人使用，其处境是十分危险的。他们不可能生产出能以地摊价格销售的产品，他说："我们的消费者可能只是那最有消费能力的30%的人群。"

探讨本土品牌定位差异化案例，可以看到本土化妆品实行产品差异化定位最成功的还是从"土"字出发，如奥妮与可采都是从传统中草药切入，这正反映了本土化妆品产业在现代科技方面的落后，这是不得不正视的现实。所谓的离子、纳米科技，业内人士一看就知道是在玩概念，没有实际的支持，目前想从这方面着手打产品差异化这块牌，无疑是出错了牌。有宝洁、欧莱雅在前面挡着，要想把科技概念玩活，很难！单纯从概念上体现差异化，只会产生泡沫品牌，而不是真正的品牌。

在品牌差异化经营中，企业还需注重品牌个性化的培养。品牌缺乏个性，是大多数二三类品牌的通病。向我们咨询的众多本土中小化妆品企业，有不少正经历着由传统的产品销售向科学化的品牌管理转型，在他们的经营弊端当中，我们看到的最明显的问题是品牌没有个性，这将是制约品牌升级的最大难题。要解决这个问题，尤其要强调产品在定位与形象方面的差异。

窄门：美丽产业的活法

被重塑的产业格局

三大市场动向

对于本土化妆品行业而言，经历了平淡无奇的2003年，2004年则是继"入世"之年后至为关键的一个转折点，这一年是突破直接关系到未来发展的走势的重要时间点。

值得企业关注的主要有以下三大市场动向：

其一，产业融合、市场洗牌是2004年的主流。

2003年中国化妆品工业总销售额突破500亿元大关，对行业来说这是一件大事，意味着整个产业将站到一个新的平台。500亿元是个导火索，将吸引更多其他产业的重量级企业来分食500多亿元的大餐。在资本越来越强势的情况下，资本之手参与操纵品牌成长的轨迹，整个产业将迎来从春秋到战国式的转变。

在市场整合的过程中，部分小企业将因市场逐步规范化而被赶出局，这一点业已验证：由于重新颁发卫生许可证，目前已有1/3的企业被淘汰出局。大企业的日子也会越来越难过，一方面将会出现更强势的渠道商并影响产业发展格局，它们不一定会像家电渠道的国美那样霸道，但不显山不露水照样让供应商难受。另一方面，玩资本或曾经经营主流产业的人要进来，进入的方式主要有三种：一是品牌延伸、另起炉灶，将原有的品牌经验与经营实力转移到化妆品领域，如七匹狼；二是走资本运营的路子，通过并购原有化妆品企业进入市场，类似浙江国投通过控股健力宝进入饮料行业那样的做法；三是纯粹的投资行为，重金投入，创建一个全新的化妆品企业，如五粮液。由于本土原有化妆品企业市场能量相对较弱，他们面对这些整体影响力相当突出的新对手，能否适应新的"游戏规则"，不得而知。

其二，原有品牌竞争局面被打破，新的竞争平衡建立，产业内部品牌多元化的新格局在 2004 年初步形成。

2004 年央视黄金时段广告招标大会，国际品牌宝洁与江苏的隆力奇、立志美丽中标，使化妆品产业成为央视招标新亮点。前十位中标产品中宝洁位居第三，紧跟蒙牛、伊利两支"斗奶"大军，而 2003 年的央视招标日化产业无一进入前十。如此变化，是产业竞争升级的一个信号，以往地面的终端之战开始演变为高空的传播对垒。从 1994 年开始，几乎每年中国市场都有一两个行业表现异常突出，从彩电、保健品、手机到 2004 年的乳品，由央视开始的大规模广告投放引发整个产业升级之战，这次招标大会同样证明了化妆品产业是下一个市场热点。

2003 年妮维雅等国际品牌的广告已开始在央视频频露面，到 2004 年整个产业作为一支重要势力出现在央视招标会现场乃是情理中事。这种媒介投放的集中度，将加深对大众市场消费的影响力，提升企业市场辐射力，这对整个产业的发展无疑是好事。作为一个逐年稳定增长的传统产业，由媒介投入方面开始的竞争不太可能激发如 VCD 行业那样大规模的产业大战，甚至浮现很多市场泡沫。但我们也必须意识到，本土企业在广告传播方面是否有能力应对由国际品牌所发起的这场"星球大战"，这是个大问题，弄不好是"卫星上天、品牌落地"。化妆品产业甚至产生过早期的央视"标王"，在 2004 年有企业中标也算不上稀奇事。

值得注意的是，隆力奇、立志美丽两家企业在行业中并非第一阵营的品牌，由他们引导本土品牌新一轮的市场升级战，表明产业内部分化趋势在 2004 年加剧，以往的产业格局在很大程度上被改变，这对第一阵营的本土品牌也是一大威胁。市场格局不再由少数几家所主导，多极对立的多元化局面在 2004 年初步形成。

2004 年的化妆品市场出现了类似地壳运动般的"板块漂移"，形成了不同的产业板块，原有的边缘市场领域也持续升温。引人注目的不再只是舒蕾、大宝等几家大品牌，受关注的也不只是洗发水和针对年轻女性的护肤品，产业新势力成了新的年度主题词。

其三，品牌化是2004年本土化妆品企业发展的核心思想。

传播升级，竞争对手升级，接下来的问题必然是品牌化。由舒蕾所引发的"终端拦截"热潮将消退，企业在理性看待渠道作用时，将把注意力重点放到品牌塑造上来。

在500多亿元大餐所引来的激烈竞争和央视中标所带来的广告博弈中，谁将生存下来？

不温不火，既无亮点也无特色的企业将很难熬下去；常年靠广告维持市场、品牌形象塑造乏善可陈的企业也将很难继续撑下去。实施差异化、树立品牌核心优势、提升品牌形象，那些想在市场上继续占有一席之地的企业在这三个问题上将会下更多的工夫，相信因此也会有不少让人称道的新思维出现。

两大市场特征

对于本土一线化妆品品牌来说，2004年注定是非同寻常的一年。

除了北京大宝与上海家化多年来市场表现持续稳定之外，整个产业的品牌结构并未升级。绿丹兰已经凋谢；意图东山再起的奥妮暂时未见起色；对于风头尚健的舒蕾而言，终端并未构成其核心竞争力；市场黑马可采能否有所突破不得而知；新品迭出的雅倩多年来意图破壁仍不得其门而入；东洋之花虽然表现不俗，但在整体品牌管理上仍有待整合；采诗不乏亮点但能否大成得看品牌整合之功；拉芳与亮莊等虽然长期维持较高的曝光率但形象始终未见提升。可以说，自奥妮"百年润发"的经典广告之后，中国本土化妆品产业整体上并未有大的突破，这正是所有一线品牌所面临的问题。

目前主要一线品牌如拉芳、雅倩大都在疯狂地"生枝散叶"，不断地创建新品牌，整体品牌形象却看不到实质性创新与提升，由此可以看出这些企业的盲目与无奈。说白了，除了被市场推着走，通过开发新品牌继续维持渠道网络之外，到底应该怎么走，这些企业都没底，也很难有什么新招。

一线品牌都处于发展瓶颈期，急欲突破却难有作为。一些共同的问题让这些企业陷入了同样的困局。

下一步发展的突破口在哪里？出路不是没有，关键是要把握好整个化妆品产业的市场特征。

其一，产业系统面临结构性突破。

虽然经历了几个月的"非典"疫情，2004年的销售业绩仍然延续行业多年来的上行趋势，冲击500亿元大关。这一历史性突破意味着市场到了迅速扩容的另一个临界点，即将到来的更为激烈的市场竞争同时也会拉动消费需求，未来几年市场将会表现出鲜明的跳跃特征。

市场跳跃将主要来自以下三方面：

（1）随着消费需求细分的深化与不断多元化，市场已有的主流产品的销售空间将进一步扩容，企业通过精耕细作将单一产品类别做大，像贴膜类的面贴膜、鼻贴膜、眼贴膜都因为专业性品牌的出现带旺整个品类销售，形成整个市场新的发展空间；

（2）竞争加剧将促使企业把产品链的重心由以往集中度较高的类别转移到关注度较低的产品类别上来，如彩妆、运动用品与旅游用品等；

（3）消费主体多元化，以往比较边缘的消费群体如儿童、老人、男性等也将获得生产企业更多的关注，尽管目前投身"冷门"市场的企业不多，但随着"热门"市场竞争的加剧，利润将进一步被稀释，部分企业在市场杠杆的作用下将主动进行内部结构性调整以迎合市场需求，做大消费潜力大的冷门市场。

其二，典型的大众化市场特征。

中高端市场还将集中在洋品牌旗下，这一已形成多年的格局将继续下去，本土品牌还不具备冲击产业金字塔的可能。资本的承受能力、企业经营管理水平、管理层的知识力、消费者的消费认知取向，都限制了本土品牌在市场定位方面上升的可能，因此企业应该重点考虑如何占有与巩固以中下层消费人群为主体的大众消费市场，而且随着社会发展，大众消费市场为本土品牌持续发展提供了更多的空间与可能。

新的增长空间与可能主要来自两大方面：一是国民消费模式的结构性突破与国民消费恩格尔系数的逐年降低，这些都意味着居民在美容化妆品方面的消费投入将不断增加；二是农村城镇化的趋势因国家经济政策重心的区域性调整而得到加强，广大农村潜藏的消费潜力逐渐释放，传统产业以往在城市中演绎的消费模式将发生戏剧性的大转移，"大众市场"越来越大，市场的大众化特征将越来越明显。

大众首先并不仅仅意味着便宜，而是意味着中国当代社会的主流。市场越来越细分，但每一个市场群落都脱离不了"大众"这一框架。每一个消费者对化妆品的选择都离不开"大众文化"的影响，中低端消费人群当中的任何一个"分众"的消费趣味都为"大众"所左右。

以上两大市场特征对本土一线品牌意味着：

（1）关注度较高的市场板块越来越多，竞争热点的分化将深度刺激消费需求，这给各品牌带来更多特色化的突破点。在产业板块品牌集中度不高、品牌格局并未形成的情况下，一线品牌应该抓住时机占领属于自己的一块阵地，在某一领域让该品牌成为消费者首选，在品牌与单一产品类别之间建立第一联想，这就意味着专业化。要长期维持专业化的优势，企业就需要在塑造专业化形象的同时深入实施品牌化战略，注重品牌形象的塑造，与消费者建立良性的互动关系。

（2）把握与理解大众消费需求与品牌认知心理，将为企业带来新的竞争优势。对大众市场消费心理的了解，对大众流通渠道的熟悉，都是本土一线品牌相对于国际企业的比较优势，企业在意识到这一点的同时还要看到随着竞争对手本土化策略的深入推进，优势将被弱化。在品牌传播、与消费者沟通的过程中，与大众文化的深度融合及对其内核的深刻体验，将是一线品牌继续占有与扩大市场可能的所在。

差异化、形象化与知识化

2004年是一线化妆品品牌发展的关键一年，要在未来发展中谋得一席之地，企业必须做好"三化"建设，即差异化、形象化与知识化。

未来的品牌经营以竞争为导向，竞争的关键是公司选择在何处竞争。奥妮、舒蕾、可采等品牌的成功，就在于摆脱了对海外成熟品牌的简单抄袭与模仿，切入"海外兵团"尚无心顾及或无意涉足的势力范围，有效实行差异化策略。

2003年的销售统计数据表明，六神占领了70%的中国花露水市场，佛山安安占据17%的儿童护肤品市场。这两个市场的品牌格局并未形成，本土企业有如此良好的表现，当归功于有效的差异化定位。

传播差异化将是品牌差异化的重心所在。从产业特性来看，本土一线品牌大都集中在大众消费市场。这注定了产品、价格、渠道将因竞争的激化导致同质化程度越来越高。网络经济时代，产品、价格、促销、渠道都难免落入同质化的下场，唯有装在个人大脑中的知识资源难以同质化，尽管人们在知识方面始终有互相模仿借鉴的原始冲动。以知识而非技术型的工具为基础的传播将是品牌差异化与个性化最有效的，甚至是唯一有效的手段。

形象化是传播差异化的集中体现。化妆品的行业属性决定了形象对品牌的重要性，而国内品牌形象塑造的能力向来较弱，包装设计、终端物料、影视与平面广告，整体呈现的形象与国际品牌的落差都较大。雅倩、拉芳、亮荘等一线品牌如果能在品牌形象上首先取得大的突破与提升，对未来的发展可谓厥功至伟。相比而言，在企业并不成熟的情况下频繁推出新品牌只能说是无奈的下策。日本资生堂的发展思路也值得借鉴，在迈入国际市场的关键时刻，资生堂网罗了曾负责克里斯汀·迪奥的创意设计的法国著名设计师Serge Lutens担任广告创意及制作工作，品牌形象因此得到较大提升，使资生堂在国际上树立了良好的形象以及赢得了声誉。本土一线品牌若能通过这种方式塑造品牌形象，未尝不会带来大的突破。

　　差异化与形象化的基础乃是知识化。在传播、形象的方程式中，知识力是至为关键的变量，这与产品、价格、渠道的函数方程不同。知识力低的企业更多的是模仿，品牌形象也难提升，唯有高知识力的企业才能在差异化、形象化方面作出实质性突破。知识化是未来企业提高竞争力的关键路径，长期内也会是企业难以突破的瓶颈。知识力不够，人才稀缺，整个产业都极度缺少能"打大仗"的人才，不像家电、房地产、通信行业，参与过大型品牌运动的人有一大批。相比起宝洁培养人才的大手笔与联合利华上市"圈人"的战略意图，本土化妆品企业相差得实在太远。

品牌发展基本走势

　　2004 年，表现最好的是大宝和上海家化这两大品牌。作为传统国企，两家公司虽然不具备经营机制上的鲜明优势，但相对于民营企业普遍存在的家族化管理，他们真正具备做强做大的可能。依托自身所拥有的国家、社会资源，他们能吸引更多技术、管理方面的人才，知识化程度更高，人才稳定性也更高。

　　在民营企业阵营中，丝宝的前景是当时最被看好的，虽然终端不能成为其长期的立身之本，但良好的市场表现和相对成熟的企业管理使其高出一筹，而广东等地的一线企业能否实现突破，就要看他们在经营管理方面的造化了。

　　小护士、姗拉娜、东洋之花、可采的地位如何，取决于如何实现由专业化到品牌化的转变。多品牌管理将会让雅倩感到头痛，各品牌广告表现力都比较突出，核心问题在于能否让整体品牌形象再上台阶。隆力奇、立志美丽作为行业新势力，对产业品牌格局的影响不可小视。在它们的带动下，会有更多新面孔相继涌现到一线阵营，并会有一定的爆发力。在这一过程中，原有的一些既无专业特色、形象也不突出的品牌将会淡出，而那些长期以概念炒作为生存之本的一线品牌如果不换一种活法，早晚将被踢出局。拉芳这两年品牌开发也较多，但子品牌与雅倩旗下的比起来差得较远，这意味着其品牌管理能力逊于后者，像这类子品牌越来越多而品牌管理能力相对较弱的企业，受到的市场威胁可能是最大的。

或有七年之痒，或经十年风雨，本土一线品牌大都经历了多年的起起落落。或蓄势待发，或黯然退场，2004年注定成为整个产业"重整河山"的一年。

窄门：美丽产业的活法

专业化妆品零售渠道崛起

2002年，当很多人都在为本土日化企业围攻宝洁叫好、舒蕾模式也正风行天下的时候，本人在为《中国化妆品》杂志所撰写的一系列谈论产业转型的文章当中，对本土企业的前景却并不持乐观态度。在文章中，我审慎地谈到了舒蕾模式难以持续发展的隐疾，也谈到了大型国际零售商在彻底享受国民待遇之后将对产业格局产生决定性的影响。

2005年，我又重新审视了当初对渠道所持的判断。

经三年之变，渠道生态已达至新旧秩序交替的临界点。可以说，我们正置身于经历着大裂变的产业新大陆，渠道所展示出的革命性力量开始左右产业格局。

一方面，随着沃尔玛、家乐福等巨无霸式的渠道战略同盟在中国市场的影响力的不断提升，宝洁、联合利华等国际日化品牌在深化自身终端策略的过程中逐渐压制住本土企业在终端的疯狂气焰。至此，舒蕾模式基本上宣告"日落西山"，丝宝"终端宝典"也到了走下神坛的时候。

另一方面，渠道进入一个崭新的发展阶段。以亚洲最大的化妆品专卖店集团——莎莎为代表的化妆品专业渠道商，为多年来持续处于一种低层面静态平衡状态的中国化妆品产业开辟了新的升级路径。

借CEPA[①]及关税降低之利，莎莎等众多海外知名化妆品零售企业陆续开赴中国大陆并展开跑马圈地式的市场争夺战，开启了国内化妆品渠道的破局之旅。2004年5月，莎莎抢先递交了内地零售营业牌照申请并于2005年

---

① CEPA：Closer Economic Partnership Arrangement，《内地与香港关于建立更紧密经贸关系的安排》。

初正式吹响进军内地的号角，首家莎莎化妆品专卖店落户上海。首家通过CEPA以独资身份进入内地的香港知名零售连锁企业万宁，在广州天河城设立的第一家概念店也于2004年10月正式开业，该公司当时对外高调发布其"在2～3年内将在粤开30家分店"的发展计划。这些变化也促使早先进入内地的屈臣氏加快拓市步伐，其当时准备投资1.3亿元在中国30个城市大幅增加90家门店。

莎莎、万宁、屈臣氏的强势扩张，终结了本土化妆品市场专业连锁渠道的空白期，未来的产业渠道布局将像家电、手机等产业一样日渐呈现峥嵘气象。这些零售集团将在经营模式、销售规模、厂商合作等各个方面为本土化妆品的专业化销售开拓出新的局面，而他们的强势介入与战略上的高调传播，无不在传达同一信号：化妆品产业的战火已由厂商蔓延至终端卖场，化妆品产业渠道进入新的发展阶段，市场竞争发生重要转向。

除了沃尔玛这种超大型大众渠道，专业化妆品连锁经营企业在当时也成为海外品牌在中国化妆品市场攻城略地的忠实盟友。像全球化的超级大卖场主宰了中国大众流通领域的变革一样，莎莎、万宁等境外专业渠道商成为中国化妆品流通领域变革最强劲的驱动力。在这些掐住中国化妆品厂家渠道咽喉的专业连锁店中，境外化妆品品牌仍占据主导地位，进一步拉大了土洋品牌竞争的力量对比。

由于这些企业在全球市场野心勃勃，中国化妆品渠道的格局当时是被这些专业零售商所主导的。如屈臣氏在2005年初收购拥有1200多家零售店的欧洲第二大高档化妆品和香水集团——玛利奥诺，并且继续实施其在欧洲市场的收购计划，其最终目标是在全球建立三大化妆品网络：低价化妆品、健与美特色系列、高档香水和化妆品，真正发展成为"世界第一大香水和化妆品商"。而中国作为最具潜力的化妆品消费市场，无疑是屈臣氏的最终目标。国际化妆品品牌与这些强势零售集团所形成的战略合作关系必将延伸至中国，二者的共生关系必然会对本土企业构成重大威胁。

对于任何需要从战略层面观照自身未来的化妆品企业而言，它们对这一问题必须予以高度重视：在中国化妆品产业市场，莎莎、万宁、屈臣氏将成为影响整个布局的关键要素。

如果一个化妆品企业对目前的产业裂变仍然无动于衷的话，不妨设想一下5年之后中国市场的情景，或许能体验到一种切身的紧迫感：那时候，去专业卖场买化妆品已经成为消费者的一种习惯，就像当时流行的"买电器去国美""买手机去中域"之类的广告语，"买化妆品去莎莎、万宁"将成为中国女性的口头禅；但是，你的货却永远进不了这些面积有限却人流汹涌的专业卖场。

产业向"美"进化

2002年,宝洁经过3年精心准备推出的第一个针对中国市场原创的品牌——润妍洗发水一败涂地,短暂绽放即退出市场。

2005年7月,宝洁公司用了3年时间、投入10亿元广告费培育的第一个专门针对中国市场的本土沐浴品牌激爽停止生产。

两个专门针对中国市场的品牌,居然先后遭遇"滑铁卢",难免招来一番会诊式口舌之争。

胜败乃兵家常事,对于庞大的宝洁来说,润妍、激爽先后夭折,并不完全是坏事。祸福相依,放弃的同时也让宝洁有了更大的空间去选择。连续经历两次惨败的宝洁对中国市场并未灰心,而是寄予了更高的期望。

2005年,宝洁将蜜丝佛陀(Max Factor)和封面女郎(Covergirl)两大知名彩妆品牌引入中国:蜜丝佛陀定位于彩妆的高端市场,与SK-II并柜销售;封面女郎重点出击中档化妆品市场,价位介于巴黎欧莱雅和美宝莲之间。

"50个SK-II专柜=500个玉兰油专柜=500个城市卖的飘柔洗发水对公司的利润贡献",这一宝洁利润等式清晰地表明了美容护肤品的价值所在。用润妍、激爽的市场来换蜜丝佛陀和封面女郎将要获得的市场,这是最划算的交易。

相对于欧美市场彩妆占据化妆品销售的60%甚至更多的现状而言,中国市场的彩妆消费才刚刚起步,其前景不容任何一家日化企业忽视。对于要抓住空间巨大且利润更为丰厚的彩妆市场的宝洁来说,放弃一个洗发水品牌和一个沐浴品牌,又算得了什么呢?

润妍、激爽的失败以及本土日化市场的竞争态势均已表明,宝洁产品结构调整实乃明智之举。

传统宝洁的重点市场——洗发水与沐浴露，实际上已经成为中国日化产业竞争的重灾区，这一领域的新进入者撞得头破血流的大有人在。通过定位细分策略引入新的洗浴产品，就像在米粒上再多写上几个字一样，并无实质性意义。无论企业再如何深入细分并玩弄高超的定位"杂技"，也不会切出一块大蛋糕，投入大量资源在其中玩消耗战，只能是吃力不讨好。

在终端模式对大流通模式难以造成毁灭性威胁的中国日化市场，花太多的精力与金钱去开发洗浴品牌并无太大意义，对宝洁如是，对本土日化企业皆如是。

去掉一个洗发水品牌，撤下一个沐浴品牌，同时引入两大彩妆品牌——宝洁在中国的未来战略无疑已清晰彰显。那些曾经洋洋自得在洗衣粉、沐浴露、洗发水等领域对宝洁形成了"合围"的本土日化企业注意了：你们用力去拼吧，为了那些利润极低的洗浴用品拼个你死我活吧，宝洁不陪你们玩了。在本土日化企业竞争乏术、人海战与价格战均无济于事的美容化妆品中高端市场，宝洁将重兵布阵。

不要怀疑采取这一战略取向的可能性——不这样做，宝洁在中国的商业之路将越走越窄。要在市场博弈中获得持续性的竞争优势，宝洁的战略布局必然要沿着这一思路运作：从消费结构的变化趋势出发，挥师进入产业"增量市场"，做新兴消费领域的先行军与领跑者。想想当年宝洁刚刚进入中国市场是怎么成功的吧：当中国人还在用肥皂洗头时，宝洁开始向消费者灌输天天洗头的观念，启蒙者的角色为其市场发展创造了极大的便利。未来十年，宝洁要在中国继续获得重大成功，也必然要在某些新兴消费领域担任教育者与开拓者的角色：让男人学会"臭美"，让老人习惯保养，让户外活动者注意肌肤护理。

毋庸置疑，宝洁中国的战略布局越来越像其竞争对手欧莱雅：市场重心逐渐偏移以洗浴用品为主的大日化市场，不断调整产品结构，将主力战场转移到美容护肤领域，步步为营向产业金字塔的高端迈进。

未来数年，宝洁将打造一个类似于欧莱雅的品牌金字塔也未可知——在中国美容化妆品市场，按价格从塔底到塔尖都有产品和品牌分布。为实现这一目标，宝洁也像欧莱雅一样采取从海外引入品牌与资本并购两大策略——蜜丝佛陀和封面女郎只是新长征的开端而已。

相比起欧莱雅早在1997年将美宝莲引入中国，宝洁于2005年引进彩妆品牌已整整晚了8年——在这8年中，美宝莲成功地引导了中国消费者，并取得了十分良好的市场业绩。

即使如此，宝洁的"迟到"仍然具有十分重要的意义。过去8年，中国彩妆市场一直在缓慢升温，到2005年企业已开始在这一块集中发力。但本土日化企业推出的彩妆主要集中于大众市场，宝洁的两大彩妆品牌则针对相对高端的目标人群。以宝洁向来所具有的产业示范效应，未来的彩妆市场不仅会更热闹，品牌分布也将更立体、更有层次感。毕竟，在中国日化市场，只有宝洁才有足够的能量带动产业结构的调整与升级，即使竞争对手在某些方面的动作更早、更快。

大变局，新路径

2005年的日化市场可谓波澜不兴，无大喜也无大悲，但平静之中暗含着变数，未来的产业发展路径也已初现端倪。

关乎大局的变革主要体现在渠道、产业结构、竞争阵营等方面。

一、多种力量推动渠道扁平化的持续深入

渠道扁平化无疑是左右近几年产业发展的核心主题，值得注意的是这种变化将开始由量到质的飞跃。

推动趋势的力量主要来自以下几个方面：

（1）利益驱动之下的厂商博弈。对终端掌控权的争夺是渠道扁平化的直接动因。很多品牌，甚至包括汉高等跨国集团开始终止与代理商的合作关系，自建渠道。

（2）强势专业连锁终端的迅速发展。化妆品专业渠道商近年发展迅猛，以莎莎、万宁、屈臣氏为代表的连锁商成为影响整个产业市场布局的关键要素。

（3）终端自有品牌的兴盛。自有品牌成为未来专业卖场的重点发展方向，如落户上海的丝芙兰化妆品专营店已经开始大量推出价格偏低的自有品牌商品，规模占其总体产品的1/6。自有品牌产品的良好发展正对生产厂家的商品造成更大的压力。

（4）新兴销售模式的发展。电子商务作为重要的销售渠道的趋势越来越明显。2005年日本通信销售巨头DHC进军中国。DHC被认为是化妆品产业的"戴尔"，主要通过电话、网络和市场销售化妆品，它的进入带动了国内化妆品销售模式变革的深化。另一方面，直销立法之后有更多企业进入，对

传统的化妆品厂家造成强烈冲击。

渠道持续而深入的变革，使得专业渠道商成为产业的重要战略资源。未来，零售商将会继续整合，从中壮大起来的幸存者谈判实力倍增，专业化折扣店不断发展，提供廉价自有品牌和品牌商品的连锁店将获得蓬勃发展。

二、产业结构调整的步幅加大

2005年，彩妆成为产业市场的一个热点，涉足这一领域的企业持续增多。实际上，除美宝莲之外，5年前即有少数本土企业试水并得尝"头啖汤"，而到如今这个板块才开始集中爆发，这意味着产业发展到了一个新的临界点。

值得注意的是，宝洁以"壮士断臂"的方式先后淘汰洗发水品牌润妍与沐浴品牌激爽，同时引入两大彩妆品牌蜜丝佛陀和封面女郎，开始了新的战略转向——由附加值低的大众日化产品向利润空间更大的美容护肤市场发展。

在中国化妆品业的结构调整中，彩妆只是一个开始。在过去的20年中，中国日化企业主要集中在洗浴及中低端护肤品市场厮杀，对于男性、银发族、运动族美容护理的潜在市场则很少顾及。当"产业教父"宝洁深入调整其产品结构，将其触角延伸到更多的潜在市场时，中国的日化企业跟随其步伐进入更多的新兴市场，并使中国的美容化妆品市场进入一个不同产品类型、不同消费板块平衡发展的新阶段。

三、多类型国际品牌进入，竞争阵营日渐多元化

发展空间广阔的中国化妆品市场无疑是块吸铁石。自20世纪90年代以来，宝洁、花王、欧莱雅等国际化妆品集团纷纷进入中国，4000多家企业同场竞技。2005年起，中国化妆品进口关税下调，部分产品自2006年1月1日起执行10％的税率。传统老牌劲旅之外的国外中小化妆品品牌纷纷试图进入中国市场。整个产业格局随着更多竞争者的入局将面临新的转折点，众多国际品牌将更多地采取资本运营的方式介入中国化妆品市场的竞争。

跨国公司开始在中国市场实施大手笔的资本运作，一些中低端品牌被并购之后开始成为国际企业在中国攻城略地的重要武器。如欧莱雅不仅并购了小护士和羽西，还实现了在中国进行生产、研发和销售，价格开始逐步为中国消费者所接受，本土品牌的用户群开始逐渐分流。

另一方面，一些企业也尝试利用合资、合作的方式结成战略联盟。香港莎莎国际和全球最大的化妆品原料生产厂商——日本东光共同投资设立珠海美之荟，日本嘉娜宝与中国三九集团的日本法人——三九本草坊医药在中国国内合资成立化妆品销售公司，上海家化与全球奢侈品零售巨头丝芙兰（Sephora）携手在上海开设"丝芙兰—家化"高档化妆品专卖店，这一系列的市场行为为未来中国化妆品市场竞争催生了更多的生力军。

大规模的合资、合作项目将成为未来国内化妆品产业的重要现象，将对市场竞争格局产生重大影响。与海外强势企业结盟创建品牌，将成为国内化妆品企业的重要发展思路。

四、面向未来：品牌专业化打造品类冠军

对于化妆品企业而言，价格战、广告战、渠道战曾经发挥过十分突出的作用。然而，随着渠道、产业结构、竞争阵营的变化，这些曾经功效非凡的做法可能已经走到了尽头。近年来一些曾经表现不俗的化妆品公司长期徘徊于低谷的现状意味着行业正在发生重大变化。专业渠道商的兴起和自有品牌产品的风行正对品牌商品的价格造成更大的压力。

事实上，由于化妆品产业仍然被夹在对价格敏感的消费者和强有力的零售商之间，它所面临的一些挑战仍将持续下去。在这种情况下，品牌专业化打造品类冠军将是企业重要的经营策略。

在一些产业板块品牌集中度不高、品牌格局尚未形成的情况下，企业应该抓紧时机占领属于自己的一块阵地，在某一领域让品牌成为消费者首选，在品牌与单一产品类别之间建立第一联想，这意味着专业化。要长期维持专业化的优势，企业就需要在塑造专业化形象的同时深入实施品牌化战略，注重品牌形象的塑造，与消费者建立良性的沟通关系。

品牌专业化的最终目的就是打造品类冠军，这一模式要求企业通过集中运用营销及其他资源着重发展自己的核心品牌，取消较为弱势的品牌。品牌得到强化后，零售商就比较难于坚持要求减价。

窄门：美丽产业的活法

彩妆品类的升级与突围

产业升级三大趋势

2006年，"彩妆"已经由10年前的一个概念进化为群雄竞逐的产业，这一产业在自身的升级过程中扮演着推动中国化妆品市场迈上新台阶的重要角色。

一、竞争格局多元化——从一枝独秀到百花齐放

2005年，国际彩妆品牌掀起了一股进军中国市场的热潮，蜜丝佛陀、封面女郎、M·A·C、Bobbi Brown等顶级彩妆品牌相继进入，国内彩妆市场逐步升温。这股不断蔓延的热潮于2006年将国内彩妆产业带入一个全新的发展阶段，市场前景的明朗化促使国际品牌继续看好，它们进入市场的步伐没有停歇。伊丽莎白·雅顿推出超过100个品项的彩妆新品，全面进入国内彩妆市场。与此同时，谋求转型的国内传统日化企业也开始触及彩妆领域，在5月份上海化妆品产业展会上，国内彩妆行业的品牌及企业的新增率超过45%。

参与者的增多加快了市场博弈的进程，本土品牌与洋品牌正面对抗、平分秋色的格局于2006年初步形成。

洋品牌阵营因新军的加入，整体实力得以强化。欧莱雅1995年引入中国市场的美宝莲自2000年起一直位居市场占有率排行榜的首位，2006年凭借颇具竞争力的广告、价格与销售网络延续其领先性优势。宝洁公司旗下的封面女郎经两年发展也逐渐表现出强大的竞争力，势头直逼美宝莲。

与洋品牌整体发展相对应的是本土品牌的群体性崛起。广东卡姿兰公司的旗舰品牌卡姿兰已经成长为行业的一面旗帜，新推出的凯芙兰也逐渐站稳脚跟，整体势头持续上扬；杭州铂金异军突起，依托长三角和环渤海经济圈迅速扩张，在二三级精品店市场享有相当大的影响力；而在国内彩妆业成名已久的色彩地带也推出全新品牌嘉魅儿，开始向高端市场发力，以确保其先发优势。这三大品牌的良好表现，大大强化了本土企业进军彩妆业的信心。

两大阵营在激烈竞争的同时也有效地培育了市场，使得原本稚嫩的彩妆行业迅速走向成熟，产品线与产业链均趋于完备。

二、产品线强化——由单一到多元

有实力的企业越来越多，产品的竞争力因而得到强化，产品功效随之日益丰富，在彩妆中加进护肤成分已成为国内彩妆行业的主旋律。

传统彩妆用品因为缺乏应有的保养成分，让消费者认为其会对皮肤造成"伤害"。这一认知对彩妆的规模化发展极为不利。市场发展的需求促使企业不断强化产品功能。如今市场上推出的彩妆产品，大都兼具补充水分、营养或防止衰老等护肤功能。"彩妆+护肤"的发展模式已经成为彩妆行业的主要趋势，本土领先品牌色彩地带更将其新推出的嘉魅儿定位为"彩妆+护肤"模式的"实践者"。传统护肤品品牌在彩妆领域的深度介入，无疑强有力地推动了这一趋势。多重功效的彩妆品不仅满足了消费者肌肤保养的需求，也十分适合时代特点，为忙碌的职业女性带来更多便利。因此，未来彩妆企业要更好地拓展市场，必须积极开发具有多重保养功能的产品。

产品的丰富使得市场竞争的细分成为必然，以某一品类为龙头带动整个品牌的发展成为一些企业的战术选择。如天津多维利尔的"上颜"彩妆便以精细划分见长的粉底产品介入市场，针对消费者不同的肤质特点、不同的年龄层次、所处的特定场合、差异化的时间段和不同的季节，都有对应的粉底单品。在此基础上该品牌延伸出妆前霜、洁面乳、洁颜油、晚霜等配套产品。市场细分意味着整个产业的产品结构将在广度和深度两个维度上同步强化。

产品结构不断升级，一些品牌由于产品系统性不强，跟不上市场不断升级的消费需求而被淘汰。UP2U 被淘汰出局，产品线不足、颜色更新慢便是十分重要的原因。

三、产业链趋于完善——从零散到系统

行业的迅速升温与产业链的成熟有着密不可分的关系。

彩妆产品生产工序烦琐复杂，仅一盒单品的生产就要经过包材检验、原料测试、外壳装配、压制等诸多环节，而生产中还存在色差、产品质地变化、原料与容器之间的排斥现象等不稳定因素，这使得其进入门槛相对传统日化高很多，很多企业在生产环节就遇到了难以突破的瓶颈。由于客观条件的限制，2005 年以前，国内彩妆企业主要依靠其他工厂进行 OEM[①]（代工）生产，原料、装瓶、包装等各个环节比较分散，严重阻碍品牌的规模化生产和销售，因此国产专业彩妆品牌寥寥无几，大都是护肤品将彩妆作为补充产品线推向市场。另外，由于国内彩妆企业销量有限，无法与信誉度高、服务到位的物流公司合作，在偏远市场的运送过程中，产品的破损率有时高达10%，但是赔偿的金额却根本无法弥补损失，种种不利因素都制约着国产专业彩妆的发展。

2006 年，部分为国际品牌提供 OEM 加工的彩妆生产企业自创品牌进军国内市场，有效地改善了国内企业的彩妆生产工艺和技术硬件，一些企业也纷纷投资专业彩妆生产线，国产彩妆的产品竞争力因此得以大大提高。与此同时，市场先行者渠道探索所积累的资源与经验，也大大缓解了物流与售后对彩妆经营的制约。天时地利人和，产品和售后的共同提升，为彩妆市场的整体持续发展奠定了强有力的物质基础。

---

① OEM：Original Equipment Manufacturer，原始设备制造商。

市场突破四大关键

市场渐趋成熟的同时竞争加剧并趋于残酷，部分洋品牌的败退便是最刺眼的红色信号灯。宝洁引进公司不久的现代彩妆行业之父"蜜丝佛陀"近年来虽然在日本、中国台湾和中国香港等区域取得较大成功，但在中国大陆市场却经历了滑铁卢，不得不全面退出中国大陆市场。雅芳中国曾经大放异彩的 UP2U 也已经停止在中国大陆市场的销售。

失败不只属于跨国品牌。近年来，彩妆消费市场的兴起以及部分先行者的成功，让很多本土传统日化企业纷纷涉足这一领域，其中既有尝到甜头的，也有投入重金却铩羽而归的。

这就是市场的真相：日趋激烈的彩妆市场，给国内企业带来了发展空间的同时也提出了新的挑战。对于很多意欲在彩妆方面有所作为的企业而言，机会仍在；但要轻轻松松得手，殊非易事。部分拥有资本、网络、品牌等优势的传统日化企业，之所以一直在这个市场的边缘徘徊，开花却未结果，就是因为他们并未意识到这个与日化相关性极强但经营法则迥异的板块特有的发展需求。

基于长期以来对彩妆市场的关注研究及客户品牌营销服务的经验，窃以为任何一家进入这一板块的企业必须在以下四大关键点上下足功夫。

一、意识转型是首务

作为一种流行、时尚的元素，与一般日化产品相比，彩妆在技术、生产、原材料、物流、终端销售等方面更具复杂性与挑战性，这决定了企业用惯有的意识和品牌经营手法来操作这一市场的不可行性。很多企业看到了彩妆市场的机会，却没有看到行业的本质性差异与运作难度。传统"小作坊+招商会"即可发展起来的传统日化模式，在彩妆市场很难行得通。因为彩妆产品的技术、生产、销售门槛都远高于护肤、洗发等用品，任何一个环节的不足都可能导致全盘皆输。如果认为熟悉传统日化操作并具有良好的市场基础就必然会在彩妆市场赚得盆满钵满的话，到头来必然会有"蜀道之难，难于上青天"的感慨与失落，倒不如安心经营原有的一亩三分地。对于全新的市场，企业只有导入新思维、新策略、新模式、新手段，才能有所作为。

二、系统化规划是前提

虽说在市场不断增长的背景下，新进的企业仍有不少机会，但是竞争的激烈程度也在逐渐强化。除了以美宝莲为代表的国际品牌以及以卡姿兰、色彩地带为代表的优势本土品牌，许多不知名的新生品牌也正在诞生、成长。市场竞争的升级决定了没有谁随随便便就能成功，雅芳 UP2U 的退市便足以说明问题。市场已经进入全方位竞争阶段。新的产业发展阶段，意味着企业成长方式的转变。以往企业还能因为某一方面的优势便能获得突破的话，现在企业则被要求具有多方面的竞争能力。产品定位、价格策略、渠道政策、品牌形象、服务营销等每个环节都可能成为一个彩妆品牌成功或者失败的重要原因。众多国产彩妆品牌希望仅仅通过广告推动、超低折扣、短期促销等手段达到品牌影响力的提升，往往事与愿违。企业只有从品牌整体策略、品类结构、渠道模式乃至终端促销导入系统化的规划，才有可能在乱军之中突围、崛起。

三、差异化是核心

与护肤品、发用品不同，彩妆与流行风气、大众文化、时尚等有更紧密的关系，消费群体的分化也更为明显，这也就意味着市场对品牌差异化的要求也更高。没有特色、个性化不鲜明的品牌注定将被淘汰，而在品牌文化的差异化方面做足文章的才有可能走得更远。

彩妆品牌的差异化首先要求定位的差异化，基于消费群体、渠道的不同，企业应在形象、价格、主体诉求等方面作细致的考量。只有在定位层面与竞争对手区隔开来，才有可能在市场中占据一席之地。其次意味着个性的差异化。不同年龄层次、消费水平、文化背景的消费者对品牌形象的要求各异。品牌个性能否契合消费者的心理取向，将决定其在所选择市场的生命力。

消费群、渠道、个性、时尚、流行等变量交织在一起，将会呈现出多元化的市场格局。在这样的一种市场环境下，品牌对形象、个性的依赖度更高，能否打好差异化这张牌决定着品牌在市场中的结局。

一些企业的品牌塑造只处于浅表层次，不仅内涵薄弱，形象的立体感也不强。在市场竞争相对平和时期，这些品牌尚能继续维持生存，但随着竞争的逐步加剧，品牌面临的危机也将日趋严重。在起步阶段即导入差异化的品牌战略，是任何一家欲进入该市场的企业都应该具备的思维。

四、终端执行是重心

对于一些中小化妆品企业而言，以往操作护肤品、洗发水市场招商之后货到渠道便万事大吉，但在彩妆市场，品牌的营销才刚刚开始。

彩妆营销中，现场体验与促销占据了极大成分，要求企业在与消费者沟通互动方面下更多的工夫，终端促销支持、化妆师现场服务、人员培训都要到位，对市场资源的要求更多。这些都要求企业在人员配置、营销部署、推广传播等方面更多地往终端倾斜。能否以终端为阵地打好营销战，与品牌的最终成败息息相关。

彩妆市场的发展已经进入了一个全新阶段，这个阶段实力比机会更重要，其竞争具有很多成熟市场的特征，进入看似容易，但操作却难，不仅要求企业在上游拥有良好的技术优势，还要求企业在下游做好与消费者的沟通工作。这些特点使得彩妆品牌的营销在起步阶段就比传统日化高，其系统性与深度都不可同日而语。企业如果在这四大关键点上缺乏深入的思考与充分的资源准备，那么进入彩妆市场时宜慎之又慎。

窄门：美丽产业的活法

日化产业的"第二次革命"

2006年，我们置身于正经历着大裂变的产业新大陆，市场所展示出的新生、向上的革命性力量开始左右产业格局。过去几年市场的渐进式革命在不知不觉中完成了产业的地壳运动，整个行业生态已是日月换新天。

历经20余年市场化历练的日化产业已经跨过一个新的大拐点，竞争更激烈、集中度更高的第二次革命已经开始。这个拐点并非伴随大事件到来，而是多方力量长期博弈的结果，既终结了行业的传统格局，也宣告了产业新时代的到来。

一、多极化竞争新格局初现

从本土日化产业的竞争版图来看，原来相对零散的产业格局已经为集中度更高的多极化竞争格局所替代。

过去，日化产业的竞争，以上海、北京、广东三地为龙头，上海家化、大宝、雅倩、小护士、丝宝、奥妮为主力军，竞争力主要表现为单体企业的实力；随着一些传统强势品牌的衰落或被收购，原有的平衡被打破，而隆力奇、纳爱斯等原有二线势力的日益强大及自然堂、白大夫、李医生等新生者的迅速崛起则催化了新格局的形成，上海、江浙、广东三大日化阵营鼎立的局面日益清晰，市场的影响力更多地源自以地域为基础的产业集群而非单个企业。

值得注意的是，在新格局的形成当中，创新起着决定性的作用。在过去20年中，机会比创新更重要。主导市场的企业，或是计划经济残留的果实，或是市场经济的萌芽，"时势造英雄"的成分更重；而如今，创新比机遇更重要，"英雄造时势"的色彩更浓。

创新者主导产业的变革与发展。无论是老牌如上海家化，还是新生如历史仅五载的美素、自然堂，能在不断微调的多极化品牌竞争格局中占据一席之地，创新无疑是首要因素：①上海家化通过导入创新性的品牌战略带动市场复兴，让百年老店在新一轮的竞争中重新回到产业领导者的位置上；②纳爱斯收购包括香港奥妮在内的三家公司，创下中国日化界最大收购外资案，创新性的轻资产运营品牌战略将企业带至一个更高的平台；③隆力奇以创新性的传播谋求品牌升级，整合"央视青年歌手电视大奖赛"这样的高端媒体资源实施大规模的大众化整合传播，实现了品牌知名度和美誉度的大幅提升。

而那些成立时间相对短暂的品牌，能在新的格局中脱颖而出，创新更发挥了不可估量的作用。如上海伽蓝旗下的美素以"前店后院"模式尝试日化专业两条渠道的融合，革命性的营销创新使其在5年内成为一支重要的产业生力军；而广东的卡姿兰在彩妆市场还较为冷清的时候就大胆确立专业化定位并较早导入系统规范的品牌营销模式，因而在5年内成长为本土彩妆的一面旗帜。

创新各有千秋，成功者却是一样值得敬重，这一切为我们启动了更值得期待的第二次产业革命：那将是属于创新者的时代，无论战略、定位、营销、品牌建设哪一个环节的创新，都将推动企业竞争力与市场地位的迅速提升。

二、产业链各环节力量的博弈达成新平衡

以往，制造厂家是发动整个产业变革的驱动力量。厂家以价格战、广告战、渠道战等种种武器推动了整个产业链的种种变化。然而，随着渠道、产业结构、竞争阵营的变化，这些曾经功效非凡的做法已经走到了头。话语权集中于制造商的格局业已终结，上游厂家的市场声势渐弱，战略地位堪忧，整个产业链内部各环节的力量对比已发生本质性的转变。

不仅厂家之间已经形成了品牌化竞争格局，渠道、终端之间的竞争同样如此。渠道、终端都已出现了无论单体规模还是整体实力都可睥睨上游知名

制造商的品牌，它们之间的竞争均能激荡出足以影响行业走向的市场风云。

一方面，沃尔玛、家乐福等超级终端在中国市场的影响力不断提升，原本长袖善舞的上游制造厂家日渐"英雄气短"，没有哪家企业可以利用一种模式垄断所有终端。随着单体规模与实力均很大的终端日益增多，以往让人津津乐道的舒蕾模式宣告"日落西山"。如今，重要的不是企业采取何种模式，而是终端资源愿意成为谁的同盟军。

另一方面，渠道持续而深入的变革，使得莎莎、万宁、屈臣氏等专业连锁渠道商成为产业的重要战略资源与市场变革最强劲的驱动力。与之同步发展的是自有品牌的兴盛。如丝芙兰化妆品专营店大量推出价格偏低的自有品牌，规模占其总体产品的 1/6。自有品牌将成为未来专业卖场的重点发展方向，这将给生产厂家造成更大的压力。

零售商继续整合，从中壮大起来的幸存者谈判实力倍增，专业化折扣店不断发展，提供廉价自有品牌和品牌商品的连锁店将获得蓬勃发展——这就是中国日化产业第二次革命的一条主线路。

厂家"一言堂"的时代已经远去，厂家、渠道、终端多种力量相互制衡就是我们正经历的现实和必须面对的未来。

三、产品结构调整趋于成熟、完善

基于竞争的需要，众多企业从消费结构的变化趋势出发，将产品战略的重心由以往集中度较高的类别转移到关注度较低的产品类别上，这一态势使得彩妆、香水代替洗发水、护肤品成为产业发展的新宠。近 2 年众多传统日化企业移师彩妆板块，使得这一市场迅速走向成熟；而香水市场也不断升温，成为另一个备受瞩目的领域。与此同时，药妆、美发产品都已呈现出蓬勃发展的景象。这些变化的结果就是，以往日化产业内部不同板块冷热不均的局面宣告结束，所有产品种类竞争将趋于均衡，产业链和市场配套都将迅速得到完善。

从产品形态上来说，日化产业已无重大的结构性缺陷。这是行业成熟的一个基本指标，是处于大拐点的日化产业第一次革命时期的重大收获，也是第二次革命所赖以进行的产业基础。

以此为出发点，本土日化产业在产品经营战略方面将开始新的战略转移——由附加值低的大众日化产品向利润空间更大的高端美容护肤品市场发展，由以中青年女性为消费主体的产品向以男性、银发族、儿童、运动族等人群为消费主体的产品延伸。

新的战略转向将把中国日化产业带入一个不同产品类型、不同消费板块平衡发展的新阶段。

四、企业运营战略全面升级

品牌并购是近年本土日化产业发展升级的强烈信号，立白先后收购蓝天六必治、高姿，纳爱斯一举买下奥妮、百年润发、西亚斯三个品牌，众多以"品牌并购"为主题的模式将行业发展带到了一个新的分水岭。这一分水岭既分开了两套产业营运模式，也分开了两种胜负的战略取向。此前，众多日化企业所秉持的成长模式主要采用自创品牌的方式，以大规模的明星广告与价格利刃撕开市场口子；此后，一些领先性企业将更多地利用资本杠杆，收购与整合其他品牌，以多品牌组合经营的方式实现企业产品线与战略空间的同步扩张。立白、纳爱斯都不惜为奥妮这个家道中落的品牌挥金，更可见其战略转型意愿之强烈。

这种战略转型正是产业转型背景下的必然选择。随着终端话语高涨、渠道商崛起、消费者选择日益丰富，竞争激烈的日化产业已经进入了一个新时代。整个产业的传统架构正趋于分解，新的融合与分解也在不断发生，产业链中每个环节与板块都在形成新的专业化分工企业。在这种转型过程中，一些成熟的日化企业逐渐意识到要突破发展瓶颈必须转变战略成长模式，逐渐偏离中国企业传统成长路径，而采取了当时较为典型的全球产业领导者的品牌战略，即通过资本运作搭建多品牌架构以图占领更大的市场，像宝洁、欧莱雅、联合利华都是如此。

新战略是合乎时势的选择，更意味着大得多的整合挑战。源自不同母体的品牌操作手法差异很大，企业管理与市场沟通的复杂性将大大增强。新的挑战必将采用这一战略的本土日化企业推向一个全新的事业阶段，也将为行业的发展积累新的资源与经验。

　　与产业革命性跨越同时发生的是新一波国民消费升级浪潮的到来。在未来的国民消费结构中，日化产品正是其中的主流板块。这意味着日化产业的第二次革命是挑战与希望同在的新征途。而在曾经的产业变革中扮演着幕后推手的消费者，在新一轮的变革中将逐渐走向前台。当各种产业元素之间的博弈达成新的平衡，所有企业面临的首要问题是如何对付消费者，而其他所有的问题皆由这一问题衍生而来。

感受融合之美

2007年10月2日，本土日化界最大一宗并购案终于尘埃落定。拥有全球最具价值品牌100强之一的妮维雅的德国拜尔斯道夫集团获得武汉丝宝集团丝宝日化85%的控股权，并享有另外15%股权的优先购买权。

至此，除老牌劲旅上海家化硕果仅存、大宝挂牌待嫁之外，20世纪90年代以来构筑中国化妆品产业格局的主力军可谓"花果飘零"。

如此情形，在一些人眼中不啻为一幅资本利爪之下本土日化品牌沦陷的时局图。但从产业更激荡人心的未来格局来观照，并购却是融合的另外一种表述。当将取景器定格于整个中国日化产业的时候，我们可以更清楚地看出"融合"几乎已经成为当时市场的主题词……

白大夫、李医生这两个品牌从专业线转战日化线并开始高奏凯歌；从专业线起家继而向日化线延伸的上海伽蓝集团2001年创立的旗舰品牌自然堂、美素分别从专营店、前店后院渠道崛起之后，已开始在品牌战略运作层面影响同行；而丸美等企业跨日化与专业两条线齐头并进的策略，也在演绎另一番景象。虽然新生力量刚刚开始进入领跑地带，竞争格局远未达成新的平衡，但产业气象却已为之一新。

在渠道方面，随着莎莎、屈臣氏主导的专营店终端连锁路线成为渠道变革的主旋律，市场竞争的着力点开始向市场链下端位移。虽然可与屈臣氏对话的全国性专营连锁品牌尚未出现，但店面数量从数十到数百的区域性专营店连锁企业已足以雄霸一方。在此前后几年，专业零售终端上演着产业竞争与升级最重要的戏份。在这一大变局中，专业零售商依托终端规模优势以贴牌代工的模式染指品牌制造；传统制造厂家为巩固自身的战略地位开始涉足专营店在终端跑马圈地，像娇兰佳人这样开设日化连锁店的厂家日益增多，而佳美乐（后更名为嘉媚乐）等企业的整店输出模式也刺激了更多同行的跟进意愿。

本土与国际、专业线与日化线、渠道与制造，以往泾渭分明的领域开始融合。

融合，这便是纷繁复杂的市场万象背后的主脉。

一、格局更大气，高点出发看未来

国际企业对本土品牌的并购频仍，本土企业眼看昨日的"同袍"转身便成了"友邦"，近距离感受到国际化运营的宏阔。

这种变化对于本土企业而言无疑如一股清风吹皱一池春水，在战略发展模式上给业界更高层次的借鉴并促进更深层次的思考。

并购开启了一条融合之路，使得本土与国际的分野日益模糊。在融合的过程中，国际企业的经营理念、品牌建设思维向本土蔓延，而本土日化企业更灵活、更贴近终端市场的营销方式也开始渗透到跨国大鳄的体内。两种不同的基因开始融合出新的"双螺旋"结构。

不论这种以资本为纽带的品牌并购模式最终结果如何，可以肯定的是未来中国化妆品企业将会在更宏大的背景上构思自己的经营策略，也会在更高的目标点上定位自己的未来并由此出发谋划自己的市场版图。

渠道从未有过之变局，更打破了中国特色的日化、专业两条线壁垒森严的产业模式。尤其是以往自娱自乐的专业线将步出坐井观天的状态，在感受到时局之艰的同时迈向更广阔的田野，越来越多的专业线公司开始挺进日化线。这不仅是专业线摆脱眼下困境的权宜之计，更是这个饱受争议、低层面发展的行业健康有序发展的必经之路。

而专营店终端的规模化发展无疑将带来自有品牌的迅速发展，厂家对终端的渗透与控制也将步入一个新的阶段，产业内部各环节之间的融合步伐更为急促，这种趋势必然促使各个产业要素在更广阔的格局中实施定位规划。

产业融合带来的是整个市场的升级、争奇斗艳的产业格局，更是高层次的竞争。

二、思维更活跃，提升执行力是关键

一个产业的竞争力取决于其内部的活力，而活力则与开放程度相关。

以往，产业链各环节是简单的交易关系，产品与利润空间是合作的基本纽带，彼此之间相对封闭。如今，终端大了要向上游延伸，自有品牌将让专营店经营者融入制造商的意识；企业为强化自己的战略地位开始以整店输出的模式向终端渗透，这必然要求厂家具备零售商的思维。

彼此渗透的结果便是你中有我、我中有你，我们已经很难以单纯的角色界定任何一个局中人。

此外，随着终端、渠道、厂家三者相互制衡局面的出现，行业发展走向由多方力量共同决定，而不再是由品牌厂家担当变革引擎的格局。

在这种情况下，企业思维图谱必然发生重大转化，从产业整体进行系统思考，将成为企业经营必须具备的一种素养。

更重要的是，随着本土与国际、渠道与制造融合的深入，企业经营将不止在产品层面着力，价格战、概念战、广告战已非产业竞争的主流，资本运营、专营渠道连锁、品牌打造等将成为更多企业谋变的战略选择。

而专业线与日化线楚河汉界的逐日消弭，将为整个产业带来更多难以预想的惊喜。

虽然专业线长期以来处于低层面竞争阶段，但其独特的成长模式成就了其独特经营优势，有些方面（如教育、终端会）甚至远非众多传统优势产业所能企及。在专业线往日化线突围或者两条线并行的过程中，产品开发理念、服务理念、终端及培训将随之渗透至日化线，而日化线面向大众市场实施品牌营销的经验也将让专业线企业获益良多，这种双向互动融合无疑将提升整个行业的系统性竞争优势，由此所带来的经营理念、人才团队、营销思维的相互融合，对整体活力的激发效应更不可限量。

我们已经进入一个多种力量、多种路线相互激荡的时代，模式已无关紧要，走哪条渠道已无关生死，条条大路通罗马，关键是比拼行路者的"脚力"，执行力才是重中之重。

在我们告别一个粗放经营便可轻松盈利的时代之后，如何提升执行力、如何将营销推向纵深，将成为企业日常经营的基本命题。

三、期待更开放，抓住消费者是终极选择

变化未有终结，未来产业的变化趋势虽难料，但市场融合的趋势已经表明，这个产业终将与其他产业发生融合互动。

相对于食品、家电、汽车等产业，本土化妆品产业无论产业规模，还是单个企业体量、品牌影响力，均难与之等量齐观。这些产业基本脱离了以渠道为营销重心的阶段，以争夺消费者为营销焦点的激烈竞争推动这些产业不断成熟与扩张。以消费者为出发点的终端促销、大众传播均为化妆品产业提供了有益的借鉴。只是将眼光盯住行业内竞争对手并根据其表现来调整营销策略的企业，终将难有更大的作为。

过去数年化妆品产业所有变化的根源都在于消费者权利的崛起，因此任何单纯为满足渠道与终端的营销调整必定会是一叶障目、不见泰山的短视行为，注定将徒劳无功。当大家将战略模式、渠道选择、终端整合几个基本点厘清之后，唯有抓住消费者才是决定命运的主导性命题。

一个营销重心不在消费者的企业的命门总会被渠道控制，一个营销重心不在消费者的产业终将难成大器，在整个国民经济的产业对话中必定属于弱势群体。

向消费者靠拢，学会与消费者对话，学会应用品牌的利器与消费者建立紧密关系，这才是融合时代美丽的产业所收获的最美的果实。

日化产业的大历史

思想家本雅明曾说,每个人都觉得自己生活在一个史无前例的时代,但那只不过是因为我们离现在太近,看不清过去,也看不见未来。

虽然如此金玉良言在前,但 2008 年是如此非同凡响,我也顾不得先贤的教诲,要就这一年的影响力来"微言大义"一番,学大学者黄仁宇先生的架势来讲讲中国日化产业的大历史,"装腔作势"地说"大"话。

是的,我要以一个"大"字来总结与书写这一年的产业历史。

一、大日化、大公司梦的萌芽

最近在美国英语观测网站(The Global Language Monitor,全球语言监测机构)看到一份榜单:2008 年十大电视词汇。在这份榜单上,"北京"一词高居榜首。作为奥运举办城市,"北京"成了 2008 年电视媒体出现频率最高的词汇。对国家而言,北京奥运是大国崛起百年不遇的机会;于商业而言,北京奥运会同样是企业梦想的催化剂,联想等知名企业的国际化战略与此不无关联。

而中国化妆品产业在这一年也表现出了实现大日化、大公司梦的冲动——立白耗费巨资成为 2008 年北京奥运会洗涤用品供应商的选择,可以视为这种冲动的典型表现。

业内一直有"大日化"的说法,它将洗涤与护肤也囊括其中,但至今本土尚无真正意义上的大日化公司。

传统洗化企业近年来一直努力跨界以真正做到大日化来实现做大企业的战略。如 2008 年,百年润发重出江湖,正是做洗衣粉、肥皂的纳爱斯向大日化进军的关键一步。品牌奥妮由立白重新推出,大日化的竞逐游戏端也有另外一番演绎。

谁在洗发水、护肤品领域率先突破，谁就将在产业结构上成为本土版的"宝洁"。

多年来，不少业内公司希望通过导入新品牌的方式实现品类战略的跨越，但一直未得其门而入。此外，还有不少以大资本做支撑的医药等其他产业的企业尝试跨界进入护肤品领域，也未能破壁。这些企业大都看低了护肤品领域的壁垒，也缺乏必要的资源对接与基于跨界合作的必要转变，因而不小心栽了大跟斗。

过去的经验与教训让业内人士看淡了企业在化妆品市场上的跨界，但我认为这并非法老的魔咒或者产业宿命，只是探索期必经的阶段。从品类的关联度来看，洗涤、医药保健、个人护理用品企业战略结构优化调整，向护肤品渗透是最自然不过的事情。交了够多的学费，有了先遣军的教训，习惯了大军团作战，有充足的人力、资源、资本储备，大产业集团的持续进入将是未来长期的旋律。

对于领先的化妆品企业尤其是护肤品品牌而言，真正可怕的敌人不是现有的同行，而是这些跨界延伸的公司——打破游戏规则的往往是外来者，而非体系中人。

我们将迎来一个大产业集团群"狼"毕至的时代，对于产业发展而言，这未尝不是一桩好事。大规模、大资本，是未来做大产业的一个重要逻辑。跨产业整合、同行之间的并购、产业链之间的深度合作，将是未来"大日化"市场演义的重要戏码。

二、大美求真

美容专业线拥有全球最强大、由"马甲军团"组成的国际化产业阵营，为真正的国际化品牌进入中国市场设置了不高不低的门槛。但这个以伪造背景、"穿洋马甲"为风尚的行业，失去了信用根基，最终劣币驱逐良币，不仅令从业者蒙羞，也让整个行业进入寒冬。

相对而言，传统的日化产业在整体与主流上是倡导企业积极健康地经营的。

之所以将某品牌"穿洋马甲"这桩事当作2008年行业的"大事件"来谈，是因为这一事件放大了我们行业潜在的弊端。

品牌背景的伪饰本非奇耻，在合理而有限的范围内进行品牌美化是可以理解的。但经营者最终把自己都忽悠进去将洋马甲视为高尚的符号到处炫耀，而整个行业若都视之为行规因而表现得很麻木，那折射出的必然是行业的系统性问题，而不是单个企业的问题。千里之堤，溃于蚁穴。我们不需要等到类似三聚氰胺这样的事件来将产业带到不得不变革的地步。

值得高兴的是，此事件发生之后，我所接触的众多客户，此前有穿洋马甲意图或有此类行为的，都主动提出了在未来的品牌建设中要杜绝身份造假的行为，在根本上为品牌的良性发展奠定健康的基础。

要想发展壮大，自信而健康的产业思维是根本。"穿洋马甲"事件，在合适的时机以合适的方式激发了行业的自我修正机制，这为产业的进一步做大做好了心态上的准备。而佰草集于2008年登陆法国市场，又向我们适时地提示了这种可能性正不断强化的前景。

三、大渠道的兴起

2008年，专业的渠道运营商开始以一个群体的形象走向前台。

在终端专业化、连锁化的发展过程中，出现了以美程、金甲虫、东大、三信等为代表的成熟的专业渠道商。对于这股新势力，我乐见其成。他们的成长与成熟对整个产业的健康发展至关重要。没有成熟的终端就不可能有成熟的产业。这是我一直以来的观点。

在这里，我再以美容专业线为例。

以往，专业线就是因为美容院终端作为经营个体发展过度散、弱，对上游不能进行有效的制衡，厂家凭借资源与信息的相对优势，恣意妄为，轻易破坏基本的商业道德、伦理规范，"马甲"当道且习以为常，浮躁、炒作、圈钱、赚快钱是行业的基本形态，企业经营者的价值观严重畸变。如此生态，导致行业只能在低层面发展，有点儿见不得光。

而日化线今日兴起的新型代理商，摆脱地域限制，以全国市场为版图进行布局，在体量上具备了可与上游厂家平等对话的可能；他们所表现出来的视野、情怀、能力，足以与上游厂家相抗衡，这也让我眼前一亮。

话语权不断强化的渠道运营商，自有一份责任阻击少数由专业线转来的企业将以前"专业"且自以为高明的做法带到日化线来，也有能力以消费者的代理者的名义对厂家意志进行有力制衡，在这种均衡的博弈中将产业引向有序发展的轨道。只有各个环节都获得了应有的话语权，行业生态才可能健康，这是自然法则。

有大渠道，才有大产业。

大渠道的兴起，另一方面意味着，过去几年企业将渠道过度分割、只考虑单一渠道形态的做法将会逐渐转变。将各主流渠道进行策略化组合、主次分明地进行经营才是未来企业应有的考量。

马镫与砂器：改变产业格局的专营店

马　　镫

　　古罗马衰落后，统治中欧的日耳曼依据亚洲的一种图案发明了一种小小的物件——马镫。

　　有了马镫，马背上的战士挥舞长矛战斗时就不会从马上掉落下来，从而极大地提高了战斗力。在击退8世纪入侵西欧的撒拉逊人的战斗中，马镫发挥了决定性的作用，尽管那时入侵者的人数远远多于法兰克部落的人数。

　　法兰克部落的查尔斯·马特从其胜利中领悟到，马镫不仅仅提高了军队的战斗力，它还是一种新的武器，或是一种战斗形式。从此，马镫改变了法兰克部落的军事战略。

　　由于马镫的发明，诞生了骑兵这一极大改变战争的新元素。为了支持骑兵这样专业化的战斗部队，查尔斯创立了一种新的拥有田地的贵族阶级。最终，催生了与骑兵紧紧连接在一起的社会政治体系——封建制度。

　　马镫——如此不起眼的发明，却深刻影响了历史的进程。

　　过去数年，专营店成了中国市场的"马镫"——原本不入流，并不为人所重视，却最终改变了化妆品市场的格局。

　　在传统主流渠道被国际品牌垄断的情势下，一批弱势本土化妆品公司在专营店渠道扎根，与其相伴成长，并以此为依托逐渐崛起，形成一股令人振奋的产业力量，让产业竞争格局大大改观。这是一个重要的起点，也是值得研究者予以深度关注的一面。

　　那些专营店渠道的先锋企业是如何借助这一"马镫"实现狂飙突进的，

尤为人所关注。

专营店渠道崛起的企业前十位有一半是我服务过的客户，未直接服务过的也有不同层次的接触。为避免给客户做软宣传的嫌疑，他们如何"艰苦卓绝"的突出表现，在此略去不表。

位居市场前列者绝非浪得虚名——就这些企业所表现出的经营能力、思维意识、团队水平而言，他们无疑是这个领域的领先者。但将这个领域的崛起归结为一个群体努力的结果显然更为合适与得体。

专营店产业的崛起，正是中国化妆品产业在高度竞争压力之下，厂家、渠道、终端集体智慧与汗水的结晶。今日观之，专营店渠道崛起的这些领先企业在三大方面起到了十分重要的作用。

一、为中国日化产业的第二次革命开辟了新的路径

当整个产业为寻找新的成长空间而踟蹰，最早致力于开拓专营店市场的企业为整个行业开辟了另一片天地，他们的成功再次启示我们：一个产业面临瓶颈的时候，正是新的生机孕育的前夜。

我们今天视专营店市场的兴盛为理所当然之事，但不应忘记一句话：世界本无所谓路，走的人多了，于是便有了路。专营店市场最初并不为人所重视，正是有了这些走在前面的人披荆斩棘，才有了今日市场的康庄大道。

由于专营店渠道的深度发展，化妆品产业在产品开发、形象包装、人才培养、经营模式等方面又开创了纵深化发展的多向路径，如曲径通幽般呈现出多元而丰富的气象，这样的局面远非传统的厂家所能创造。

英国历史学家汤因比以"挑战—迎战"机制来阐释文明的兴替。看待专营店渠道的发展可以持同样的历史观，对于未来产业的革新我们同样可以依循这样的思路去考量。

二、培育了新的市场经营模式

专营店之特点正在于"专"，虽然同处化妆品市场，但因其"专"，所以在经营上较超市、专柜有更高的要求。更由于是全新领域，所以专营店在

人才、培训、经营、网络建设的模式等方面都有重新积累的过程。毋庸置疑，走在前面的这些企业为市场起到了很好的"铺路石"的作用。

三、促进了产业内部的融合

专营店渠道形态新、经营要求高，其不断完善的目标，显然非某一个环节的力量所能达成。在渠道扁平化的大趋势之下，产业链上各环节的矛盾日益复杂与突出，而专营店却让大家在新的维度上认识到相克亦相生的产业生态关系，更意识到要满足今日消费者之需求，必须汇集众智、集聚众力。

在过去数年，我目睹了一幅厂家、代理商、加盟店围绕终端销售这一核心通力合作，共同提升培训、服务、沟通等各方面水平的运作图。而在这幅图中，厂家因其视野、能力、人才优势，无疑充任了主要角色。出于自身发展的迫切需要，先行的厂家带动了产业各环节力量的提升，也因此促进了产业内部的融合。

今日之视为光明所在，初来者往往抱着走向未知深渊的恐惧。以上三大贡献，不仅成就了行业领先者本身，也免去了后进者从头开始的曲折，因而有更多的人迅速跟进，进而让专营店渠道在广阔的范围内产生影响。于是，从无到有，从落寞到众人关注，一个市场在不知不觉中迅速成长、蕴蓄能量，并在三年内迅速爆发。

其中佼佼者如2001年才进入市场的自然堂，其所归属的上海伽蓝集团的市场占有率在2007年底便位居国内护肤品市场前五名（中华全国商业信息中心统计结果）。在一个跨国品牌已经占据绝对优势的市场，这样的业绩来之不易。

紧随其后，更有一大批企业的市场销售迅速完成由千万级向亿量级的转变。本土企业的业绩，也带动了众多国际品牌进入专营店渠道。在此过程中，国内也产生了美程等一批优秀连锁终端品牌。

用一部电影——《速度与激情》的名称来概括2009年之前的专营店市场，可以说是再贴切不过了。在这样一个特殊的领域，中国制造神话呈现出了一种别样的表达。

砂　器

　　很多企业、产业的飞速成长，总会让我想起一部电影中的一个场景：茫茫海边，一个小孩小心翼翼地用虚散的细沙堆砂器（砂子堆成的碗状器具），一点一点堆砌成自己心目中的形状，仿佛在塑造着他的梦想，但无论他如何努力，一旦风雨袭来，那砂器总是在制作成型后马上破碎、消散。

　　这是由日本悬疑推理大师松本清张同名小说改编的电影《砂器》中的一幕，这一幕寓示着主人公奋力抗争而无法逃脱的宿命。

　　原名本浦秀夫的天才音乐家和贺英良的人生经历坎坷，他凭着天分和努力青云直上，登上艺术巅峰。但为了掩盖生父曾患麻风病的真相并逃避这种血缘关系，和贺英良残忍地杀害了知道其出身与经历的养父。凶杀案情最终败露，音乐家苦心经营的人生便如"砂器"一般破碎、消散。

　　这部电影当初引进国内也曾引起广泛的关注，主人公的命运更是让人唏嘘不已。

　　在中国市场上，也有很多曾经看来风光无限的品牌，却像脆弱的砂器一般瞬间被风吹散。在此分享一个我曾经服务过的客户波导的案例。

　　1999年之前，国内手机市场渠道完全被国际品牌垄断，柜台上看不到一台国产手机。刚刚由寻呼机产业转型而来的波导决定自建销售渠道，在强势广告和价格武器的配合下，波导在三年内成为国产手机行业的老大，并与其他本土企业一道与国际品牌平分市场江山。这样的成就，显然非今日化妆品专营店领域所能比的。

　　在波导达到巅峰的2004年，企业创始人已经深刻地认识到以往做法对品牌的戕害，并急于改变现状以提升品牌形象与价值，但"路径依赖"已然形成，这个体系已经习惯以往带来的成功的种种做法。

　　后来波导创始人徐立华因上市公司业绩不理想被《福布斯》杂志列于2008年最差上市公司老板榜榜首。

由于曾目睹这位企业家为提升品牌的形象与价值所作出的种种努力,以及以消费者认知水平而非老板意志为出发点与技术部门、营销部门进行争论的行为,我至今仍认为这是一位十分出色的企业家。

然而,成王败寇,古今皆然。

波导的经历,让我对后来中国企业的成功都抱着较为谨慎的态度。因此,我后来有机会参与到好记星的品牌传播服务项目,并在总结其阶段性成功时,用的是《好记星嬗变,终结品牌流星宿命?》这样的标题。

中国企业有足够的智慧与能力抓住历史性机会争取阶段性的胜利,但阶段性的胜利总是以接踵而来的衰落为代价。

在过去20年中,成功魔咒在中国市场上似乎表现得过于频繁。而这一魔咒之所以能够屡屡奏效,就是因为企业普遍存在的"刻舟求剑"的思维惰性,尤其是成功者体量增大之后行动缓慢反过来所导致的思维迟钝,更注定了陷阱与成功如影随形。

当企业要进一步往上跃升时,路径依赖就像地球引力一样发挥作用,让企业开始自由落体运动。当一批具有实力的企业在专营店领域迅速上升到一定高度,由亿量级企业向10亿量级跨越时,宿命就像古埃及尼罗河畔的怪兽斯芬克斯一样张开大嘴恭候于一旁。因此,对于今日之专营店领域,在即将发生转折性变化的阶段,费唇舌提出这样的问题尤有价值。

分水岭

当游牧部落成为正规军,曾经奏效的策略、方法将成为导致"翻车"的惯性力量。领先者要改变命运,先要摆脱曾在成长中发挥重要作用的惯性力量,然而这并不是一件容易的事。

推动康柏转型的费佛尔曾说:"世上最难的一件事,就是扬弃那些曾把公司推上现今成功地位的思维、策略与偏好。"

从1亿到10亿,不只是销量和规模的增长,更是企业体质、作战半径、传播接触面、沟通对象发生根本性变化的过程，其中伴随着竞争策略的重大转型。

以专营店为主战场的企业前阶段的发展，市场重心在渠道，面向代理商，强调渠道"推力"，依循的逻辑是：胜利，控制，占有，利益为王。进入新的发展阶段，重心在消费者，面向大众，强调的是品牌对消费者的"拉力"，依循的逻辑是：尊重、分享、沟通，价值优先。

前一阶段基于渠道的崛起，很容易让企业陷入渠道驱动、渠道依赖的恶性循环。如今所能见到的会议狂潮，不过是渠道掌控路径依赖的习性开始恶化的一种表征。沟通资源过多集中于这一环节，产业为此耗费大量资源，企业劳神费力，代理商也疲于应付，大家无暇顾及与消费者沟通。这种态势越来越严重，就意味着我们走出以往路径的可能性越来越小。

在专营店市场，过去数年，企业更多地集中于在渠道层面做文章，虽然也有不少企业在中央电视台投广告，但其中绝大多数的目的还是重在刺激代理商，使的是"推力"。而品牌，则完全以消费者为营销核心，用的是"拉力"，新的品牌战略将是实现新旧竞争逻辑转换的关键所在。

正如《砂器》中音乐家的宿命源于其出身与身份，品牌正是要解决企业的社会身份问题。

一、实施精要战略

多品牌策略是目前大多数企业的共同选择，但这种选择背后所遵循的还是以渠道为中心的逻辑，即尽可能抢占渠道资源、终端资源。

然而，万蛙不如一鳝，品牌太多最终会造成资源内耗，一个优势品牌所创造的业绩可能被另外一个品牌的不足所抵消。

企业必须正视自身视野局限与能力极限。卓越如宝洁在中国实行多品牌战略，也有不得不壮士断腕的时候。虽然从长期来看，企业必然会建立多品牌架构，但现阶段还很少有企业具备相应的能力。

新阶段，我们不仅有伴随成长而滋生的企业内部的新弊端要纠正，资生堂、联合利华等跨国巨头在专营店渠道的不断深入与逐渐成熟也将构成更重大的威胁。

要有更长足的发展，企业必须重新梳理品牌架构，精耕优势品牌，集中精力打造企业的"金牛"。

二、品牌差异化战略

各个专营店品牌，业内如数家珍，企业自然也是敝帚自珍，总认为特色化十足，但在消费者的眼中只不过是数滴不同的水珠，没有多大区别。如能以局外人的心态，看看湖南卫视投放的众多化妆品广告，应该不难明白这一点。

大家都认为自己很有个性，但用更宏观的视野来取景的话，实则是渠道内的品牌"集体无个性"。因此，未来数年，企业应该将更多的资源投入单个品牌的特色化塑造上，让消费者知道"你是谁"。

精要与差异，将让品牌在消费者心目中形成价值感，企业的生命力正孕育于其中。

三、资源整合战略

不同的逻辑，要求的是不同的思维、不同的资源储备与人才。

专营店渠道的主要企业过往缺乏大众品牌塑造的经验，与消费者的互动沟通技巧积累也不多。与懂得今日之产业、熟知化妆品市场运行规律、具备品牌管理专业素养的团队进行优势互补，是企业由 1 亿到 10 亿、强化品牌竞争力的重要选择，也是企业通过引进外来专业力量改变内部路径依赖的一个十分重要的选择。

从 1 亿到 10 亿的转变，将是一道分水岭。

谁是短跑选手，谁是马拉松选手，就在这个过程中见分晓。前 10 名注定要重排座次，也注定有人要掉队，后来居上成为黑马的机会也很大。

这是产生分野的时期，也是开始重大转型的时期。精要、差异、整合，将帮助企业实现品牌竞争力的有效优化。在品牌优化的基础上，企业在坚守专营店渠道的前提下，逐步向其他渠道渗透，实施"大渠道"战略，以此实现市场规模的不断提升。

跨界融合

今日之市场，资本对品牌成长的加速器效应日益明显。

专营店市场的迅速兴起，使之成为资本关注的热点，这又进一步激发了行业对资本的认识与渴望。与资本联姻自然是好事，但需谨慎待之。

马克·吐温的名篇《败坏了哈德莱堡的人》中，一个心怀不满者用一袋金币毁掉了一个"模范城镇"。这样的故事在资本市场并不鲜见。

在目前受追捧的纯粹的资本运作（如风险投资）之外，我认为具有一定优势的专营店品牌未来应该更多地考虑产业内部的合作、相关联产业之间的整合，以资本为平台、以品牌为纽带实施"联姻"。

在这方面，国内化妆品产业在意识上远不如其他行业成熟。如广告、传媒、互联网等行业，近些年来发生在跨国集团与本土公司之间的同业并购，乃至相关联产业之间的跨界合作，十分普遍，对企业的规模化、品牌化发展也起到了十分重要的作用。

从产业的成长、品牌的生命来看，这种合作更值得业内人士去考虑与选择。这种合作，对于资源、人才的互动交流，能起到积极正面的作用。合作双方在品牌运作思路、价值观方面更容易达成一致，而这正是合作成功的前提，是比资本更重要的因素。打破门户之见与土洋壁垒，打通产业链，整合各种互补性资源，在更广阔的产业平台上进行运营，将是领先者继续领先的必然选择。

未来化妆品产业的资本运作模式，更多的将是欧莱雅牵手小护士、立白并购高姿这类模式。

不对称战争下的品牌悲剧

2010年初，北京大学出版社出了一本由联想前管理人员写的著作——《联想并购之后》，约我写篇书评，我方知将IBM PC事业部吞并的联想在柳传志重新出山之后居然开始扭亏为盈。不由得感叹柳传志真是宝刀未老，对于联想的实力也不由得暗暗叹服。虽然TCL与阿尔卡特、明基与西门子苦涩的闪婚、闪离也才是不久前的事情，但联想的故事让我们意识到中国企业不仅胃口大，而且消化能力也不差。

不久之后，四川民企腾中公司声称要买下通用汽车公司旗下的悍马品牌，让国民惊诧之余，进一步表明中国企业胃口之大超乎想象。虽然此事最终不了了之，但也足以证明我们的战略野心已非昔日可比。再后来，浙江民企吉利汽车在众人怀疑的目光中将知名汽车品牌沃尔沃揽入怀中，这次并购对于国人而言着实给力。但这种情况到了化妆品产业就变成了"外资围剿中国日化品牌"。

过去我们一直陷于那种高昂的战略野心中，似乎忘记了或者说是有意地忽视了这样一件事情：众多中国企业将IBM、沃尔沃这些海外品牌收入囊中的同时，化妆品产业重量级本土品牌小护士、羽西、舒蕾、大宝、丝宝先后被出让给跨国集团。如今叱咤国内市场多年的丁家宜被法国科蒂集团并购，又将这一品牌出让名单拉长了。

此类事件一而再、再而三地发生于日化产业，可见其非一时一企一品牌之困，而是整个产业的无奈，而这种无奈的直接表现就是"枪打出头鸟"——有价值的主流品牌被作为首选标的并购。

必须认识到的是，近三十年来的产业发展路径，已让我们陷入一场不对称的战争。这场不对称战争主要围绕渠道展开。本土企业用地面战的方式，打出人海战加广告战再加促销战，攻城拔寨，将一个个渠道堡垒拿下，最终以强大的市场网络托起自身的市场地位。而跨国集团只需签订一个并购合同，开出一张支票，本土企业用血汗打下的市场网络就可以轻松到手。能够得到所需的市场资源，几亿美元对他们来说算什么？就像美国人打仗，如果可以不流血不流汗，多打几枚价值数百万美元的导弹又算什么？不战而胜是最高明的策略，老外很清楚。

有些被并购的品牌为什么会被雪藏？说白了在跨国集团眼里这些品牌并无多大剩余价值，他们真正看中的是并购对象所拥有的渠道网络。通过并购，跨国集团很轻松地拥有要经过多年苦战才能拿下的渠道，并将本土企业挤出市场。

跨国集团虽然每天都唱着品牌的高调，但他们更看重渠道，也就是商圈、卖场这些稀缺资源。对于市场竞争而言，渠道才是具有战略意义的资源。尤其是在化妆品产业，渠道的复杂性更决定了其非一般的价值。用一笔资金买下一个品牌，获得庞大的市场网络，何乐而不为？

未来，跨国企业对战略性市场资源尤其是渠道资源的争夺，绝对不会依赖传统方式，而会以资本并购为主体。中国企业在前面蹚地雷，把渠道网络建好，跨国企业用资本的杠杆改变格局。这一点在未来的专营店渠道可以看得更清楚。专营店渠道基本上是本土企业经过多年浴血奋战才奠定的格局，而跨国企业凭借其品牌优势、资本优势轻轻松松就能实现后发制人的目的。

这场不对称的战争意味着，中国本土的日化企业可以打赢每一场战役，但最终会输掉整场战争。这就是为什么我们在过去的年头里会不断看到一些品牌迅速崛起，且连连告捷，为本土日化营销持续奉上精彩篇章，但最终会以被收购的结局告终，而且是被竞争对手收购。因此，我们更应该意识到，目前专营店市场兴起的中国国内品牌对资本运作的渴求，其背后的战略主动性远弱于其通过资本市场实现自我救赎的动力。选择上市以公众资本对抗国际资本，才是本土企业改变其在这场不对称战争中弱势地位的必然选择。面对大渠道，体量小、资金盘子小的日化企业必须投靠大资本。

以资本化运作应对本土企业的地面战，只是跨国集团在这场不对称战争中所用手段之一，以资源整合实现资源争夺则是其另一重要策略。

2010年，欧莱雅为实现专营店渠道的进一步突破，将旗下的魅力联盟予以升级，覆盖护肤、彩妆、染发、洗发护发的多个品牌协同进驻专营店，以品牌资源的整合、捆绑与渠道进行终端资源的交换，成败虽未有定数，但已充分表现出其与本土企业不对称的战略思维——这种做法与本土企业攻城略地的传统做法显然不属于同一层面，且威慑力十足；这一联盟在终端的扩张将直接压缩本土品牌在专营店这一新兴渠道的生存空间。

跨国集团整合资源力量实施扩张，欧莱雅魅力联盟只是一个点上的表现。这些公司在彼此竞争的同时，其背后错综复杂的利益关系，决定其在中国市场的角逐中始终属于同一阵营。跨国公司的力量整合不仅是在产业内部，甚至是跨产业，很多公司幕后的股东最后都会跟几个大财团相关；而本土化妆品企业大多是单兵作战，内耗相当严重。

为什么我们打不过人家？每个企业，哪怕是那些快速成长起来、以民族品牌代表自居的企业，出于自身利益的考虑也都会陷入不自觉地为对手效劳的境地——这是中国化妆品企业的一种集体无意识行为。最典型的就是，在如今的资本热潮中，原本对国内同行像防贼一样防着的公司会将自己所有的家底都告诉风投，而资本利益最大、最终的代表者属于哪个阵营，这是一个再简单不过的问题。可以大胆地肯定，目前对中国化妆品产业整体格局最熟悉的绝对不会是任何纯正的本土专家或机构，而是一家代表跨国集团利益的服务型公司。因为在过去数年，所有的本土企业，从厂家到渠道，都在向自己大骂的跨国竞争对手输送一手情报。这种集体无意识行为，最终会降低跨国集团进军新市场、新渠道的成本，加速本土企业自身的衰退。除了与风投的资本谈判，本土企业在与跨国性咨询公司、广告公司的合作过程中也会将自己的底全部露给别人。在市场竞争中，企业的机密、信息、渠道运作的模式都具有知识产权般的竞争价值，但本土企业宁给外部人，也不给内部人。而这些合作伙伴与本土企业之间的关系，相对于与其同时进入中国的跨国集团，孰亲孰疏，不言自明。在后殖民主义时代，两个阵营之间的隐蔽战争并不会因暂时的商业合作关系而消失。

在这场不对称战争中,要从一两个品牌一时一地的胜利中看到整体竞争格局的改观,或者去论证某种革命性的变化,显然过于天真。而本土阵营力量的整合,显然是国内单个企业很难做到的,必须借助行业甚至政府的力量,但日化产业的产业地位,使得政府、行业机构的整合性力量缺位,这将导致这场不对称的战争持续下去。

跨国企业品牌红利期将结束

时值 2017 年，我去陕西会几个美妆连锁店的好朋友，听他们说起资生堂旗下的悠莱、泊美准备针对化妆品零售店下调供货折扣，而且调整幅度还不低——泊美供货折扣由 7.2 折调低至 5.2 折，悠莱供货折扣从 7.5 折调至 6 折。

不久，官方信息传出，这一说法得到证实。

5.2 折是什么概念？接近大多数国产主流品牌给到终端门店的折扣。

资生堂这种泰山北斗式的跨国企业，如此"折节侍奉"零售店，看起来似乎颇有降尊纡贵之感。当初提起泊美、悠莱，我们这些本土创业者心中可是满满的崇敬。如今国外品牌在国内市场的零售供货折扣明里暗里都在降，而且幅度都不小。

当然，即使如此，比起一些国产品牌给零售店低到 3 折以下的供货折扣，5.2 折仍然算得上是大户人家的"身价"。

犹记当年，一位本土主力品牌的创始人跟我讲："咱给店家的供货折扣有点低，比国际大牌低不少，一直想往上调一点点，把距离缩小一点，不知行不行得通？"世事难料，曾经强大的竞争对手居然以这种方式帮他实现了"缩小距离"的愿望。

在专业化妆品店，卖国际大牌已成无利可图之事——7 折或者 8 折供货，算上运营成本，利润比刀片还薄。再说，这些品牌家家都在卖，难免要打点折让利才好卖，这样做还有没有利润只有天晓得。但是，即使如此，这些年很少听到其声音的悠莱，其终端专柜数量居然并不见少。看样子，大家抱着"名品引流"的思维这么多年，已经成功地将自己催眠了，哪怕那些微商再没名气的产品也能卖给顾客，我们仍然觉着自己没了洋品牌就没能力让顾客进店了——在这些洋品牌的市场推广力度、影响力已经被众多本土品牌超过的时候，店家仍然将其作为店内主推，还真不知道是谁在给谁引流呢。

为什么洋品牌这么多年心安理得地多收20%～30%？为什么如今一咬牙对自己下狠手，要把这部分利润空间让渡给渠道呢？

比国产品牌多出来的20%到30%的折扣，我称之为品牌红利——这些跨国企业，除了作为供货商赚取产品差价以及服务费之外，还凭借其品牌优势从渠道商那里获得一部分相当于公司股东分红的利益，而且不管合作伙伴赚与亏都得收，这纯粹属于附加利益，差不多就像政府收的"增值税"。

品牌红利，最初因为中国市场品牌稀缺，后来因为本土品牌的差距。从这些国际一线品牌进入中国，到国产品牌这几年大面积崛起，这个红利期挺长。

中国市场向洋品牌交这份红利，是交正常的品牌溢价，是交市场运营与品牌建设方面的学费，另外附加迷信洋货的"心理安慰费"。之所以愿意交，是因为整个中国市场高速发展，大家都在享受经济发展的红利。在大家挣钱都还比较容易的情况下，代理商、店老板都能接受，你好我好大家好。

从2006年到2016年，本土品牌快速赶超洋品牌，双方品牌、品质差距都在逐步缩小，其间的品牌红利空间也就是折扣落差应该越来越小才是。然而，国际品牌一直抱持"刻舟求剑"的心态，始终放不下心理优越感，"公主病"挺厉害。

这几年，整体经济下行，电商对线下冲击加剧，人工加上房租上涨厉害，零售商不堪重负，国内品牌也在采取各种措施变相降低折扣以分解终端压力、共度时艰。但是，国际品牌还坚持享受这份红利，全国的化妆品渠道商都在不赚钱的情况下给其打义工。

负重前行的渠道商就像无法再承受多一根稻草的骆驼。商超百货还可以死扛，毕竟需要国际品牌来撑门面；开化妆品店的都是中小经营者，大多是夫妻档起家（当然，绝大多数仍然还是夫妻档），不是靠门面过日子的人，不愿再给洋品牌当"搬运工"。如果品牌不主动降低折扣的话，店老板可能就要将其扫地出门了。想当初，资生堂在化妆品店方面可是下了不少工夫，贡献也大，对于店家来说获得资生堂授权那是很有面子的事。

时移世易，本土品牌的反超，看起来已不是暂时性的局部现象，在很多方面都比昔日膜拜的洋品牌表现得更为强劲且可持续。对于店家而言，从上游获得各种品牌的途径越来越多，对于原有国际大牌的依赖度日渐降低。一句话，哪怕结束与这些品牌的合作，也没多大风险：没有张屠夫，难道就没有猪肉吃？

亡羊补牢，犹未晚也。虽然已经错过最佳时机，却传递了明确的信息：跨国企业在中国市场的品牌红利期即将结束。

窄门：美丽产业的活法

被改写的竞争法则

2017年9月，二恶烷，犹如游荡在洗发水界的幽灵，曾让本土洗发水品牌霸王遭遇灭顶之灾，这一次又开始在宝洁身上发威。

香港消费者委员会对宝洁多款洗发水进行抽查后，发现其二恶烷含量超过欧盟建议的安全标准，香港大润发对所涉产品进行下架处理。媒体曝光后，事件一度发酵，对宝洁构成不利影响。

很快，有关行业协会出面对二恶烷相关问题进行说明，一定程度上为宝洁"申冤"。在宝洁提供检验合格证明后，大润发旋即全面恢复产品上架。

舆论很快趋于平息，宝洁有惊无险地度过危局。

1

曾经掀翻其竞争对手的巨浪，到宝洁这里成了茶杯里的风波。

7年前（2010年），也是在香港，宝洁洗发水在中国本土遭遇的最强劲的竞争对手霸王洗发水被媒体爆出二恶烷超标，其市场由此开始急转直下、自由落体。虽然后来证明这是一桩冤案，但二恶烷事件对霸王所造成的重创再也无法平复。

两相对比，似乎证明了宝洁的极度强大，民族品牌的极度脆弱。可是，这种强大已非当日的独步武林。虽然在整合社会资源影响舆论，引导新闻媒介正面报道上，宝洁表现上佳。然而，我们必须要意识到的是，这类事件过去很少发生在宝洁身上，宝洁在中国应该从未面对过如此严峻的舆论危机。之所以如此，是因为如今出现了另一个舆论场，一个不受宝洁左右、宝洁也很难把控的舆论场，在影响着人们对宝洁的认知。

在主流媒体报道之外，关于这次事件的讨论，最热烈的舆论场在朋友圈、微信群、社交媒体。事件过后，在传统的媒体战场，宝洁的巨人之躯似乎毫发无损；然而在另一个舆论场，却留下飓风过后的真实场景，显得有点不堪。

在这个新的舆论场上，同行、公众开始质疑宝洁对中国消费者的诚意及其产品品质。这是个失控的新世界，所有人都可以发声，所有人的声音都可以被人听到。

过去，宝洁作为大众营销的巨人，在左右媒体舆论方面有着强大的影响力，与主流媒体做好沟通便可引导大众。但是当新的信息技术将话语权交到个体手里之后，社交媒体成了新的传播平台，宝洁再也无法像过去一样从源头影响舆论。这意味着它既无法在公关营销上压制潜在的竞争者，也无法阻止不利于它的声音四处扩散——宝洁虽然貌似打赢了二恶烷这场战役，但是整场战争却沿着不利于它的方向发展。

2

当然，此次事件，对于宝洁而言不仅仅是话语权旁落的问题。

香港消费者委员会检测发现，7款洗发水产品的二恶烷含量超欧盟消费者安全科学委员会（SCCS）建议的安全水平10ppm（即每升/每千克产品中含有二恶烷10毫克），其中6款为宝洁公司旗下产品，涉及沙宣、潘婷、伊卡璐、海飞丝4个品牌的产品。其中"海飞丝摩洛哥坚果乳致美顺泽去屑洗发露"二恶烷含量为24ppm，为所有被检产品中最高。

在香港消费者委员会公布检测报告后，宝洁公司迅速作出回应，称公司没有在产品中主动添加二恶烷并致力于降低产品中的二恶烷杂质含量，所有在内地和香港销售的产品符合相关法规，并委托中国检验检疫科学研究院对公司洗发水产品进行检验。检验结果显示，其中残留的二恶烷杂质皆低于10

ppm，消费者可以放心使用。

这一检测标准表明，此事对于宝洁就像当年的霸王一样，属于典型的冤假错案。

至于宝洁这样的世界一流企业生产的洗发水中为何会出现二恶烷，这是个有点复杂的学术问题。然而，这会是全世界洗发水都会犯的错吗？

此次香港消费者委员会的抽检样本中，有12款产品未被检出二恶烷成分，这说明消除产品中的二恶烷并非不可能——其中便包括国产洗发水新秀品牌滋源。

过去，在人们的印象当中，宝洁的洗发水世界最好，国内产品无法与之竞争。这次事件之后，坊间的议论已经不再是：宝洁都有问题，本土品牌就更不用说了。起码在二恶烷的问题上，本土品牌已经表现出比宝洁更靠谱的一面。在新的舆论场中，宝洁的品质越来越多地被质疑。

认知的缺口一旦打开，国货长期处于下风的局势就会逐渐得到扭转。

3

6年前，法国科蒂收购丁家宜时，我曾在《不对称战争下的本土日化品牌悲剧》一文中写过这样一句话："这场不对称的战争意味着，中国本土的日化企业可以打赢每一场战役，但最终会输掉整场战争。"

奥妮，黑头发、中国货；舒蕾，终端拦截；霸王，中药世家防脱发。一波波声势浩大、振奋人心的战略进攻，最终都黯然收场。

这么多年来，本土日化打了各种各样的胜仗，赢得了每场战役，最终却输掉了整场战争。因此，我曾经以为宝洁是不可战胜的。但是，在新的战争中，我们已经可以看到本土企业有能力将局部的胜利扩大为更大的胜利。新参战的企业，不仅野心更大，也有更高的智慧、更强的能力，他们"敢于胜利"。

在快速崛起的本土品牌集群面前，宝洁已不再像过去那样拥有压倒性优势：在屈臣氏这样的大型连锁渠道，韩束、一叶子等品牌的份额越来越大；在社交媒体内容营销方面，百雀羚这样的品牌比宝洁表现得更出色；在系统的品牌管理与建设方面，自然堂等品牌表现出更大的创新能量；在洗发水这个宝洁的根据地，滋源用"无硅油"发起了颇具威胁性的进攻。

整体环境在发生变化，消费者在变化，战争法则在逐渐发生变化。

一直以来，宝洁在传统媒体与大卖场精心构筑的竞争壁垒越来越高，犹如"马奇诺防线"一般坚不可摧，少有人敢向其发起正面进攻——在大众营销的年代，宝洁通过在传媒与卖场建立垄断地位，切断了挑战者的上升通道。然而，移动互联技术与社交媒体，让普通个体成为连接的节点、传播者甚至是"货架"，我们因而可以绕过宝洁固若金汤的"马奇诺防线"抵达消费者。

"马奇诺防线"犹在，只是已非必经之地。新的战场，已不再由过去大众营销的巨人们所主导。

窄门：美丽产业的活法

直播造神，泡沫沸腾

2021年，美妆达人阿怀首次在抖音直播带货的战果是6小时破亿元。

此前，这位拥有140万粉丝的主播，在美妆圈名不见经传。一夜之间，一战成名。用新闻稿里的话来说，这一带货成绩足以成为行业标杆。

对此，坊间不是没有异议。认为其个人影响力与销售额反差太大者，有之；质疑其专业能力与直播水平者，有之。这一业绩，到底有没有水分？胡适先生教导我们"有几分证据讲几分话"。没有真凭实据，我不敢妄下结论。

阿怀直播首秀之后，拥有3684.5万粉丝的快手达人小伊伊在"寺库专场"直播带货也宣称成交额过亿元。但让人大跌眼镜的是，因夸大销售成绩，快手官方创作者生态营销平台关联公司北京晨钟科技有限公司被罚20万元，这次直播的实际销售额被曝光：912万余元——这一数据与对外宣称的相差10倍。

窥一斑而知全豹。直播带货的泡沫到底有多大，从这一个案例能看出些许端倪。当然阿怀也好，小伊伊也罢，都为我们呈现了当下轰轰烈烈的直播造神运动的真面目。

我们不能因为小伊伊吹牛交了"税"，就认为粉丝数差了不止一个量级、销量却大了很多的阿怀的数据有水分——毕竟造数据的方式有很多种，吹牛只是其中之一。

我那位在直播圈摸索已久的朋友曾告诉我，让数据真实有效地膨胀多倍，在技术上并不难，其手段五花八门。当然，对于平台而言，造数据的手段是完全没必要搞得那么烦琐的。经过两三年的摸索，平台已经成功地掌握了两大造神法宝。

1. 流量集中输送

记得罗永浩刚转型直播卖货那会，我在任何时间登录抖音都必然看到其宣传视频。虽然如今各大平台都声称基于用户喜好实行个性化推送，其先进算法能做到千人千面，但为何我一个对罗永浩并不怎么感兴趣的人，那段时间却被强推？相信有类似遭遇的人不在少数。

所以平台掌握流量入口，要造神并不难，关键是集中力量办大事，问题在于选谁而已。

2. 全网最低价

这种做法是否涉及不正当竞争，或者低价倾销，暂且不论。短时间内的大规模销售无疑会降低交易成本，因此而要求全网最低价，并不见得就是一个合理的诉求——毕竟，规模与售价之间是一个互为因果的关系，而不是单纯的规模影响价格。

打着零售模式创新的幌子，线上平台用全网最低价简单而粗暴地打劫了全渠道的流量。线下渠道辛苦教育、培养的用户，直播卖货只需"全网最低价"就能吸引过来。

对于这点，大家心知肚明。一味强调规模效应，有点此地无银三百两的味道。

对于将这两大手段有机结合的直播造神模式，淘宝是开山祖师，一哥一姐两大超级网红就是其收割市场的超级联合收割机。大数据、云计算、个性化、新零售，都成了修饰"收割"与"打劫"的话术。基于这种模式，销售破亿并非难事，根本不需要给数据注水。

也许有人会说，超级达人的销量离不开他们自身的专业与努力。对此，我并不否认。但专业与努力所能创造的销量，相对于平台造神所带来的效应，可谓九牛一毛。

平台、资本、技术三合一，轻松造神——破亿，似乎成了大网红带货的标配。不破亿，都不好意思出来发通告。

这种造神运作并不新鲜。还记得一个叫"芳草集"的品牌吗？它是最初一批淘品牌的代表。平台流量扶持，产品低价优势，二者结合，成就了"古

窄门：美丽产业的活法

典互联网"时期的神。

熟悉的味道，熟悉的配方，只是速度已倍增，平台已没有以前的那种耐心，而是必须用一晚完成当初用一年干好的事情，技术、资本也足以支撑这种市场速成模式。

然而，市场的增长并不会与欲望同步。做大蛋糕来造神，显然不如分蛋糕来得快。损不足以奉有余，牺牲、打劫众多商家的利益，快速造神成为必然。一人暴富，万人皆苦。

泡沫沸腾，激发市场的热情与冲动，但靠打激素速成不可能没有后遗症。虽然不至于都像芳草集那批淘品牌一般没落，但依赖直播带货成长的品牌，不得不以高达百分之六七十的营销投入供养平台的流量生意和达人。当全网最低价直播卖货的清库存模式成为常态时，性价比不过是网红品牌自我麻醉的话术，更何况清库存式直播卖货也会带来严重的库存问题。

至于直播卖货那帮人，由于流量大多用于"造神"去了，腰部以下的就别想着共同富裕。这种生存环境，催生了畸形的商业生态。大量本身就缺乏流量的MCN机构与主播只能采用骗取坑位费的模式生存下去。线下大卖场，收取进场费，起码还会有一定的销量保证。而直播卖货，无论粉丝多少，却都可以理直气壮地收取坑位费而不保证销量。当这种骗术难以持续下去时，又开始改换名目让商家支付流量推广费。这么一个热闹的市场，居然没有形成基于价值的获利模式。

当然，我们不要忘了，平台是"以人民的名义"推行全网最低价的。让用户以更少的花费享受美好生活，是十分高尚的说辞。当价格成为终极标准时，越来越多劣质的便宜货通过平台卖给了主播的"家人"们。

如今，1元钱1斤的洗衣液充斥着直播间，如此便宜的产品活性物添加几近于零，香精等添加剂当然也只会采用最劣质的。面对这种竞争，蓝月亮等领导品牌只能节节败退。为避免整个产业被推向低质量发展的轨道，中国洗涤用品工业协会不得不发布抵制生产销售低劣洗涤用品的倡议书。

洗衣液只是众多被玩坏的其中一个市场而已，劣币驱逐良币的现象正在更多行业发生。

值得庆幸的是，国家市场监督管理总局于 2021 年发布了《禁止网络不正当竞争行为规定（公开征求意见稿）》并公开征求意见。该规定意在制止和预防网络不正当竞争行为，维护公平竞争的市场秩序，保护经营者和消费者的合法权益，促进数字经济规范持续健康发展。

不增长便意味着祛魅，质疑便会随之而来，带货记录已如此之高，在监管趋严的情况下，各大平台直播造神模式如何才不会坍塌呢？

超级监管，超限思维

2021年，中国美妆产业史上最强监管正向纵深推进。

此前的征求意见稿，要求企业必须设立质量安全负责人，且必须具有大专学历。正式发布的《化妆品生产经营监督管理办法》则将这一学历要求去掉。

这一调整，恰恰从一个侧面反映出本轮监管之严厉——试运行阶段的某些要求，已经超出产业现有承受能力，以至于不得不适当放宽条件为企业"松绑"，否则仅质量安全负责人的人才缺口问题就会迫使很多企业离场。

超级监管，力度空前，层层推进：日渐收紧的生产现场检查与环保督察，已让不少生产厂家黯然离场；严打虚假宣传，不少曾享受"超国民待遇"的国际品牌被拿来"祭旗"；即将逐步落实的功效宣称评价与分类管理，也将大幅度提升产品推新难度。

时移世易，中国社会发展进入新时代，市场监管也进入新时代。野蛮生长的时代落幕，行业必然往优质、精品路线进化。对人才团队、经营水平、资金实力等方面的要求都高于以往，我们不得不在新的市场环境下思考自己的生存之道。

新的监管，尤其是功效宣称评价与分类管理的落地，意味着企业必须用数据说话，无形中也为市场设定了一个"功效至上""性价比为王"的思考框架，很多企业不自觉地就被引入这一框架去思考市场发展战略，认为将功效、检测拼到极致就能在竞争中胜出。

然而，按照监管要求实施经营只是立足于新时代的必要条件，而非必胜条件。军事著作《超限战》指出，超限战是指超越界限（和限度）的战斗或战争。事物相互区别的前提是界限的存在。在这个万物相依的世界上，界限只有相对意义。所谓"超限",是指超越所有被称为或是可以理解为界限的东西。不论它是属于物质的、精神的或是技术的,因为对界限的超越就是对方法的超越。

商场如战场。采用超限思维,打破原有市场界限,在商业史上有不少经典案例。远的有可乐之战,百事可乐超越饮料口味、配方等既有产品层面的界限,以新一代人群诉求打破可口可乐对市场的垄断,同时用音乐强化对消费者的吸引力;近的有新能源汽车之战,老牌汽车制造商丰田推出混合动力车,是在汽车原型思维基础上的逻辑进化,而特斯拉作为后来者不受产品原型思维限制,打破原有界限,因而后来居上,成为新能源车的标杆。

监管要求设定的只是竞争的下限,而不是上限。品质、功效、检测做得再好,都是在原有产品界限内进行调整、优化,是典型的基于产品逻辑的线性延伸。

原有的产品界限构建了一个思维的盒子,在这个盒子里无论如何努力所能创造的差异与优势,在消费者看来是极为有限的。用数据说话,以统一的检测标准作为市场竞争的思考方向,最终会走向同质化之路,价格战是必然的结局,这绝非监管者愿意看到的。

超限思维意味着"跳出盒子去思考",从以性价比为焦点激发用户选择偏好,转移至基于品类相关性强化市场认同。百事可乐、特斯拉均是如此。

不同的品类就是不同的盒子,品类创新就意味着对原有界限的超越。强化品类相关性,就是超限思维的核心。

对于目前的产业而言,可以从以下四个维度着力强化品类相关性。

(1)聚焦、放大产品特色、属性方面的品类相关性。放弃大而全的诉求,突出某一特色、属性。近些年,主打无硅油特性的滋源洗发水、华熙生物旗下立足玻尿酸原料优势的润百颜,在市场上都取得了令人惊诧的成绩。

原本在自身品牌建设方面意识不强的代工厂,如今也逐渐开始通过强化品类相关性来提升自身的竞争力。譬如天津尚美信息科技有限公司(简称"天津尚美")聚焦中草药化妆品、广州天玺生物科技有限公司(简称"天玺国际")强化鲜活特性,都有效地提升了其对品牌商的吸引力。当然,这些工厂同时也在不断强化技术研发、功效检测方面的能力，但品类创新则为它们带来了"破局"的加速度。

（2）强化文化方面的品类相关性。在这方面，无论是传统国货片仔癀、百雀羚，还是新生的互联网品牌花西子，均树立了良好的示范。精神方面的附加值所能创造的顾客偏好，并不弱于品质与功效，甚至可以说对用户的心智的影响力更强。这就要求企业提升包装设计、内容营销方面的原创力。

（3）建立情感方面的品类相关性。情感价值既能强化品牌的内涵与深度，也能强化消费体验。宝洁公司旗下飘柔的"自信"，联合利华旗下多芬的"真美"，均为品牌赢得了广泛的市场认同。

（4）凸显社群方面的品类相关性。立足旅游、二次元等不同社群塑造品牌，在互联网世界已经成为重要选择。由共同兴趣营造的正面感受可以带来对产品的积极评价，人们会把各种优点赋予她们喜欢并且与她们有共同兴趣的品牌。人以群分，拥有相似兴趣的人更容易谈得来，也更容易建立认同。同理，品牌与用户之间的关系也是如此。

强化品类相关性，可以让我们远离"我的产品比竞争对手的好""对方虽然很有名，但是我们的产品性价比更高"等王婆卖瓜式争辩。

产品品质、功效的战场在工厂，拼的是原料、配方和研发；品类决胜的战场更多在消费者群体，需要我们跳出盒子思考，拼的是创新和创意。

超限思维，创造一个更丰富、更多元、更优质的市场，这才是超级监管要推动产业前行的方向。

玻尿酸红利

2019年以前，华熙在全国的知名度并不高；相对而言，首都人民对它会更熟悉一点——位于海淀区复兴路的华熙LIVE·五棵松——一个集体育、艺术、商业于一体的大型商圈，是京西有名的网红打卡地，其开发商便是华熙国际。

2019年，登陆A股科创板的华熙生物华丽出圈，华熙从此更多地作为玻尿酸巨头被世人所知：全球最大玻尿酸生产与销售企业，市场占比达43%。

福瑞达，很多国人最初听到这一名字是从眼药水开始的。在电视媒体占绝对主宰地位的年代，正大福瑞达伴随其眼药水广告进入大众视野。如今，因鲁商集团旗下福瑞达生物在玻尿酸护肤领域长袖善舞，福瑞达的玻尿酸标签也越来越显眼，以至于其跟眼药水的关联不知不觉地被弱化。

玻尿酸学名为透明质酸，因其人体同源性与过人的保湿功能而为爱美人士所喜爱。我国台湾地区一位女明星曾提到："没有玻尿酸，很多女明星都活不下去！"一句话将这一原本让人感觉平平无奇的成分普及到更广泛的市场。

"好风凭借力，送我上青云"，随着颜值经济的快速增长，玻尿酸在众多成分中脱颖而出占据市场C位，并成为一个具有强大光环效应的概念——无论什么样的企业，只要跟它沾边，立马就能成为资本市场与产业市场的焦点。当然，其他业务标签都会被弱化。

华熙生物、福瑞达生物，均位于山东省省会济南——中国玻尿酸制备技术源起于山东省生物药物研究院，并以此为根据地开枝散叶。如今活跃在玻尿酸领域的各方势力与这一机构均渊源颇深。

2020年玻尿酸原料销量排名前五的企业均为山东企业，市占率总和高达75%。这种强大的产业集群效应，让中国的美妆产业实现了玻尿酸自由。

原料可以说相当于化妆品的"芯片"，从源头决定了产业发展的"天花板"。遗憾的是，化妆品所使用的诸多重要活性原料，主要掌握在巴斯夫、道康宁、帝斯曼等外资企业手中。

不为外界所知的是，跟消费品类似，在原料领域，中国企业哪怕在一些局部细分领域已经构建了强大的技术优势，也只能以"代工厂"的形式存在，为国际巨头贴牌生产。前些日子，某本土原料公司在其筹备上市的相关报告中披露了为某知名国际原料商代工的秘密。国际巨头一转手便获得丰厚的"溢价"，但外界却普遍认为这是其原创科研应得的利益。

外企才能造出好原料，用进口原料才能作出好产品，与国际原料巨头合作就能带来市场"信任状"。这似乎已经成为一种市场共识。造成这种局面既有技术积累方面的原因，也有因此而形成的"外来和尚好念经"的认知偏见。

玻尿酸让我们有了新的开始。这是一个原汁原味的中国原创故事，一个颇值得国人自豪的自主研发、国产化量产的励志故事。虽然上述"代工"情况仍普遍存在——有些品牌所标榜的欧美进口玻尿酸原料，实际上可能由山东某厂代工——中国作为玻尿酸原产大国已逐渐成为一个被广泛认知的事实。

如今，中国几乎垄断全球玻尿酸生产。

随着华熙生物、昊海生科、爱美客等企业先后进入资本市场，玻尿酸的中国原创故事为更多人所知，消费者对国产玻尿酸的认同度也越来越高。消费者的认可，反过来让产业人士意识到，在新一代用户心目中本土原产概念可能比洋概念好使。

这种产业红利外溢带来的用户认知红利，为消费市场的品牌打造带来了极大的便利。华熙生物也好，福瑞达生物也罢，"玻尿酸研发大厂"的金字招牌使得他们在推出新品牌时更容易被消费者所接受——过去，原料商到品牌商的门槛鲜有人跨越；如今，市场壁垒被玻尿酸打破了。

草蛇灰线，伏脉千里，玻尿酸带来的巨大市场红利，非一夕之功。20世纪80年代发明生物发酵法提取玻尿酸，2000年前后华熙介入这一领域，到如今颜值经济风起，很多人的坚守与努力终让玻尿酸成为立于针尖上的"天使"。

过去，化妆品店专营渠道给国产品牌的崛起提供了重要支撑；如今，在原料领域，玻尿酸探出了另一条从0到1的路径。

从0到1的突破，一方面在于技术上的持续投入与升级，优化了生产效率与成本，奠定了扎实的市场基础；另一方面在于因应市场需求变化，不断推动品类创新，从大众渠道到医美渠道，从化妆品级到滴眼液级、食品级、注射级，从常规护肤品到针剂，市场竞争"护城河"越挖越宽、越挖越深。在过去的这些年中，低价路线没有成为竞争的主流，行业因而避免了提前"内卷"的困局，这为产业的持续升级创造了空间，也为品牌化发展创造了可能。

玻尿酸的中国故事无疑具有标志性意义，让我们本土美妆产业在"芯片"也就是原料上找到了自信，也看到了更多崛起的可能。更准确地说，不只是可能，因为更多的"玻尿酸"式产业标本正在成形之中。

窄门：美丽产业的活法

三个湖南代表

一、澧县

澧县，湖南省常德的下辖县，因三湘四水之"湘资沅澧"中的澧水贯穿全境而得名。

在过去20多年中，这个很多人可能无法正确说出其名字的湘北小县在美妆行业却是一个不容忽视的存在。

早在20世纪90年代，部分从事化妆品批发的澧县人，已开始基于货品供应优势在一些省内郊县开设化妆品店，并逐渐渗透到湖北、广西等周边地区。

21世纪的头十年，外出开化妆品店于澧县人而言是"大气候"，往往是一个村、一个镇地出动——这是澧县人的"共同富裕"之路。

依托亲族、老乡关系，以传帮带的方式不断扩散，澧县人将化妆品店开到全国各地，其从业规模如滚雪球般迅速壮大。走南闯北、勤劳创业的澧县人，撒豆成兵，成就了化妆品零售行业的"沙县小吃"。

高峰期，澧县人在全国开出的门店数以万计，相关从业人员超十万；凡厂家、代理商开零售商大会，参会者必然会有澧县人。

这个基于乡情的商业社群，主要以松散的合作方式存在：虽然大多采用风采、名流等店名，门店装修风格也差不多，但经营方面各自独立性很强，与严格意义上的连锁差异很大；大家主要通过亲友、老乡介绍、推荐，选择所经销的产品。

过去20年，化妆品专营店渠道，是国产美妆品牌赖以崛起的根据地——在商超、百货等主流大卖场被洋品牌垄断的情况下，本土企业那时可以选择的渠道很有限。

2006年，以自然堂为代表的国产美妆品牌纷纷以重金投放央视、卫视广告，专营店渠道也开始进入大爆发阶段。在这个渠道从边缘到主流的高速发展期，澧县人躬逢其盛，也吃到了市场红利。

然而，突飞猛进的同时，危机也悄然而至。化妆品专营店进入了一条抛物线式的发展轨道，在快速上行的过程中受到电商冲击。

二、御泥坊

也正是在2006年，邵阳隆回人刘海浪开始在网上销售御泥坊面膜。起步阶段的御泥坊销量并不理想，知道并认可它的人很少，没想到却吸引了另一个邵阳老乡的目光——在一次淘宝卖家沟通会上，洞口小伙戴跃锋第一次见到了这个在湖南本省出品的化妆品品牌，此后经过一番努力成了御泥坊网络销售代理商。

在将御泥坊进行重新包装定位之后，戴跃锋将品牌带上了快车道，迅速占据了这一品类的头部位置。2008年6月，戴跃锋并购了御泥坊品牌及位于隆回县的加工基地。此后，在他的带领下，御泥坊一直保持良好的发展态势。

互联网的普及，催生了新的零售方式，新生代消费者逐渐开始习惯网络购物。这种变化，对线下实体店构成"利空"，而让御泥坊这些互联网时代的弄潮儿大受其益。

2018年2月，御泥坊母公司御家汇在深交所创业板正式挂牌上市，股票代码为"300740"，"国内电商面膜第一股"由此诞生。孰料，第一代电商品牌的发展此时已入"尾声"，与御泥坊同一时期面世的"淘品牌"大多花果飘零。

三、李佳琦

2021年的"双11"，另一位湖南人带着高光进入大众视线——1992年出生的岳阳小伙、欧莱雅前柜台导购李佳琦PK阿里巴巴创始人马云直播卖口红，五分钟内李佳琦以1000:10的绝对优势碾压马云，挟"口红一哥"

的名号大热出圈，并在"双11"预售时，一个晚上卖出100亿元。

市场全面进入移动互联时代，手机将人们带入了一个新大陆，短视频、直播成了最大的风口，零售形态迥异于往昔。

李佳琦的影响与日俱增，以前被视为市场风向标的淘品牌则声势渐弱——过去，它们在"双11"担当主角；如今，用媒体的话来说，几乎要"消失在'双11'战场"。

新陈代谢，是自然规律，也是市场法则，从澧县人到御泥坊，再到李佳琦，这三个湖南代表串联起了这20年美妆零售变革的主线，呈现了各种商业元素力量的此消彼长。

当然，这三个代表：一个群体、一个企业、一个个体，都出自湖南，纯属巧合，并非湖南人在美妆零售方面有什么神奇的基因或者特色地域文化，更非本人出于家乡情结强行演绎。

或许是本人作为湖南人，更容易注意到这种巧合，而这种巧合正适合拿来对近20年美妆零售变革做简单的粗线条的分析——正如湖南人统治了半个互联网，这一现象背后并无必然不可的原因，但足以作为话题并梳理出一些产业发展的脉络。

湖南人对零售格局的重构还在继续，长沙正成为团购这一商业模式的大本营与根据地，本地的兴盛优选就是"领头羊"。

零售是商业革命的武器，而商业的嬗变则主要表现为这一武器的革命。

澧县人、御泥坊、李佳琦，代表着不同阶段商业革命的武器，这些武器的威力强大到一定程度时就会引发市场的革命、产业的变革。正如坦克、飞机、航母这些武器的迭代，引发了战争形态的变化，零售元素的变化最终也将带来商业世界的变革——化妆品专营店、电商、直播，都引发了商业的革命、产业的变革。

近20年的零售变革，十分剧烈，美妆业一直走在前面，是各种零售技术和思维的试验田；也正因为此，美妆在整体国民消费中的占比虽不高，但美妆零售一再引领商业变革。美妆零售武器不断地被革命，也不断地自我革命，因而呈现出十分精彩可观的现象。

"流量主权"之争

2021年"双11"最大的亮点来得有点晚,在结束之后才出现——淘宝直播一哥李佳琦"打脸"美妆巨头欧莱雅——这场风波比李佳琦"双11"预售一个晚上卖出100亿元热度更高,也更具标志性意义。

10月初欧莱雅公司在其官方微博宣布,"双11"期间在头部主播李佳琦直播间预售巴黎欧莱雅面膜有"全年最大力度"促销。但预售过后,巴黎欧莱雅天猫官方店却放出了几万张优惠券,使成交价格远低于李佳琦直播间的预售价。数十万抢着在一哥直播间下单的"亲爱的家人们",原本以为到手的是地板价,没想到地板下面还有"地下室"。

"全网最低价"是李佳琦直播间滔天流量的关键密码,知名品牌全网最低价更是他打天下的招牌。巴黎欧莱雅来这么一出,不是打脸吗?

坐稳一哥宝座的头部主播哪里受过这种气,自然要为自己和"家人们"讨个说法,宣布暂停与巴黎欧莱雅的合作。同样掉到这一坑里的淘宝直播一姐,紧接着也宣布暂停与巴黎欧莱雅的合作。一哥一姐联手激情封杀,买亏了的消费者要补差价、要赔偿,央媒点名批评,舆情持续发酵。

长期雄踞全球时尚界金字塔尖、江湖上谁都得给一份面子的欧莱雅难得低下了高贵的头颅,做小伏低、连夜道歉:平台促销规则太复杂,把我们给绕蒙圈了,因此犯下这不该犯的错误。虽然这事我们有点冤,但是我们大品牌有大担当——欧莱雅推出补偿方案,只求风波赶紧过去。

李佳琦成为网红之前是欧莱雅的柜台导购,相信他直播带货所表现的专业素养离不开这一高起点的职业经历。如今为价差问题与前东家撕破脸皮,可见这事已经触及最核心的利益——平台、主播、品牌合作博弈中的流量主权归属。

窄门：美丽产业的活法

流量主权，本质上是对流量的影响力、主导性与掌控程度，零售大促时的定价权最直接的表现——合作各方博弈时手中筹码有多少、话语权有多大，都体现在这上面。

如今各大平台都患上了严重的流量焦虑症，新的增量极其有限，只好在存量市场厮杀。大家使出浑身解数争夺流量，不可避免地陷入了高度内卷的困境。这种状况，淘宝直播一哥、一姐都无法逃脱：带同样的货，一旦听到对方直播间的价格更低，李佳琦就会在自己的直播间像霸道总裁一样号召粉丝去退货、给差评——反之亦然。

可见，在流量争夺战中，价格是最核心的武器——价格与流量相互促进，低价有助于人气，人气有助于向品牌压价，二者之间的函数关系决定了议价权——这种内在逻辑意味着主播必然以流量为由极力压榨品牌。

淘宝以低价起家，深知低价之于流量的意义——价格优势越明显，流量增长越快。长期以来，淘宝食髓知味，各种造节活动拉低价格下限，"双11"更是做到极致。

然而，价格是流量大重器，也是双刃剑，品牌并不轻用，平台也想适可而止，因此才有了马云力推的"消费升级"，整个平台也力推天猫以弱化淘宝C店。奈何拼多多一出，失去流量支持的淘宝C店这道防线已难堪大任，天猫又不似京东那般定力强大，只好重新祭起低价法宝。

这时候直播卖货风起，头部主播声势浩大，正好趁此机会借第三方之手暗度陈仓，进一步拉低价格下限——超级主播本身很难让平台获得外围新流量，却能发挥杀价的作用，进一步蚕食其他渠道尤其是线下流量，并将其锁定在平台。这既能避免否定"消费升级"自我打脸的尴尬，又能避免沦为直接推动价格战从而破坏市场生态的罪魁祸首。

在这种情况下，超级主播、超级低价二者合一，成为流量争夺战中的必然归宿。"全网最低价"这一终极大杀器体面而又堂而皇之地摆上了战场。

从此，中国电商出现了鲜有人可以匹敌的头部主播，他们以消费者之名，高举"全网最低价"的大旗号令天下，颇有顺之者昌、逆之者亡的气概。

如今淘宝直播"龙凤配"的双寡头局面，显然不是市场竞争自然形成的结果。离开了背后操弄流量的平台之手，带货奇迹就会大打折扣。

头部主播全网最低价的玩法，将用户锁定在主播直播间的同时，也对品牌在其他渠道的流量来了个釜底抽薪，因而得以不断做大、稳定平台流量的基本盘。

虽然知道这种暗度陈仓的做法有失厚道，但是平台为了流量也只能顾头不顾腚，不遗余力地支持主播压榨品牌利益的做法，甚至将直播造神的运动推向更高峰——直播一哥一夜卖出一百亿元。

头部主播赚得盆满钵满的同时，也在流量争夺战中作出了应有的贡献，这也是平台不遗余力地支持他们的同时赋予他们的使命。

因此，这次李佳琦不顾情面对老东家痛下杀手——这不仅是为自己挣面子，更是为平台行家规、立威、杀一儆百，让商家们都长长记性——头部主播封杀巴黎欧莱雅，本质上宣示的是平台对流量的绝对控制权。

头部主播"清库存、打骨折"式直播卖货模式，进一步促进流量向头部集中，业绩也向头部集中。不仅中小主播，品牌商也成了陪"太子"读书的了，整个生态日益畸形。

一鲸落而万物生——人们只见头部主播，而不见商家，甚至不见由千万商家支撑起来的淘宝本身，以至于"李佳琦杀死'双11'"的哀叹不绝于耳——我们无法想象两棵参天大树能成就浩渺无际的亚马逊森林。

互联网时代的直播造神游戏，不过是在存量市场"损不足而奉有余"，利用技术手段将原应属于众商家的自然流量强行划归头部主播，他们因此获得凌驾于品牌的话语权，在合作中予取予求以至于索求无度。随着带货数据的持续攀升，在难以获得增量的情况下平台仍然树立了可以引领市场的新标杆。这种通过流量扶持造神的游戏，与当初树"淘品牌"的手法何其相似，只不过现在玩得更为纯熟。

在这种生态之下，中小品牌只能做单选题：牺牲价格换来流量；但是那些超级品牌却想做多选题，既要高人气，也要保价格。如果鱼与熊掌不能兼得，何不以更低的价格将用户引到官方旗舰店，没了主播抽成这块支出，流量和业绩方面会是双丰收。

在这场生态与流量池共建的游戏中，如果直播卖货只能停留在清库存层面，自己辛辛苦苦培育的用户最后都以全网最低价的方式输送给头部主播并被其圈住，这必然会导致品牌"心理失衡"甚至"动作变形"。于是欧莱雅"不小心"犯了错，便让李佳琦的全网最低价成了笑话，最后却被李佳琦打了脸。

这次超级品牌与头部主播之间的博弈，可谓流量主权的高地战，是一次不满情绪的总爆发。虽然风波以欧莱雅道歉暂告一段落，但长期来看，这恐怕只是中场战事而已。

用全网最低价吸引并锁定流量，虽然管用，但是品牌自带流量也是不容回避的事实。头部主播看似拥有强大的带货能力，于品牌有生死肉骨之神功，但对用户购买决策的影响也是有限的。关掉"全网最低价"的滤镜，头部主播的光芒就会黯淡许多。看似粉丝尽在掌握，但一元钱的价差就会让忠诚度变得毫无意义。对于已经成功占据用户心智的知名品牌而言，更是如此——同一个产品，换个商标以更低的价格在直播间销售，任主播如何扯着嗓子叫唤"买买买"，用户可能都完全无动于衷。

所以，无论头部主播的带货能力如何强，都无法改变这一事实：支撑起流量主权的终极因素是品牌的心智占有率与用户影响力；品牌之所以成为品牌，是因为有效影响了消费者心智，进而获得市场影响并拥有流量——否则阿里巴巴厂家直供、拼多多血拼式社交零售为何不能取代淘宝、天猫呢？

对于这一点，平台、头部主播都心知肚明，否则头部主播也不会一再宣称自己的是"全网最低价"，甚至为此不惜针锋相对。

对于平台，显然用"你不愿意干总有人愿意干"的逻辑与说辞来要挟合作伙伴，并不是可持续的作为，更会使得"让天下没有难做的生意"的说法越来越可笑——制定游戏规则的人，也得考虑所有游戏参与者的长期利益。

如果大牌们开始纷纷抛弃头部主播，结果将会如何？平台应该想想这样的问题，这并非不可能发生的事情。将流量主权过度擢为己有，恐非长策。平台的生态、工具属性不应因流量至上的思维而过度弱化，与品牌共创、共享、共赢才能实现平台本身利益的最大化。

不遗余力地用全网最低价直播造神是一条不归路，必成尾大不掉之势，造出来的神最终会成为反噬自身的"蛊"。养蛊终有尽时。平台若不能尊重并承认众商家共建流量池的应有权益，一味用超低价抢夺其他渠道流量，恐怕最终会掉入深坑。

以渠道的强势地位过度打压商家，以前的国美就是典型，格力不吃它那一套，自建终端，终成全球空调王者。所以，再强势的渠道最终都会被新生者"破防"，不要等到对手做大之后才悔之晚矣。

我们也应看到，在各大平台纷纷押宝头部主播全网最低价的同时，主推高品质、快物流、强服务的京东，仍然获得了用户更高的认可度，在普遍内卷的格局下保持了相对超然的姿态。

所以平台应该给大家多一个选择，而不是只有头部主播的全网最低价。这既是给大家多一条路，也是给自己多一条路。

窄门：美丽产业的活法

山东美妆，后浪领新潮

2023年刚开年，山东美妆就占据了产业C位。

一场山东化妆品产业高质量发展论坛，一场中国化妆品原料创新应用论坛，将聚光灯打到了山东美妆身上。作为区域经济集群的山东美妆，以产业新高地的形象矗立在中国化妆品业的版图上。

这是一片充满生机的高地：济南同城"双子星"华熙生物、鲁商福瑞达均以"科技+资本+品牌矩阵"的运作模式打开市场格局，蔚然有峥嵘气象；深耕线上多年的朵拉朵尚、半亩花田在直播电商时代依然长袖善舞，长期担纲各大平台的主角；众多新生力量也都十分能打，2018年始创的AKF彩妆2022年销量达16亿元，2023年有望突破20亿元，成立不到3年的凌博士体量已接近10亿元。

名角不断涌现、如雁阵前行的山东美妆，在珠三角、长三角这两大传统美妆产业带之外，异军突起为新的一极。

业内关注度不高的山东美妆似乎在一夜之间成长为"巨人"。

九层之台，起于累土。对于各地化妆品行业协会，我与山东协会接触最多，多年前便与协会同仁一起参访明月海藻等省内代表性企业，也曾以演讲嘉宾等身份多次参与华熙生物的活动，在产业层面也始终与当地保持深度互动，近距离的观察让我深知山东美妆底蕴深厚、其来有自。

山东美妆的狂飙突进，是其多年来低调耕耘的结果。虽为产业后浪，山东美妆却引领着国货美妆发展的新浪潮，尤其在影响产业增长的四大关键要素方面表现突出、领风气之先，可以说给同行上了示范课。

一、以科研技术驱动市场增长

科技正成为美妆产业新一轮增长的引擎,在这方面,山东的玻尿酸(学名:透明质酸)产业传奇无疑有着风向标意义。

以华熙生物和福瑞达为代表的山东透明质酸销量占全球的75%,全球销量排名前五的企业均是山东企业。如此强大的产业优势,源自科技上的核心竞争力。据"中国透明质酸之父"凌沛学教授介绍,基于其发明的生物技术发酵法,目前已有四家玻尿酸概念的上市公司被孵化,总市值近3000亿元。

山东是传统化工、医药大省——山东一直有中国化工第一大省之称,其医药产业规模居全国第二。这两大优势产业从生态上为产业关联度较高的化妆品业提供了强大的技术、人才储备。另外,山东大学、中国海洋大学等高校、科研院所丰富的教育资源加持以及产学研联动,为科技成果的转化、应用创造了良好的生态。

鲁商福瑞达"妆药同源"的发展战略,华熙生物以郭学平博士这样的专家担任引领企业发展的技术IP[①],这些无疑都是山东美妆科研技术沉淀的结果。

依托独有技术构建核心竞争力,推动产业向纵深发展,山东美妆的成长路径无形中给国产美妆以现实的激励。如何从品牌定位出发部署自己的科技发展战略、组织人才团队,未来将成为众多美妆企业的关键命题。

二、深耕中国特色原料尤其是植物资源,从源头为国货赋能

作为原料大省,除了透明质酸,山东还有多张"王牌"在手——青岛和烟台的海洋生物原料、济宁汶上香兰素、滕州香料、兰陵牛蒡、平阴玫瑰、菏泽牡丹均处于全国领先地位。

在特色原料方面汇聚如此多的隐形冠军,这样的现象在全国极为罕见。山东美妆已经将这种优势转化为品牌竞争的利器。

---

① IP:Intellectual Property,知识产权。

玻尿酸之于润百颜、颐莲自不必多言，平阴玫瑰成就了半亩花田的多个王牌产品，菏泽牡丹已成为一些知名品牌所倚重的原料。在内卷加剧的美妆产业，有原料在源头加持的品牌纷纷按下了快进键，这也凸显了原料作为产业"芯片"的战略价值。

从原料端发掘可以激发品牌活力的高能因子，也将成为坚持长期主义的国货的重要思路。深知其中妙处的鲁商福瑞达更是走出山东，收购以新疆特色自然资源薰衣草为依托的美妆品牌伊帕尔汗，进一步拓展战略空间。

山东企业的成功告诉我们，原料必将成为国货美妆十分重要的增长极。

三、聚焦细分品类打造超级品牌

2018 年，福瑞达旗下瑷尔博士以"微生态"概念切入功效护肤市场，5 年内即达到 10 亿量级，其益生菌类、褐藻类产品成功复刻同门品牌颐莲在玻尿酸领域创造的佳绩，成为市场大热门。

类似瑷尔博士这般深度聚焦细分品类、打造超级大单品进而成就强势品牌，已成为山东美妆的重要模式，这不仅被鲁商福瑞达、华熙生物这样的集团军验证，也在更广泛的层面被践行。身体护理品半亩花田、眼部彩妆AKF、植物除螨化妆品满婷，这些有着清晰品类印记的品牌，均孕育于山东下辖远离产业中心的边缘地带，但都通过聚焦品类的运营策略成功摆脱了不利地理区位的限制，借互联网之便利成功占据消费者认知，成为具有广泛影响力的品牌。

山东美妆在品类营销的创新方面也不乏可圈可点之处。华熙生物旗下的润百颜作为国内次抛品类的开创者，与故宫文创合作创造了营销经典。福瑞达旗下的颐莲巧妙运用场景营销打造了累计销售突破 3000 万瓶的喷雾这一超级大单品。

在本土美妆深陷价格战泥潭的当下，品类创新必将是国货打破内卷的重要课题，山东美妆在这方面已经为同行打造了值得借鉴的样板。

四、立足移动互联网，实现数字化突围

在山东美妆圈，传统电商时代即以手工皂打响名声的朵拉朵尚是一个很

特别的存在。众多同期起步的淘品牌花果飘零，多次切换赛道的朵拉朵尚却始终保持旺盛的生命力，一再成功转型之后，在直播电商时代长期霸榜快手美妆。

朵拉朵尚的成长历程，可以说是山东美妆这些年发展的缩影。一方面，很多企业与当地著名的电商公司韩都衣舍之间都有着千丝万缕的联系，企业、人才之间的互动、扩散，强化了山东的电商基因；另一方面，临沂等传统商品集散地为山东美妆构建了产业供应链优势。过去10年国内移动互联网的普及，让下沉市场享受数字普惠之利，山东美妆在这两方面的优势随之得到充分释放，在社交电商、私域电商、直播电商等赛道风生水起，整体进入一个新的发展维度。

以用户为中心，对传统电商的人、货、场进行链路重构，无论是华熙生物、鲁商福瑞达等头部企业还是其他新锐力量，山东美妆在移动互联端展现了非一般的爆发力。

科技、原料、特色品类、移动电商，这四大要素是下一波产业革命浪潮的关键所在，正深度重构当下中国的美妆竞争格局，山东无疑已经走在前面了。

竹子，有一个破土而出的生长规律，前4年它仅能生长几厘米，从第5年开始，可每天以30厘米的速度拔节而起，仅用6周的时间就能长到15米的高度。这种现象人们称之为"竹子效应"。美妆产业"山东板块"的崛起正是"竹子效应"的一个十分有力的例证——山东美妆一出圈便让我们看到了第5年的景象，正因其"前4年"做足了功夫。

"岱宗夫如何？齐鲁青未了。"山东美妆值得嘉许与期待，因为其在不确定的时代为国货美妆开辟了值得期待的路径。

窄门：美丽产业的活法

拥抱洗护产业新周期

一、"要放青山与客看"：新的增长曲线

"西风不是吹黄落，要放青山与客看。"这一出自南宋诗人汪若楫《青山》的诗句意味深长。诗人的意思是，西风不只是吹落树上的黄叶、带来萧瑟肃杀之感，也让我们看见青山本来的面貌、感受到生机。同理，当下艰难的市场环境也有助于我们看清洗护产业的实际情况与未来之路。

2024年，我参加了两次同行企业举办的全国性品牌大会，两场大会恰好都跟洗护有关：一场是法国天芮在珠海举办的会议，了解到其推出的高端洗护品牌FORVIL温莎森林发展得很不错；另一场则是一家初创型公司举办的全国经销商会议，这家企业主攻养发馆，发展得还不错。这两次会议让我近距离地感受到了洗护产业潜藏着的崭新的增长曲线，是整个化妆品市场最具爆发力的赛道之一。

二、"雄关漫道真如铁"：过去23年的中国洗护产业

2001年，我下海从事品牌策划、咨询，主要服务于美妆产业。身处广东这一产业前沿阵地，我十分真切地感受到了本土洗护产业喷薄而出的盛况。

那一年我参加了本人涉足化妆品产业的首次大型展会，在上海光大会展中心举办的美博会。尽管当时的光大会展中心整体规模与现在浦东美博会相比小很多，但却是我们见证本土洗护产业规模化爆发的一个重要窗口。

当时，宝洁公司作为产业霸主与市场启蒙者，无疑左右着整个行业的思考和竞争，也决定了产业发展的路径、走向。这个时期的本土洗护品牌对宝洁进行了全面模仿与跟随，除了产品定位方面以其为标杆进行布局外，在营

销方面同样是亦步亦趋，以超市大卖场为主渠道，市场推广大都高举高打，重金投入电视广告——广东卫视作为此类广告投放最密集的媒体，在业内有"洗发水台"之称。

以潮汕企业为主体的广东日化军团颇受瞩目，好迪、飘影、拉芳、蒂花之秀等一批颇具影响力的品牌就是在这个时期开始走向全国。

在构建差异化竞争优势方面，一些企业也作出了有益的探索，譬如迪彩的体验营销、舒蕾的终端拦截、霸王的中草药洗发水，都可圈可点，也创造了值得称道的市场表现。

但是，在这一领域，宝洁通过大规模广告营销渗透牢牢占据着消费者心智，在当时的主流渠道商超大卖场更是通过销量排名等游戏规则垄断了终端货架，在中国市场已经构建了一道难以逾越的"马奇诺防线"。在这种情况下，国产洗护的局部创新并未能扩大为整体的竞争优势，最后逐渐陷入"花果飘零"的局面。

总体而言，在那个阶段的中国市场，宝洁是洗护产业思考的原点，无论是产品研发还是市场营销，本土企业在设定自身发展策略时都无法绕开这一巨头。

到2013年前后，市场发生颠覆性变化，开始进入第二阶段，宝洁精心构建的"马奇诺防线"已经难以阻拦与压制新的进入者：一方面，移动互联网快速发展、普及，人们通过手机端购买产品越来越简单、便利——无论宝洁如何强大，它都无法垄断理论上"无限"的互联网货架；另一方面，国产洗护品类的研发技术开始发生实质性革新——大家不再是一味抄宝洁的作业，而是着力于寻找自己的差异点以实现突围、超越。

曾担任宝洁神户美发护发研究中心的首席科学家杨建中博士刚离开前东家开始创业，便协助环亚集团旗下的滋源推出了无硅油洗发水，开创了国产洗发水的新传奇，并让国产洗护在产品技术层面有了强有力的支撑，敢于走出模仿与概念营销的窠臼，积极探索新的可能。

从此，我们的洗护品牌不再像过去那样以效仿宝洁为出发点，而有了高度的创新自觉，在品牌层面建立了强大的差异化优势，譬如滋源无硅油、阿道夫香氛、蔻斯汀真鲜花、浅香氨基酸。同时也涌现了一些特色鲜明的电商品牌，譬如以沙龙护发为核心诉求的KONO、主打控油蓬松的诗裴丝。

经历多年低迷、茫然的国产洗护行业，以滋源、阿道夫等本土品牌为旗帜，又迎来新一波发展浪潮，重现峥嵘气象，抵达新高。这次突围，给予本土企业更多自信，也带来了更多想象空间。

三、"而今迈步从头越"：拥抱新的洗护发展周期

现在开始，我们需要拥抱新的产业发展周期——新的时代，可以用"而今迈步从头越"来描述。

如今我们夸奖一个人长相时的用语跟10年前已有所不同。以前我们评价一个人的外表主要看脸，现在头发也已经成了很重要的指标，说一个人"头发又浓又密"是对其形象的高度夸奖。这种审美的变化意味着市场的转变——洗护产业的发展已迈入新的阶段——我们应该更多地思考如何满足人们全方位升级的精致生活需求。

新的发展周期，跟过去最大的不同，是品类经营方式的超越式发展，开始用护肤的方式做洗护产业。过去，关于洗护的观念局限于头发，更多关注去屑、柔顺、控油等基础功效，现在更强调头发和头皮的同步护理，特别是头皮护理被视为面部皮肤护理的延伸，其重要性受到了空前的关注——这就是"从头越"的真正意义。

用护肤的方式将护发市场重做一遍，在产品方面主要有三大表现：

（1）头发护理趋于精细化。过去主要在皮肤护理方面使用的精华液、精华油等品类将在头发护理上得到更广泛的应用，从强调"洗"到注重"养"，意味着更具消费前景的市场。

（2）头皮护理全面发展。头皮护理不再是营销概念方面的风口，而已经成长为一个快速上升的赛道。头皮护理产品与专业服务相结合的养发馆、发疗馆将像化妆品专营店一样发展为一种常规的业态。

（3）基于健康安全的功效进阶。过去，由于难以解决健康安全方面的问题，染烫、白转黑等功效类洗护产品的发展严重受限。如今，技术的进步、

原料的升级，将逐渐打破这方面的制约，消费意识将因此而释放，消费群体规模亦将大大扩展。

用护肤的方式重做洗护，不仅仅体现在产品层面，也体现在整个产业运营层面。未来的 5 年、10 年，洗护产业将在各个层面经历国产护肤品领域的变革，很多护肤行业出现过的升级现象将在护发行业重演，在此过程中，走出国际巨头阴影的本土企业也将主动定义洗护市场竞争格局，开创更具想象力的发展空间，提升民族品牌"天花板"的高度。

《1984》一书的作者英国作家乔治·奥威尔曾经说过："文明史在很大程度上是武器史。"商业的武器便是产品，商业文明的进化史便是品类升级的历史。洗护产业的升级同样也体现于品类的迭代、进化。未来，通过市场细分和品类创新，洗护产业将创造更多的超级品类和发展机遇。

窄门：美丽产业的活法

迎接中国化妆品产业的"华为时刻"

大家知道，科技界有"苹果时刻"的说法——苹果一旦推出一个产品，其影响一定是世界性的。从中国企业跟国际企业竞争的角度看，华为在芯片制造领域代表了中国的高度。虽然中国目前还没有出现像苹果这样的企业，但在美妆领域，我们可以向华为这样的企业学习，从产业芯片（也就是原料端）去突破。

我们应该做好心理准备，迎接中国化妆品产业"华为时刻"的到来。

近几年，因为直播电商的快速崛起，本土品牌增长迅猛，诞生一个百亿级的美妆企业只是时间问题。但是，美妆品牌在社会上的认可度为什么还没有达到IT、新能源汽车或其他产业那样的高度？我觉得跟它本身的技术含量，尤其是"芯片"（即原料）层面的发展有很大的关系。

接下来我想和大家谈谈如何在这方面寻求更大突破。

一、原料正成为驱动产业发展的新引擎

在我们小时候，到了夏天，消暑、下火就可能会用到甘草这种药材。在大家的印象中，甘草是一种很平常的植物。没想到，在化妆品产业，甘草提取物光甘草定这些年居然成了堪比黄金的成分。目前纯度≥99%的光甘草定在原料市场上的交易价格每克超过7万元。要知道，在2020年之前，光甘草定在美妆原料界的存在感接近于零。

这一成分的迅速发展与一个品牌的成长密切相关——谷雨。2020年，谷雨销售额达到3.5亿元，此后每一年其销售额都以10亿元的规模增长——2021年超10亿元，2022年超20亿元，2023年超30亿元。

· 100 ·

值得注意的是，谷雨主打美白功效，而光甘草定的主要功效就是美白。目前行业及消费者一提及光甘草定这一成分，首先就会想到谷雨。可以说，谷雨实现了与光甘草定这一美白原料成分的高度绑定。未来将有更多品牌走上与成分、原料深度绑定的发展路线。

民族品牌的成长案例告诉我们，我们早就不知不觉地走在这条路上了。

在这方面，大宝是个引领者——没有哪个品牌能像大宝一样把SOD这一成分，推广得如此深入人心。曾经，仅靠SOD蜜这一单品，大宝在中国市场拥有高达17.79%的市场份额。其中，大宝SOD蜜这一单品市场占有率就高达15.76%。出乎很多人的意料，大宝SOD蜜如今的市场销量仍然很可观，每年销量超过1亿支。有数据显示，大宝SOD蜜在线下的渗透率仍然排在第一位。

虽然这个品牌的能见度和存在感没有以前那么强，但它创造的单品奇迹，几乎不可超越。在成分启蒙这方面，大宝的影响力不容小觑。

谷雨和大宝的成长路径是否存在区别？区别是本质性的。过去大宝走的是成分概念路线，而现在谷雨走的是中国特色植物原料的原创之路。

众所周知，SOD是超氧化物歧化酶，是地道的舶来品。由于当时国人对化妆品缺乏认知，品牌营销宣称的原料成分更多的只是作为一种广告概念存在。大宝凭借出色的广告营销，吸引了众多消费者。而光甘草定这一原料则是地道的中国货，在品牌的发展过程中被视为关键性的战略资源，企业很多经营行为都围绕其展开并做了深远的布局。

基于过去20多年的产业研究，我认为，原料正成为驱动产业发展的新引擎；未来，中国化妆品产业在这方面应有更大的突破。

二、品牌与原料双向奔赴

20多年前，品牌只要投广告很快就会成长起来；10多年前，只要率先入局某一新兴渠道，譬如电商、微商、直播带货，也能快速见效。时至今日，品牌想要有所突破，则需要在原料端做深入系统挖掘。

我2001年开始在行业媒体撰写专栏，在各种会议、论坛上做分享、交流。可以说，2016 年前，化妆品产业媒体、会议很少关注原料话题，当时大家想了解原料就只能去 PCHI 这样的展会。

今天我们已经可以很清楚地看到行业发展的一个新模式，就是原料和品牌的双向奔赴和高度锁定。华熙生物与玻尿酸、植物医生与铁皮石斛、相宜本草与红景天、谷雨与光甘草定，还有自然堂走喜马拉雅路线，将品牌和一些高原植物结合在一起……

品牌与原料深度绑定的情况虽然越来越多，但产业层面尚缺乏往这个方向去走的高度自觉与共识。华为，在芯片上发力，使得它超越了很多品牌，被大众所熟知、敬佩，甚至成为一种信仰。所以，中国化妆品企业如果想要有质的飞跃，肯定也要在产业"芯片"，也就是原料上有实质性建树。

原料与品牌高度绑定的模式在国际美妆界一直存在。SK-II 的神仙水，凭借独特的发酵工艺和高纯度的核心专利成分 Pitera 成为护肤界的翘楚。提到近几年备受成分党推崇的烟酰胺，大家首先会想到宝洁（玉兰油和 SK-II），还有雅诗兰黛的二裂酵母、海蓝之谜的海藻提取物、欧莱雅的玻色因以及资生堂的科技美白成分 4MSK，它们都是原料绑定方面的典范。可以看到，全球最顶尖的国际美妆集团及其旗下最受欢迎的品牌，它们的核心驱动力均来自品牌与原料的深度捆绑。

过去，中国化妆品企业对原料创新也许没那么在意，大家看到的更多的是其作为营销概念的价值；但今天，越来越多的本土美妆企业已经可以实现 20 亿元、30 亿元乃至更高量级的营收，必然越来越注重原料的原创研发。

如今中国化妆品产业已经进入了"双核驱动"的全新阶段。

在化妆品产业，过去的核，是单一的以欧美原料为核心。巴斯夫和德之馨这些企业引领了整个中国化妆品市场原料产业的发展。一提到原料，大家言必称欧美。虽然本土企业也有做得不错的，但在表现力和影响力上远远落后于欧美企业。

如今，本土原创研发原料与国际来源的原料并驾齐驱。究其原因：一方面，原料"卡脖子"问题凸显；另一方面，外在环境包括国际贸易条件的变化，倒逼国内化妆品企业在原料层面提出国产平替概念。

虽然国产平替只是一个暂时性的营销诉求，但从长远的角度来看，我认为从"平替"走向"平行存在"会更为现实，也更有必要。

电影《奥本海默》中，美国和德国在"二战"期间都铆足了劲推进原子弹计划。德国科学家海森堡和奥本海默团队的费米都想到了用石墨为中子减速，但实验后发现中子是减速了，石墨中的碳也把中子给吸收了。没办法，海森堡只能放弃石墨改用重水来减速。而费米认为石墨的杂质太多，采用更高纯度的石墨后这个问题就解决了。

电影中，逃亡到美国的科学家玻尔告诉奥本海默：海森堡是用重水减速。奥本海默因此坚信美国一定会赢，因为德国选择了错误路径，走到岔道上去了。

同样的道理，在原料原创研发方面，路径选择也将决定生死。中国品牌要和国际品牌竞争，中国特色植物资源是首选。原因有四：

1. 特色植物资源是中国品牌的差异化战略机遇

一些原料能"冒尖"与差异化的战略机遇息息相关。2024年3月，我到华熙生物参观并和他们的首席科学家郭学平博士做了深度交流。中国人并不是玻尿酸的原创者，原先像资生堂这样的跨国企业都做玻尿酸。我问，为什么最后是中国人把玻尿酸产业搞大了？郭博士说了一句话：因为对于资生堂这些企业来说，玻尿酸是他们整体业务当中很小的一部分，他们不会倾注太多心思，所以这就给了中国企业机会。当初有谁能想到，在玻尿酸这个领域，最后中国企业会占据全球绝大部分的市场份额。

同样，主打美白功效的光甘草定为什么能脱颖而出？因为像德之馨这样的国际原料公司已经有类似377这种很好的美白成分了，他们没有强大的动力再去开发中国特色植物资源，这也给了我们发展机遇。

2. 从成分概念到战略高地

此前二三十年，本土企业在原料的选择上，更多是当作营销概念去选择，很少有人会真正关心原料在战略层面的意义。今天，原料已经成为品牌发展的战略高地。

所谓战略高地，一定是公司集中重要的组织资源去做的事情，包括资金与人力的投入。当前很多品牌都组建了自己的研发团队并与高校、科研院所开展交流合作，打造属于自己的专属原料。我们国家也很重视中国特色植物资源的开发与利用，并且制定了专门的政策予以扶持。

3. 功能与文化的融合

这是中国品牌和国际品牌竞争时拥有的差异化资源优势。国内、国际的功效成分虽各有千秋，但关键的区别在于，国际原料让人们看到的仅仅是化学成分，不像中国特色植物原料会给人们带来风土人文的联想，引发消费者的文化认同，这对于本土品牌建设来说很重要。

4. 相关产业的带动效应

这一方面企业需要去做更多的考量。发展特色植物资源，这是一件绝对政治正确的事情。因为特色植物资源的开发会涉及农村、农业的发展，带动相关产业的振兴。

基于上述四大原因，我认为，利用中国特色植物资源应该是我们自主开发原料时优先考虑的战略路径。

三、无惧中国"芯"挑战，迎接属于中国化妆品的"华为时刻"

从2021—2024年原料备案情况中我们可以看出，中国植物原料已经跑出了属于自己的"加速度"。以2024年为例，截至4月16日，在国家药监局备案的26个化妆品新原料中，植物原料成分占比超1/3，贝泰妮、环亚等头部企业都在重点发力。

前景虽然很美好，但我们仍面临多重挑战：①在成本上，很多原料在植物中含量并不高，稀缺性决定了特色植物成分的研发、制造成本居高不下，上文提到的光甘草定价格堪比黄金就是很好的例证。②在原材料选择上，挖掘更多原生态产地，让消费者可以对成分来源进行有机追溯，这是未来原料端需要努力的方向。③在技术上，如何提升成分提纯率，改善相关成分的肤感体验，仍然有很多需要突破的难题。

目前，我国拥有植物提取物相关企业2000多家，规模以上企业（年销售额在2000万元以上）占比仅为4.5%；85%的企业年销售额在500万元以下。也就是说，植物提取物相关企业的集中度并不高，如何将其中蕴含的发展机会进行深度挖掘，还需持续探索。

从 2021—2023 年化妆品（植物原料）新原料备案情况可以发现，国际品牌与本土品牌在核心原料成分备案方面还是存在一定差距，主要体现为：国际品牌在皮肤屏障修护、抗炎、美白等功能性原料方面表现突出，本土品牌很多新原料备案功效集中在保湿这样的基础护肤方面，竞争力相对较弱。未来企业的原料备案可以多往功能性原料这方面努力。

从品牌和市场发展的角度来看，有两条创新路径值得高度关注：

一是延续我们在生物发酵技术上的技术沉淀，在原有技术轨道的延长线上进行创新，把功效、体验做好，开发出新品类。譬如将生物发酵技术应用于植物油，就是一个很好的突破点。

二是以合成生物进行颠覆性创新。在万物皆可合成的时代，合成生物作为一种颠覆性的创新技术，可以打破原有技术轨迹，大幅降低原料成本，进而重构整个化妆品产业的发展路径。

以下四大关键因素将决定原料研创前景：

一是选品。一款原料是否值得投入，要综合考虑工艺、成本、规模化量产等问题。合成生物领域的开山鼻祖阿米瑞斯（Amyris）破产的教训值得汲取。阿米瑞斯在造品时选择了青蒿素，但一直没能解决规模化量产的问题，给企业发展带来了隐患。

很多成分虽然功效不错，但如果肤感不好、成本太高，都会严重制约其应用转化。

二是 ESG[①]。对环境和社会应更为友好。政府之所以支持中国特色植物资源的开发应用，是因为考虑到这一产业能带动地域经济，助力乡村振兴。科研人员不能单纯考虑成分功效是否够好，还要考虑是否环保低碳、生物降解是否容易等问题。

三是共创。由于原料开发具有高度专业性，研发周期长，本土美妆品牌

---

① ESG：Environmental, Social and Governance，环境、社会和治理。

要想在原料开发上有所创新，需要通过与专业机构合作共创去构筑"护城河"。

四是科学传播。在这方面我们还得多向国际品牌学习。

只有抓住选品、ESG、共创、传播四大关键要素，攻克原料"卡脖子"难题，打造中国特色植物原料"芯片"，属于国货美妆的"华为时刻"才会到来。

中篇

标杆

第二次"长征",联合利华布局中国

从"恐龙"到"龙"

2002年,在众多本土企业还在学习"入世"精神、畅想"入世"美景时,重返中国15年、投资超过8亿美元的日化巨头联合利华已经开始谱写其WTO主题下整合产业链、强化竞争优势与资本运作的三部曲,转入其在中国大陆市场的第二次"长征"。

在改革开放格局下开展的第一次"长征"历程中,联合利华在中国市场收获颇丰的同时,平稳实施其由国际化公司向本土化公司的战略转型。以上海为桥头堡,联合利华基本完成其中华区市场布局,多品牌产品阵营的实施让"有家就有联合利华"这一传播语显得底气十足。不仅力士、旁氏等原有品牌稳居市场排行榜前列,夏士莲、中华牙膏等中国本土的产品在其品牌策略改造之下,既保留了符合中国人习惯的特点,又融入了现代化元素;在上海成立其全球第六个研发中心,将中国研发与全球研发纳入一个共同体系;中国联合利华的管理层中中国人达97%,外籍员工的人数已由1998年的100多名降到目前的30多名,其最终目标是由中国人领导在华业务体系。所有这一切使得联合利华更应该被称为"中国联合利华"才是。

2002年的三部曲让联合利华本土化策略大获成功,从"西洋恐龙"成为真正会飞的"中国龙",与此同时其在中国市场开疆拓土更具纵横捭阖之大家风范。

窄门：美丽产业的活法

产业链强化

"中国是联合利华未来发展战略中最重要的地区，它的重要性使其成为唯一在联合利华全球策略中被明确提到名称的国家。"中国市场在联合利华全球战略格局中所享有的这种"要冲"地位在中国"入世"一周年之际得到印证，联合利华的全球董事会主席、总裁裴聚禄先生亲临上海，为联合利华在上海建立的全球采购中心成立典礼揭牌。在演讲中，裴聚禄引用了美国休斯敦在欢迎中国巨人姚明的广告牌上写的一句话："让我们一起开创大场面。"联合利华这一布局充分表明其对中国市场有十分的信心与十二分的野心，他们看中的正是：中国丰富的自然资源；整体经济稳定发展，政局稳定，有充足的人力资源；加入WTO，便于在统一的框架和规则下经营。至此，联合利华圆满完成其在中国从研发、采购、生产到销售产业链的整合与打造。

此前，联合利华在中国的家庭和个人护理产品原料中有90%以上都已实现本土采购，采购中心建立后，将担当起一个"出海平台"的角色，帮助供应商向联合利华遍布在全球各地的公司出口一些中国的原材料和产品。他们不仅要在中国生产供给本地消费者的产品，还要通过上海的全球采购中心把他们的产品提供给全球的消费者。这就意味着，"中国制造"将烙进联合利华推向国际市场的产品里。

走完这一步棋，联合利华与中国市场基本形成"你中有我，我中有你"的紧密勾连关系。在未来的市场话语中，联合利华在本土消费者头脑中的"洋品牌"角色将日渐淡化，本土身份强化，逐渐与本地市场形成"一家亲"的局面。

同时，我们还可以看到，大规模采购可以解决本土就业、销售等实际问题，有效强化联合利华在中国的政策影响力，这一招棋将进一步巩固其"逐鹿中原"的优势。

核心竞争力强化：瘦身

自1999年提出其全球增长之路的战略以来，联合利华以"壮士断腕"的方式在世界各地实施战线收缩，在行业、产品类别和品牌三个方面实行集中策略。根据80/20法则，将品牌规模从2000个品牌压缩至400个。通过裁员与减少工厂数量将品牌集中于食品和个人护理领域。而为旗下拥有Nautica、Vera Wang和瓦伦蒂诺（Valentino）等品牌的联合利华化妆品国际分公司寻求买家的动向，更表明这家全球日化巨头集中优势兵力、轻装上阵以迎接更为激烈的市场竞争的决心。作为战略要冲，中国市场的"瘦身"策略表现得尤为突出。联合利华果断退出非主营业务，专攻家庭及个人护理用品、食品及饮料和冰激凌等三大优势系列，取得了重大成功，并于1999年把14个独立的合资企业合并为4个由联合利华控股的公司，使经营成本下降了20%，外籍管理人员减少了3/4。

这种向核心腹地收缩的趋势在中国"入世"后以更具革命性的姿态推进。为削减其竞争激烈的日用品生产部门的成本，联合利华将原在上海生产的部分产品移至其他土地和劳动力成本更低廉的地区。2002年6月，联合利华关闭上海生产香皂和洗发水等产品的工厂，生产力士和夏士莲香皂的生产线从5月份开始渐次转移至安徽合肥，而洗发水、护发素和沐浴露的生产也转到上海近郊的闵行新厂。迁移举措将使该公司在中国的管理、仓储和能源费用节省约1/3。

从联合利华此番"变阵"可以看出：一方面，在竞争手段趋同的情况下，公司价值必然回归到效益与成本层面上来；另一方面，在"瘦身"策略背后，联合利华的内部成本策略正好回应其营销"价格战"的外部市场表现。正是这种策略有效地保障了联合利华的产品品质与品牌信誉，避免本土"价格战"中质量因价格下降而难以保证并最终使消费者利益受损的情况。这种收缩的撤退战略隐藏的正是最具打击力的进攻战术：强化核心竞争力并拥有成本优势，将满足市场对产品高性价比的期待，并最终打败竞争者。

在本土企业还陷在做流通还是做终端之类喋喋不休的讨论中，经营决策被商业问题引入迷局时，联合利华的部署无疑将让人们重新正视一些久被淡漠的原始话题：厂家的首务是什么？厂家盈利的主要手段是什么？厂家维持与扩大市场领地最终凭借的是什么？现代企业之间的竞争最终会赢在哪个点上？

相信联合利华的这一系列举措将促使本土企业更深入地考虑这样一个问题：如何才能真正确保公司在市场环境中的长期竞争地位？

2002年"中国将允许外资企业国内上市"的消息公布后，联合利华亚洲区总裁费尔泽表示"无论有多大的困难，都会寻求在中国内地上市"。联合利华声称谋求在中国上市并非单纯为了融资，能在中国国内上市有三大好处：①跨国公司本土化的表现之一，通过证券市场把公司自身的发展与当地消费公司产品的公众紧密地联系起来，能够产生最直接的反应。②有助于通过推出股票期权激励和留住本土员工，吸引更多的优秀人才。按照公司最高领导的说法，目标是两三年后，让联合利华的所有员工有能力——如果他们愿意的话——参股或持有联合利华的股票，让他们成为企业的所有者。③有助于提高公司的知名度。

本土企业上市圈钱乃司马昭之心，而联合利华却将人才策略旗帜鲜明地插在上市征途上。用股票期权敲碎外企人才发展天花板，资本运作属意于人才，联合利华最起码在说法上给本土企业上了一堂"人才观念"课，表明其确实称得上一个值得尊敬的品牌。联合利华到资本市场发言，将高筑日化市场的进入壁垒，同时突破本土化的最后壁垒——人才壁垒。

联合利华与宝洁等跨国巨头向来被视为本土市场的"黄埔军校"，却在资本运作时未雨绸缪地将人才吸引、储备当作优先考虑的问题，由此不难预料未来本土企业要在更高层面与之较量时必先遭遇人才瓶颈。

警　　示

在本土媒体都在用"合围"之类略显夸张与得意的说法形容本土品牌对宝洁与联合利华造成的冲击的语境下,联合利华此番布局让舆论显得格外肤浅。在联合利华看来既无"合围"可言,也无"突围"的必要,他们只是按照自己的既定策略前行而已。本土品牌与洋品牌的竞争仅仅是一个狭窄部位的短兵相接,远未达到整体经营战略层面的较量,而要维持与扩大这种局部的成果,必须依托整体经营战略的支持,否则其结局只会是"逆水行舟,不进则退"。联合利华战略部局进退有节,整合产业链、强化竞争优势与资本运作三部曲全方位强化其作为生产企业的核心竞争力,而本土化妆品企业一味偏执于在营销层面与洋品牌角力,而忽视厂家持续发展核心能力的塑造与竞争力的提升,前景着实堪忧。

窄门：美丽产业的活法

欧莱雅：品牌金字塔是怎样建成的

中国圆桌与欧莱雅的 12 骑士

完成对小护士与羽西的收购计划之后，欧莱雅对当地品牌进行改造的全球化战略正式在中国揭幕。这两个在中国市场有着深厚影响力的品牌，加上已经成功进驻中国市场的兰蔻、巴黎欧莱雅专业美发、薇姿、美宝莲等辐射不同阶层、渠道的品牌，欧莱雅中国麾下齐集 12 大品牌，恰好构成一个"12 骑士式"的品牌团队。欧莱雅宛如"亚瑟王"，12 骑士拱卫着他围着中国市场的大圆桌，分食日益丰盛的产业蛋糕。而且，参加这一圆桌会议的成员在未来将持续增加。

欧莱雅将这样一个"梦之队"一般的阵营以"品牌金字塔"名之，意为从最大众化的低端到最奢华的高端消费群，各层级的中国市场均有其品牌强力覆盖。欧莱雅在中国市场的金字塔战略布局，再现了法国人在凡尔赛宫前复制金字塔的神妙。

"梦之队"绝不意味着完美。即使每个零部件是完美的，构成一个完美的整体往往也很难。2004 年欧洲杯上大黑马希腊队击败众多"梦之队"夺冠的经历，让这个道理更易为人接受。因此，对于欧莱雅而言，值得骄傲的不是在中国建立了如此壮观的一座金字塔，而是这座金字塔的含金量到底有多高。

数字能从一个方面说明问题：在年增长只有 5% 的大众消费品市场，欧莱雅 2003 年的销售业绩在上一年的基础上猛增 69.3%，市场占有率排名从第 6 升到第 3，整体业绩比刚刚进入中国时的 1997 年增长 824%。

品牌表现则进一步印证了数字的可靠性：欧莱雅旗下品牌在不同产品品类当中均占据领先地位，其中兰蔻、美宝莲和薇姿三大品牌分别占据高档化妆品市场、大众彩妆市场和药房活性健康护肤品市场的第一名。欧莱雅旗下品牌今日在中国市场的表现，可以"星汉灿烂"一语论之，这与其在全球市场的表现也是一致的。

欧莱雅正式设立中国总部的时间是1997年2月，在众多挥师进军中国市场的全球行尊中，无疑是一个迟来者。仅7年的时间，中国已成为其最具潜力的市场与全球战略中心。

欧莱雅在中国如此迅速而强大地崛起，无疑应归功于其全球品牌战略在中国的成功移植。

对小护士与羽西的收购，是中国欧莱雅全球品牌战略的分水岭：此前，欧莱雅主要引入集团原有明星品牌，致力于培育本土市场，让十大全球品牌在中国"生根开花"；此后，欧莱雅在维持明星品牌的同时，转动资本的魔方，收购本土品牌，并对其进行改造。

从此，欧莱雅在中国的战略与其全球战略几乎完全一致——一个近乎完美且让所有竞争对手妒忌的品牌金字塔战略及其执行在中国得到完整的呈现。

这一全球化战略的确立及成功奠基于四个关键要素：

（1）品牌策略分众化，并确保品牌市场定位的卓越，建立全方位的品牌与产品结构，构造金字塔框架。

（2）品牌塑造差异化，依托品牌定位发挥认知杠杆效应，占据消费者心智，使金字塔的每一部分都更坚固。

（3）集约化利用技术、渠道及传播等集团平台，整合复杂的品牌群，打造坚实的"金字塔"底座。

（4）运用资本杠杆，收购本土品牌，完善"金字塔"，并通过品牌改造，创造更强大的整体优势。

在中国市场，这四大要素相辅相成，其协同整合优势在未来将逐步释放，金字塔的市场影响力与辐射力也将同步提升。

策略分众化　追求卓越定位

"全方位的品牌及产品结构"是欧莱雅最为独特的优势，即按价格来分，欧莱雅在中国从塔底到塔尖都有品牌和产品。

欧莱雅这一优势主要由分众策略得来，即区分市场，将中国的消费群体分割成不同消费区间，并依消费者的需求将市场分割为不同的部分，分而治之，——征服。

欧莱雅为每一个消费需求区提供不同的品牌。把各个品牌之间的界限划得很清楚，并强调每一个品牌的产品都有自己的特色，每个品牌都有单独的销售渠道和销售对象。

在进入中国的头8年，兰蔻、赫莲娜、碧欧泉、薇姿、理肤泉、欧莱雅专业美发、巴黎卡诗、巴黎欧莱雅、美宝莲、卡尼尔等10大明星品牌陆续进入中国市场，分众化策略逐步展开。这些品牌定位各异，针对不同特点、不同层次的消费群体，如兰蔻是整个集团的高档化妆品系列；薇姿产品是保健化妆品，走的是药品销售渠道；而其他的像美宝莲、欧莱雅是大众化的产品，在百货公司或超市销售。

多种品牌互为补充，同时每个品牌都有各自的事业体，这促进了内部竞争的概念，也正是市场扩张的关键性动力来源。

这十大品牌分别覆盖中国市场中高低三大消费区间，满足不同的美容需求，同时又充分发挥集群优势，强化欧莱雅金字塔战略的整体影响力。

一、高端市场

兰蔻：是欧莱雅集团众多高档品牌中最早进入中国的，主要通过高档百货店、购物中心的专柜销售，为众多高端消费者所青睐。

赫莲娜：颇具现代感的前卫品牌，于2000年11月在上海梅龙镇伊势丹开设了其在中国的第一个专柜。将美容科学作为品牌理念，将治疗效果作为

其保养品的特征和研究方向，对塔尖消费者颇具影响力

碧欧泉：2001年4月进入中国的欧洲三大护肤品牌之一，是以自然温和的方式使细胞肌肤达到平衡的高档化妆品，采用时尚的开放式购物方式。

二、中端市场

薇姿：1998年7月进入中国，通过全国各地医院的皮肤科临床试验，在国内大中城市的专业药房建立了专柜。

理肤泉：2001年登陆中国市场，在药房进行销售，解决皮肤保养难题，对皮肤科起辅助性治疗作用。

巴黎欧莱雅专业美发：专为美发师创造的品牌，只在专业发廊销售和使用，专门针对发廊在专业服务中的特殊需求。

巴黎卡诗：专业护发品牌，只在特定高档发廊提供服务及销售。借助发廊美发师的特殊技巧和极具个性的服务，使顾客得到整体享受。

三、大众市场

巴黎欧莱雅：欧莱雅集团内历史最为悠久、知名度最高的大众化妆品品牌之一，也是进入中国市场较早的大众化妆品品牌之一，该品牌包括护肤、彩妆及染发品。

美宝莲：欧莱雅于1996年收购的美国品牌，风格明快、时尚、青春，在大众市场颇具影响力。

卡尼尔：以"健康之源美于自然"为宗旨，致力于开发天然美容产品，适用于大众消费者，在各大超市、百货商场和化妆品店开设专柜进行销售。

在销售渠道的设计上，欧莱雅充分考虑产品的目标消费群定位。高档产品要精心选择销售点，大众化的产品要尽量在消费者找得到的地方都可以找到。如以大众彩妆品牌美宝莲为例，价格容易让大众接受，销售渠道十分广泛。消费者随时能看到，随时能买，好比能随处可买到可口可乐一样方便。现在美宝莲已经有11万多家门店分布在627个城市，可谓无处不在；处于大众市场较高端的巴黎欧莱雅则遍布中国118个城市，分布于505家百货商

店的 503 个专柜。而要购买兰蔻这样的品牌，就没有那么容易了，有时消费者必须到别的城市去购买，这由品牌定位之下稀有的专卖渠道所决定。21 个城市当中最好的百货商店，为兰蔻开设了 42 个专柜，在没有开设专柜的城市生活的消费者，有时必须坐飞机去别的城市购买。同样也是 100% 在百货公司销售的碧欧泉，仅在 12 个城市的 20 家大型百货公司设有专柜。而最具专业性的高档品牌赫莲娜则只有 6 个专柜。

"金字塔战略"非中国市场独有，但由于中国市场的复杂性，欧莱雅按年龄、收入、受教育程度甚至不同类型城市等要素将市场一一细分成若干个"金字塔"。欧莱雅认识到，中国的"金字塔"尤其特殊，高端消费者的比重小，低端消费者的比重大。在其他国家与地区，欧莱雅通常是在市场金字塔的每一层都要有产品，会同时考虑到所有购买力消费者的需求。虽然中国低档的市场更大，但欧莱雅绝对不会去碰，不会生产 5 块钱的化妆品，那么低的成本无法保证欧莱雅要求的品质。

对于欧莱雅而言，分众化策略的实施必须以保证品牌的卓越品质与形象为前提，消费者对品牌的长期认同始终是第一位的。

执行差异化　强化品牌认知

分众化策略的结果是，不同收入、教育、地域背景的消费者都能够在欧莱雅集团的产品中，找到适合自己文化与审美习惯的产品。欧莱雅注意持续强化品牌及其所代表的意义，发挥品牌认知的杠杆作用，以充分利用由品牌认同所产生的竞争优势。

在中国市场，欧莱雅品牌建设注意聚焦于品牌认同，为不同的业务单元确立明晰的目标对象及品牌识别、认同的方式，建造稳固的上层建筑——差异性、消费者忠诚度以及形象。唯美高贵的兰蔻，"美容界的科学先驱"赫莲娜，解决皮肤问题的理肤泉，"健康之源美于自然"的卡尼尔，明快、时尚、青春的美宝莲，均有一组独特的符号组合，确保与目标消费群体建立密切关系。

一、基于差异化定位的品牌传播

欧莱雅旗下品牌的代言人以特定的视觉形象强化消费者的认同感。巴黎欧莱雅广告中的巩俐、美宝莲广告中的章子怡，都经过改造，被"欧莱雅化"。前者的高贵优雅，后者的活力动感，与大众日常视野已有的印象是有差异的。但有一点是相同的，那就是二者都拥有某些普通女性所不具备的东西——那是她们梦想的所在。

欧莱雅通过这些角色演绎出充满魅力的时尚神话：不论是巴黎欧莱雅，还是纽约美宝莲，都来自以美或时尚闻名的领域，是值得信赖并跟随的生活方式。"巴黎欧莱雅，我值得拥有""美来自内心，美来自美宝莲"，都巧妙地传达了值得信任的品牌专业感，同时也赋予品牌领导者形象。

不论是广告、销售点的展示物及样品，或是集团的伙伴如零售商、美发师及新闻记者，欧莱雅都会根据品牌的不同定位，充分利用不同类型的传播渠道。大众品牌美宝莲主要凭借电视广告和代言人章子怡，渗透中国各级城市；定位于解决皮肤保养难题的理肤泉将皮肤科医生、专业激光美容中心从事皮肤美容的专家作为其品牌传播的主要媒体；巴黎欧莱雅专业美发则主要依靠专业美容顾问的传播产生口碑效应；面向普通大众的美发产品卡尼尔则在北京、天津、沈阳、上海、杭州、南京、深圳、太原等城市设立染发教育中心，以现场提供染发服务的方式向消费者进行展示。

二、文化的弹性

对于欧莱雅而言，这些明星品牌并非都源于法国文化。如何在中国这样一个异质文化环境中彰显这些品牌的魅力，是最为艰难的一个问题。贩卖代表法国生活方式的巴黎欧莱雅及兰蔻这些自创牌子，似乎比较容易为中国消费者所接受；但是，贩卖其他文化——在美国文化天平一端的美宝莲，欧莱雅的表现也不赖，同样长袖善舞。

在这一方面，欧莱雅同样延续了其在全球市场的做法。欧莱雅旗下不少明星品牌来源于不同的文化背景，但它们的母文化并未因受控于一家法国公司而消弭。当很多其他公司都试图将不同的品牌文化同化以使其在众多文化当中显得更具吸引力时，欧莱雅反其道而行之，有意识地使旗下品牌的文化源流显得更多元化。欧莱雅希望不同的品牌更多地展现其母文化，因此将那些辐射范围相对较窄的文化元素转化为一种营销的价值。

这一策略有着十分突出的商业意义，最终被证明是欧莱雅成功的关键，美宝莲便是最杰出的典型。1996年欧莱雅以7.58亿美元的价格收购美宝莲后进行品牌改造。欧莱雅并未对美宝莲的品牌文化予以颠覆，而是以"美来自内心，美来自美宝莲"的主张放大品牌原有的文化效应。此后，美宝莲的销售额在三年中几乎翻了一番，从3.2亿美元增长至6亿美元，并进入70个国家，美国以外的市场的销售达到其总收入的50%。这桩交易让美宝莲从一个营销力有限的地区品牌成长为适合全球妇女和所有种族人群的时尚品牌，其效应近似于自然界中的异体受精。进入中国市场之后，在演绎亲和、时尚、活力的品牌形象的同时，更以"纽约美宝莲"的诉求将美国时尚文化传递给中国女性，在短时间内赢得了消费者的欢迎，取得了十分突出的成绩，成为中国大众化妆品市场上最知名、最畅销的彩妆品牌之一。

美宝莲在中国的成功让欧莱雅进一步意识到：恰当地利用不同品牌的文化魅力，将让企业获得飞速发展。欧莱雅进一步将这一战略向亚洲地区推广，对小护士与羽西的收购便是这一战略延伸的结果。

欧莱雅的品牌智慧就在于，它不是只会讲些关于定位的陈词滥调，而是具有更卓越的洞察力和执行力，这使得它在玩定位游戏时，不仅有运斤成风的从容，更能在市场上"成势"；不只是找到所有营销人都可能会发现的消费者心智空档，更能牢牢地占据其心智。对消费者认知的不断渗透，使得欧莱雅的品牌资产在其多元化的体系内反复循环驱动。

平台集约化　致力关联整合

策略差异化与执行差异化有效地结合在一起，欧莱雅旗下每个品牌都非常准确地瞄准一个细分市场，不同产品间极少有交叉地带。如此完美的品牌组合，要使其始终保持品牌的专业性及整个阵营金字塔般的稳定性，这本身就并不是一件容易的事情，更何况要使其中的大多数品牌在中国市场占据主导性地位。

高效的品牌整合平台对于如此庞大的品牌阵营来说不可或缺。产业整合是欧莱雅取得成功的关键，而各业务单元之间的高度相关性则是整合得以实现的基础。

欧莱雅旗下各业务之间的相关性主要体现在技术、渠道、传播这三大兼容性极强的要素上，不仅是中国的十大明星品牌甚至全球500多个品牌，都可以在这三大平台上找到强有力的支撑。这是欧莱雅区别于其他企业最显著的三种核心优势，这三种核心优势决定了它通过持续并购扩张并不断强大的命运。

对于欧莱雅而言，在中国市场不断扩张的过程，就是整合技术、渠道、传播三大要素的过程，同时也是实现集团平台边际效应递增的过程。这是欧莱雅品牌王国的通则。

一、技术平台集约低中高端三层级产品

在欧莱雅王国内，技术平台就是撬动地球的阿基米德支点，而创新则被赋予创造杠杆效应的核心功能。

欧莱雅的每一项技术创新都从最高级的市场品牌开始，逐渐渗透到不同价位、不同市场的各种品牌，终结于大众市场品牌，这意味着任何创新都可以通过同样的方式降低成本。欧莱雅大规模创造企业优势的诀窍在于，通过让各业务单元共享技术创新成果，分散品牌系列的战略性投资。因此，欧莱雅不是只关注单一品牌，而是注重同一系列品牌之间的技术关联性。

过去10年里，欧莱雅用于研究和发展的费用达32亿美元，高于所有的竞争对手。这些研究花费使欧莱雅每3年更新近50%的生产线，平均每年申请300项专利。其中一项重大的产品革新——全新的欧莱雅"抗衰老复合物"，因为可以减缓皱纹的形成和扩张，被认为是护肤品的一项突破。欧莱

雅首先用兰蔻品牌把抗衰老复合物引进市场，随即将其转入薇姿系列，最后纳入佛兰特广阔的分销网络。

对投入不同市场的产品，欧莱雅同样尽量发挥技术平台的相关效应。适合亚洲人的染发剂也许与曾在丹麦大行其道的染发剂不尽相同，但其中的活性分子通常是一样的。小护士被其收购后即被归入卡尼尔研究中心，卡尼尔高科技产品配方的杠杆效应立即在小护士全新的产品身上展现出来。收购前的小护士产品的主攻方向一直是"维他营养及防晒系列"，欧莱雅收购小护士后，在保持它的原有产品风格不变的基础上，推出了高科技的新产品——"清泽"和"亮白"系列，大大提升了产品的市场竞争力。

欧莱雅的经验表明，一个如此庞大的哥斯拉般的企业，其成功的关键首先在于核心技术平台。如果缺乏以技术相关性为基础的品牌整合，欧莱雅就要通过集中力量从事高杠杆效益的管理实现市场扩张的目标，其结局难以想象。如果只把一些在技术方面难以兼容的品牌拼凑起来进行管理，不但无济于事，更会增加操作成本，打散业务流程甚至造成资源的重复组合设置。这是市场品牌扩张必须考量的首要问题。

二、四大渠道整合品牌群

欧莱雅深刻地认识到市场的变化之道：客户——生产者关系在过去的20年中已经改变。只将最终用户定义为客户显得有些过于简单，实际上零售商已经成为重要的决策人。渠道商具有直接吸引客户的能力，他们对市场的控制力更强。

因此，与其他企业营销架构根据产品功能特性分类不同，欧莱雅主要依托销售渠道的布局实施品牌组合策略，以整合庞杂的品牌体系。

欧莱雅中国的市场营销架构立足于渠道，分为高档化妆品部、大众化妆品部、专业产品部、活性健康化妆品部四大部门。每一个化妆品部门中都有数个品牌，每一个品牌又申请许多名称，将它们都凸显在产品包装上，有其各自独特的形象及广告。不同品牌共享渠道战略资源，在管理、供应链及伙伴关系方面产生高度集约化的效应。

高档化妆品部拥有兰蔻、碧欧泉、赫莲娜三大高档品牌，这些品牌的产品在经过严格选择的分销渠道如香水店、百货商店、免税商店等进行销售。

大众化妆品部是最重要的部门，通过百货公司、超市等大众化消费渠道，向消费者提供巴黎欧莱雅、美宝莲、卡尼尔这三大大众化产品。新近收购的羽西、小护士业已归入其中，这使得这一部门在中国市场的地位尤其重要。

专业美发部的产品仅限于发廊专销，特别是提供给美发师们专门使用的产品，以巴黎卡诗、欧莱雅专业系列为主。

活性保养品部是有助于提高皮肤活力和对皮肤有治疗作用的欧洲品牌薇姿、理肤泉，通常由药店销售。

欧莱雅以这四大渠道为经，以品牌为纬，形成一个具有强大整合能力的品牌矩阵，任何一个新购入的品牌在并入相应的渠道之后，不仅将欧莱雅已有渠道资源效应充分利用，同时该品牌原有的渠道的加入也将扩大欧莱雅整体渠道规模。

小护士收购案很好地体现了欧莱雅渠道整合的效应。新的小护士品牌在采用卡尼尔技术的同时，被作为一个新产品和卡尼尔捆绑在一起，欧莱雅成功地将零售终端管理模式引入其营销体系；而欧莱雅也借由小护士拓展其大众销售渠道。

对欧莱雅而言，市场扩张必然是原有四大渠道市场效应不断释放的过程。这表明，品牌扩张的过程，更应考虑的问题是经营的集约化与边际效应的最大化，而不是品牌延伸的专业性学理探讨。在品牌扩张的过程中，企业如不能实现新旧资源之间的整合，并通过这种整合实现"1+1>2"的效应的话，首先要考虑的是单纯的资本运营问题，而不是品牌延伸的问题。

三、企业品牌传播促进整体影响力

欧莱雅深知企业品牌名称的杠杆作用，其营销推广跨越个别产品线的产品宣传，将光芒聚焦到品牌上来，最终形成一股激发不同子品牌的能量。

在这一方面，欧莱雅充分意识到，对公关持战略性态度将为品牌与市场

窄门：美丽产业的活法

建立强有力的关系，因此在中国热情举办、支持各类公关活动，力图塑造一个良好企业公民的形象，提升品牌的整体影响力。欧莱雅公司将其与联合国教科文组织合作设立的"世界杰出女科学家成就奖"和"世界青年女科学家奖学金"延伸至中国，这为其品牌带来持久深远的影响，有效地强化其产业领袖地位。欧莱雅还举办了"从北京到凡尔赛——中法美术交流"活动，捐款保护苏州园林，赞助平遥国际摄影大展。这一系列富有文化价值的公关活动，不仅表现出欧莱雅促进中国文化发展的热忱，更张扬其产业领袖的气质，实现渗透目标受众心理之可能。

欧莱雅不仅在公关上极力营造品牌的高端效应，在市场营销上同样如此。欧莱雅很少在洗发水这样的大路货上大动干戈，而是集中所有的广告传播资源支持那些能够充分体现欧莱雅领先地位的产品。在全新推出的小护士广告中，极力张扬卡尼尔研究中心这一承载欧莱雅品牌高端特性的标记。依托最能体现其品质的产品，品牌在前面攻破了消费者心中防御的城墙，后面跟着的护肤、美发类产品便鱼贯而入。

为强化其在中国的品牌影响力，2002年欧莱雅还与新浪网及《中国妇女》共同建立女性频道"伊人风采"。欧莱雅伊人时尚网是一个能拥抱时尚女性文化且大有成效的有力工具。欧莱雅采用的不只是传统的营销传播方式，像绝大多数企业所做的那样将传统媒体的做法应用于网络，或建立一个简单的网上窗口。相反，欧莱雅建立一种全新的方式在互联网空间进行传播，将消费者置于网中央，创造出与消费者进行沟通的新路径。这个针对第四媒体的全新方式，为其品牌本质创造出一个兼具深度、广度、创意、趣味的个性化延伸。通过这个具有高度排他性的大众门户网站，欧莱雅可传递比传统三大媒体广告更立体、更丰富的信息。此外，借助这一网络，欧莱雅与不同阶层的消费群体产生所有可能的双向互动。这是24小时的互动，因为消费者在线时能获得更丰富全面的自主性品牌体验。这不仅让消费者整合了《中国妇女》等众多传统平面媒体与消费者的沟通路径，更通过网上链接为品牌建立更多鲜活的沟通渠道。它让市场见识了网络作为一种全新传播方式不可限量的潜力。

着力营造欧莱雅企业品牌的结果就是，其传播影响如水银泻地般顺畅落到旗下每一个品牌身上。任何一个产品品牌只要将欧莱雅的标签一贴上去,就能产生魔术般的效果,这与宝洁公司"优质出品"的做法有异曲同工之妙。

资本与品牌互动　张扬战略魅力

四年"苦恋"小护士,欧莱雅在2003年底终于实现夙愿。在2004年的羽西收购战中,欧莱雅成功击退产业巨头宝洁,开始在中国市场大唱资本与品牌二重奏——收购已经具有影响力且定位好的品牌是欧莱雅不断完善其"金字塔"之梦的重要策略。在全球市场,欧莱雅巧妙借用资本的杠杆实现品牌的倍速增长,不断寻求并购新的对象。如果本土品牌会增加现有品牌之间的合力,有利于整体发展,它都将采取行动。欧莱雅已在多个市场里复制其品牌金字塔,无论是在如美国一样的发达国家市场,还是在中国、泰国这样的发展中国家市场。这些都让欧莱雅所信奉的"成功决定论"呈现出魔咒一般的奇异效果:当你在某个市场有很好的表现,实在没有理由不能在全世界做得一样好。对小护士与羽西的收购,表明其行销全球的"成功决定论"开始在中国显效。

对小护士与羽西的收购,不仅让欧莱雅在中国的品牌金字塔臻于完善,更使其品牌管理的功夫有了新的施展空间。

于欧莱雅而言,让一个本质单纯、差异化程度不大的产品发展成一个复杂微妙的明星品牌,需要精致的配方,还有神奇的品牌策略——针对不同地区的消费者,都准确地传达出经过整合处理的简单信息:这一切都来自世界第一的化妆品公司,并且能够让人富有魅力。实施收购之后,欧莱雅即开始玩转其品牌管理魔方,将卡尼尔研究中心领先的科技和独特自然的科技护肤理念嫁接到小护士,这无疑让这个土生土长的品牌染上些许国际化的颜色。欧莱雅同时还明确赋予小护士"中国第一护肤品牌"的战略定位。暂且不论这一招胜算几何,如此鲜明的品牌占位意图,即已体现出更为成熟的品牌经营意识,首先给主要竞争对手、向来缺乏产业角色意识的大宝带来重大打击。作为连续多年全国市场同类产品中销量领先的品牌,大宝在市场沟通方面始终未传达打造第一护肤品牌的战略意图。在产业战略定位方面,大宝已是先失一分。

从凡尔赛到北京的"最后一公里"

收购小护士与羽西之后,欧莱雅的金字塔战略在中国既迈上了新的台阶,同时也碰到了最大的难题:进入中国市场核心的"最后一公里"。

最不利于品牌的因素就是销售渠道,没有哪两个国家有相同的销售渠道,中国的地理与国情使得本土商业流通版图更为复杂。中国广阔的农村市场向来是跨国公司的滑铁卢,是最难被征服的"最后一公里",而小护士的市场重心主要往这一端倾斜。无论是已有的渠道,还是企业内部资源,欧莱雅在这方面都不具备充分的积累。欧莱雅的高端战略做得再好,若在渠道上得不到有效的支持,或者对原有的渠道不能进行有效的整合,最终将功败垂成。宝洁用不到10元的洗发水与洗衣粉打通了这一公里的路,竞争对手的经验告诉欧莱雅:这一公里路是要"降尊纡贵"才能走完的。

东方文化是欧莱雅的"最后一公里"的心路。以往整合异质文化所积累的成功经验,在此可以发挥的空间有限。相对美宝莲所承载的美国文化,甚至是孕育了欧莱雅的法国文化,中国文化的壁垒相当高,其厚重感使得任何一个外来者都难以准确拿捏。如何提炼与张扬羽西这类品牌的东方文化效应,要看欧莱雅如何在处理中国文化时"举重若轻"。

这不仅仅是一次商业冒险,更是一次文化上的冒险,毕竟,美国与法国之间的差距,远小于东方与西方之间的差距。

上海家化品牌突围，遭遇"三重门"

上海家化的品牌突围策略看起来很美。

复兴美加净，使之与六神能够并驾齐驱，这将使其具备与跨国巨头对话的实力。这就是百年老店的梦想。一个大众化的护肤品牌，一个附加值有限的花露水领导品牌，能够协力成就"大象之舞"吗？或许可以。

但是，在突围之前，上海家化先得正视下面三大问题。这三大问题，借用作家韩寒的话来说就是家化的"三重门"。

百年家化：企业品牌的价值承诺何在

突围的路确实走得有声有色。美加净和六神两个品牌成为央视黄金档的主角，关于家化品牌突围的新闻报道也成了热点。

然而，经过如此一番大规模的媒体传播，上海家化作为一个品牌让人们形成了什么有效的联想吗？

百年老店、传统国企，好像这些渐渐淡去的记忆在逐渐复苏、强化。这就是公关传播留下的印象。可是很糟糕，品牌突围需要的不是这些。

在中国日化产业发展黄金时代的20年里，作为老大哥的上海家化没有积淀什么品牌联想，其最大成就也就是没有让自己的牌子倒下（上海家化20周年庆时董事长葛文耀的说法）。而在它寻求品牌突围的时候，竟然也没有清晰而明确地传达其价值承诺。或许有，但不传播，做品牌有必要这样吗？难道是商业秘密吗？

"有家就有联合利华"，这就是联合利华给予消费者的亲和且值得信赖的印象。上海家化给消费者的印象是什么呢？

不只是消费者方面的问题。没有企业品牌战略的清晰理念，产品品牌的发展规划也难有清晰的章法。如此发展下去，上海家化这一品牌与各产品品牌之间很难产生可以互相借力的联动效应。

以什么样的品牌形象去与跨国巨头对话，围绕什么样的核心价值去成就可与国际品牌持久抗衡的企业竞争力，均是非常重要的问题。

美加净：咸鱼翻身与品牌归属

美加净的复兴计划如此高调，有点"单骑救主"的味道。要将其复兴说成是咸鱼翻身，似乎有点难听。然而事实正是如此。美加净的起落沉浮与产权不无关系，如今的复兴也不能回避这一问题。

许多曾经雄霸一时的传统品牌中道衰落，大多可以从企业内部纠缠不清的产权关系中找到根源，日化界的奥妮、电池产业的南孚、酒业中的湘泉，无不如此。

如今很多类似品牌企图咸鱼翻身，但很少有理想的出路，或者仍然受制于历史遗留问题，或者引入外部资本之后产权关系越来越不透明，像只八角怪兽，始终找不到一个方向。

美加净存在同样的问题，其商标归属权并不单纯。可以看到的材料显示，作为"中国驰名商标"的美加净归属于四个不同的企业：上海白猫股份有限公司生产洗衣粉类产品，上海牙膏厂有限公司生产牙膏类产品，上海制皂有限公司生产香皂类产品，上海家化负责美加净化妆品的生产。家化网站关于"美加净"品牌的介绍只限于护肤品。

品牌发展战略能否成功与企业产权之间有莫大的关系。很多品牌难以咸鱼翻身的关键就在这里，少数能够成功的如鹰牌（花旗参茶），其关键在于在品牌所有权及企业产权方面得到了强有力的保障。

这一点，上海家化应该很清楚，毕竟因此吃过不少哑巴亏嘛。

低端品牌占大头

除了美加净，六神仍然是家化十分依赖的一个品牌，这也可以从其电视广告的投入力度看出来。

但是，就整体而言，对于家化"力争5年内成行业领军者"的大计，六神并不具有重大的战略意义：一方面，跨国集团是不屑于在六神主打的花露水领域做大文章的，这意味着这一品牌对于市场竞争的战略价值不大；另一方面，迟早会有更多的本土企业进入家化这块安享了多年的市场，而且一些细分定位很清晰的品牌如"宝宝金水""安安"的威胁会越来越大。同样，在六神品牌的旗下，沐浴露、香皂等产品系列的市场空间也不会大到哪里去。因此，对于家化来说，六神做得再大，市场前景也有限。

2004年六神系列产品的销售占据上海家化日化产品的六成份额，如果美加净复兴计划能实现，低端品牌在整个企业的销售当中比例将加大。依托这种产品结构，未来的上海家化如何与国际巨头对话可想而知。

家化突围之战，不在产业的增量市场中做文章，反倒集中精力在"螺蛳壳里做道场"，恐怕难有大作为。

实际上，佰草集这样颇具本土特色且差异化十足的品牌已经为家化的发展提供了具有相当价值的市场启示，为什么不能沿着这一思路深入下去呢？毕竟，从品牌战略角度来考量，佰草集是最有可能强化上海家化本土化竞争力的一个突破口。

不破这"三重门"，家化突围，不像在创新，更像在怀旧。

窄门：美丽产业的活法

奥妮的前世今生：辉煌如过眼烟云

自 1998 年以来，曾让国人拍案称奇并寄予厚望的奥妮开始上演"大观园"的故事，继而施展开了一系列的自救之举，陆续推出西亚斯、黄连除菌等新品救市，甚至搬出发家之地重庆远赴华南。

从 1997 年辉煌到 1998 年兵败，奥妮的浮沉如跑马观花般让人应接不暇，一切宛如一出典型的中国式戏剧，禅意十足——辉煌如过眼烟云。

试问谁家的辉煌来得如此迅速？从奥妮首乌到百年润发，在两年之内重庆奥妮先后成功启用华人娱乐圈最具影响力的偶像人物作形象代言人，电视广告的鸿篇巨制至今尚难有本土企业可以超越。年销售 8 亿元，市场占有率 12.5%，风头一时无两，锋芒直逼全球日化产业的"泰山北斗"——宝洁。

试问谁家的自救又来得如此凄凉？"孔雀东南飞"原本无奈，而为将纠缠不清的资产关系做个了断，作为奥妮化妆品厂法定代表人的黄家齐将作为重庆化妆品厂法定代表人的黄家齐告上法庭，更显荒唐。

辉煌也好，凄凉也罢，意欲翻盘的奥妮是否还有得救？

回顾奥妮的前世今生，参透其命理，可以看出其胜算到底几何。

前世：创意—大意

中国日化业有能力创造出品牌形象与销售力俱佳的广告的至今只有一个黄家齐。这个受过艺术熏陶的企业家在同行当中算得上是革命浪漫主义的代表，是个真正有大创意的人物。若没有他的大胆创意，奥妮要在中国现代营销史上占据一席之地几无可能。

奥妮的辉煌是对"大创意"合情合理的回报，也是对富有想象力的企业家的致敬，但辉煌也为衰落埋下了伏笔。

中国人都知道"盛极而衰"的古训，然而聪明如黄家齐也未能料到这一转变竟然来得如此之快，并且自此踏上"大意失荆州"之后的颓败路。

在那个让黄家齐刻骨铭心的1998年，他将奥妮皂角洗发膏营销策划业务委托给全球知名的奥美广告公司。这次合作让奥妮败得一塌糊涂，奥美脱离国情的策略被认为是罪魁祸首，刚刚开始浮出水面的体制问题也承担了一定的责任。这也是我们从媒体报道所能看到的黄家齐关于奥妮这一次失败的主要说法。

然而，这两大因素并不能有效地解释奥妮的一蹶不振。"成也萧何，败也萧何"，出现这一大败局，黄家齐的问题何在？他本人并没有勇气面对。

必须正视的是，在那个时候，奥美的策略与产权弊端还不足以让奥妮栽如此大的一个跟头。奥妮当年新皂角的销售收入只有1亿多元，而广告费用反而投入了上亿元。如此滑稽的投入产出比，世所罕见！只有决策上的大失误才可能导致这样的大败局。一年前的辉煌让黄家齐的创意有太多"大意"的可能，他那时的心态可能更像失荆州之前的关羽，因此在选择策略与处理团队问题的时候，"自负"或者说"过度自负"蒙住了他的双眼。

1998年的海尔、联想、TCL，广告策略不见得完美无缺，体制问题也不见得比奥妮简单，但都没有因为这些问题在短时间内开始命运的急剧逆转。为何这些企业都能够越走越远，并且开始走向国际化道路？

企业迅速崛起过程中企业家心态所发生的微妙变化对未来发展的影响，值得玩味，更值得警醒。张瑞敏所谓的"战战兢兢、如履薄冰"，不是故作姿态，也不是故作高深。

今生：自救—残局

因为缺乏足够的自省，从此黄家齐眼里只有策略和体制这两大问题，奥妮自救也便围绕这两点转圈。

不能说奥妮费尽心思解决这两大问题是彻底的错误，但原本颇有浪漫情怀的奥妮变得有点急功近利了，这就使得解决之道偏离了正轨。

西亚斯的出现不得不说是一个具有高度差异化且颇有销售力的策略，但它与奥妮之间有什么本质上的关联？高喊了"黑头发，中国货"，高唱了"国货当自强，长城永不倒"之后，异国风情的调调显得很不和谐。西亚斯虽好，但对于已经形成了强烈的民族性认知的奥妮来说显得有些格格不入。

在"非典"疫情期间推出黄连除菌，不能不说是颇具匠心，而且回到了"植物一派"的定位上，但将投入巨资且影响深远的"黑头发，中国货""百年润发"所沉淀的品牌资产弃置不用，这与其说是定位的回归，不如说是另起炉灶、重新建设。特殊时期国人的情感需求如此强烈，奥妮却错失了重建品牌—消费者关系的良机，急功近利的做法最终让企业失去品牌战略的罗盘。

这是值得汲取的教训：品牌因时而变的同时不应忽视其传统核心消费者的感受与认知。

尤其让人疑惑的是奥妮股东之间的资本角力。暂不论黄家齐在各种资本势力之间扮演何种角色，也不论经历种种说不清道不明的股权变化之后他将获得什么好处，遗憾的是奥妮的这一英雄式人物在这场资本迷局中逐渐演变为员工利益的对立面。

不论孰是孰非，谁对谁错，在现有体制环境下，奥妮要实现中兴还得巧妙平衡各方面的利益，黄家齐在实行品牌救赎的同时还得考虑"个人英雄主义离不开集体崇拜"这一本土企业界的现实。以资本重组方式解决体制之弊，成功破局者都会走"杯酒释兵权"式的和平路线。张瑞敏、柳传志、李东生这些企业英雄，在经历改制的种种艰难之后仍然享受着集体崇拜。因改制而导致"众叛"，不能不说是黄家齐实施奥妮自救过程中诸多策略失灵的重要原因。东山再起者要"一呼天下应"，大多离不了旧部。

企业复兴品牌有多年不见起色的，如沈阳飞龙的姜伟、三株的吴炳新，也有如弃"脑黄金"用"脑白金"破茧重生的史玉柱。

黄家齐和他的奥妮呢？

宝洁传统品牌管理模式逐渐被取代

三个不同版本的宝洁正在不同程度地冲击市场的认知，并以不同的方式影响着企业界对品牌经营模式的把握。

新任 CEO 雷富礼上台以后演绎了最新版本的宝洁。自执掌这家全球最具影响力的日化企业的权柄之后，雷富礼即在品牌经营方面大动干戈，先后以天文数字级的代价将伊卡璐、威娜、吉列三大超级品牌揽入怀中。品牌并购在很短的时间内让公司业务重点发生了决定性的转变，从此宝洁一半的产品系列由保健、个人护理和美容产品组成，全都在高增长领域。这是一个具备了敏锐的战略头脑和雄心壮志的宝洁，以大手笔的品牌并购对其传统的日化市场格局进行革新。

第二个版本的宝洁有点令人失望，看看其在中国的浓缩版即可见一斑。2002 年，宝洁经 3 年精心准备推出的第一个针对中国市场的本土原创品牌润妍洗发水退出市场。2005 年，宝洁用了 3 年时间、投入 10 亿元广告费培育的第一个专门针对中国市场的本土沐浴品牌激爽也遭遇同样的厄运。短短 3 年之内，两个专门针对中国市场的自创品牌居然先后遭遇"滑铁卢"，向来笑傲江湖的宝洁不得不暂停其开发新品牌的传统做法，将蜜丝佛陀和封面女郎两大知名彩妆品牌引入中国，强攻中高端市场。由此，宝洁在其传统中国重点市场——洗发水和沐浴领域用力渐弱，战略重心开始向增长空间巨大且利润更为丰厚的彩妆市场倾斜。这个版本的宝洁虽然有点灰头土脸，但并未一味偏执于其向来擅长的品牌战术，而是更多地转向策略性思维——放弃部分前景晦暗的业务领域以换取全局性的大收获，体现出了通过全局性的战略调整来扭转局部市场不利局面的大家风范。

第三个版本由来已久，是人们所熟知的品牌传奇与神话。1931 年，基于尼尔·麦凯瑞提出的"一个人负责一个品牌"的构想,宝洁公司引入品牌管理系统:让品牌经理像管理不同的公司一样来管理不同的品牌,而且公司内部不同品牌之间可展开竞争。这一管理理念构成了宝洁公司品牌经营运作的基石,也被视为品牌管理之发轫。在过去数十年中,在宝洁公司与许多效法厂商之间,这一有着悠久传统的品牌管理体系的实行成效良好。

回溯以上三个版本的变化,一个全新的问题清晰地呈现出来:宝洁传统品牌管理模式已经逐渐为品牌并购这一新的游戏规则所取代。

20世纪三四十年代早期,当宝洁开始进入品牌形象最初的开发阶段时,白手起家创立品牌要比现在容易得多。第二次世界大战后人口激增,科学技术迅猛发展,分销系统发生彻底改变,消费者可自由支配的收入日渐增多。当然,最重要的是,电视机这种能够在广大范围内同时吸引观众注意力的宣传工具的大力发展,这是史无前例的麻醉剂,它的出现使得大规模的"广告销售促进"模式十分管用。当时出售的产品主要是大规模、大批量生产出来的家用产品。一般来说,顾客仅仅是梦见过那些产品,却从来不曾有过消费经验。这些都是一个企业可以用多个相互竞争的品牌来占领市场的基本前提。

如今,这些前提都随着市场的变化而逐渐弱化。在竞争白热化的市场中,创造一个新品牌需要的成本越来越高。显然,在大品牌已居于市场领导地位的时代,创造一个新品牌要冒极大的风险,一旦不能获得消费者的认同,无法提高其知名度,那么投入在品牌上的设计、广告宣传、促销等方面的巨额资金将付诸东流。消费者话语权高涨、传媒分化、互联网兴起、渠道形态日益多元、全球化竞争加剧,面对不断裂变的新市场,传统的品牌经理制显得有点捉襟见肘。相比起来,购买一个成熟品牌比重新创造一个品牌更为合算。买了一个好品牌,也就等于买了一个市场,同时消灭了一个竞争对手,可谓一举两得。

新的竞争形势要求集团从全球市场整体战略格局之下去规划品牌的引入与淘汰。如果还是像过去那样一味高喊让内部品牌展开相互竞争,难免有更多的新品牌会遭遇"出师未捷身先死"的命运。激爽与润妍在中国的失败更多的不在于品牌经营方面所出现的战术偏差，而在于其诞生并非基于全局的考量。这两个品牌只不过是在一个成长性有限、竞争饱和的市场去争食，只能是事倍功半，吃力不讨好。如今宝洁从优化整个集团业务结构的角度出发去考虑品牌布局，无论收购威娜还是将彩妆品牌引入中国，都是在做"高增长领域"的文章，因而能收到事半功倍的成效。

时移世易，独领风骚数十年的宝洁传统品牌管理模式正唱着"流水落花春去也"的曲子。而一个更具宏观调控意识、通过品牌并购模式展开市场争夺战的新宝洁，无疑正站在下一波潮流的最前沿。

窄门：美丽产业的活法

雅诗兰黛中国销售神话启示录

一年卖出6558万元，雅诗兰黛成都王府井百货专柜2010年创下该品牌全球专柜销量第一的神话。

这是一个容易被人忽视的销售数据，因为在动辄以天文数字博眼球的时代，6558万元这个数据的量级实在有限。然而，用"一沙一世界"的佛眼来观照的话，成都王府井百货所成就的雅诗兰黛销量奇迹正是昭示未来趋势的典型样本——这个品牌专柜的销量神话从消费结构转型、市场格局转型及竞争策略转型三个方面给我们以特别启示。

成就雅诗兰黛全球专柜销量冠军的市场不是美国，不是欧洲，也不是以奢侈品消费而闻名的日本，而是中国。这给予我们第一个启示：中国正成为全球时尚消费的新高地，时尚生活也已成为中国市场新的主题词。

在时尚界，雅诗兰黛无疑是一个吸金能力超凡的星级品牌，长期以来它所成功塑造的优雅自信的品牌形象让全球众多女性甘心为其不凡身价买单。仅2010财政年度（2009年7月1日至2010年6月30日），雅诗兰黛旗下俗称"小棕瓶"的即时修护特润精华露在全球售出达3935186瓶，这相当于每天售出10781瓶，每小时售出449瓶，每分钟售出7.5瓶。

这款风靡全球的小棕瓶官方网销价格是50毫升装880元一瓶，30毫升装610元一瓶。对于大多数中国普通消费者来说，这样的价格肯定算不上便宜。贡献了6558万元销量的成都王府井百货雅诗兰黛专柜的面积仅35平方米，这意味着其每平方米一年的销售业绩是200万元——相对于总体销量，这个年坪效的光环效应显然非一般强大——而这一销售神话的推手正是消费力正不断提升的中国消费者。

虽然CPI的不断增长始终困扰着国民，但却无碍于形成这样一个趋势：

高价格的时尚消费品正成为人们的"新好",同时也有力地改变甚至引导着人们习惯这种看起来有点奢侈的消费方式。据统计,到2010年中国奢侈品消费高达400亿欧元(约4000亿元人民币),其中20亿欧元属个人用品型消费(时装、珠宝、钟表等),17亿欧元属于出行消费(住高档酒店、在高级餐馆用餐等)。

30年的发展正将中国人的消费推向一个新的阶段。向来以朴素、节俭为美德的中国人不只愿意为日常生活所需解囊,其时尚消费已进入加速通道。在GDP超越日本之后,中国能否在时尚消费方面成为亚洲新的引擎,或许很快就不是一个问题。有分析人士大胆指出:3年之内中国将成为全球最大的奢侈品消费市场。

日本首相说GDP不重要,国民幸福才要紧。或许,时尚正是国民自己对于幸福要素的理解吧。

值得注意的是,雅诗兰黛奇迹的中国制造者,不在北京,不在上海,也不在广州,而在西部城市成都,这给予我们第二则启示:二三线市场正接过消费升级主力军的接力棒。

一线城市消费的成熟与日趋饱和难以满足未来市场增长的需求,二三线市场提供了强有力的支撑,市场格局的转型也开始进入一个分水岭式的时期。

雅诗兰黛的销售神话并非孤例,在成都王府井百货化妆品区中的47个品牌,2010年一年就创下了近4亿元销售额,以25%的增长率,成为卖场销售额增长最快的品类。除雅诗兰黛外,成都王府井百货另一化妆品品牌兰蔻专柜2010年销售额也在4000万元以上,迪奥专柜则连续6年成为该品牌全国排名第一的专柜。

作为通向西部二三线市场的重要战略据点,成都的标杆意义已经得到充分展现。

波士顿咨询公司高级合作伙伴贝莱彻表示,未来10年内,中国将有330座城市超过今天上海的生活水平——如此前景恐怕超过绝大多数人的想象。

消费能力的提升,二三线市场的蓬勃发展,两相结合给我们带来第三个关键启示：渠道下沉——这将是未来企业竞争的重要策略。

雅诗兰黛的销量神话，不仅得益于二三线市场时尚消费意识的提升，更重要的是其赖以实现的基础条件的成熟。过去，对于众多时尚国际品牌来说，制约其销量增长的关键是"最后一公里"的渠道难题——由于难以在初级市场的终端有效落地，很多具备消费能力的消费者的购买力未被有效挖掘。近年来，众多大型百货商场开始向三、四线市场下沉，屈臣氏这样的专业大型连锁卖场庞大的战略扩张计划也锁定更初级的市场。渠道战略合作伙伴的渠道下沉，为品牌构筑了迅速扩张的渠道"高铁"，加速其在低端市场掘金的进程，这将给过去一直走农村包围城市路线的国产品牌带来巨大的压力。

消费重心转移，北上广等一线城市竞争日趋白热化，未来众多企业将进入一个渠道快速下沉的阶段，这反过来也将对时尚消费与二三线市场开发形成强有力的推动。

这就是我们所面临的新局面，以上三要素相互作用、相互促进，构成一个良性循环，共同开创一个加速发展的局面。

领跑美丽：自然堂十年品牌路全解码

21世纪的前10年，宝洁、欧莱雅等跨国集团在中国美妆市场处于垄断地位，其强大的品牌优势使得国产化妆品在商场、超市的销售阵地相继失守。

渠道为王的时代，跨国集团把持着国内主流销售渠道，意味着掐住了本土企业命运的咽喉。在这种情况下，任何一个新品牌的崛起，必须经历幼苗顶翻石头一般的艰辛。

正是在这样一种渠道资源对本土企业绝对不利的情况下，2001年面世的自然堂在10年中上演了一场基于渠道创新的品牌突围战，凭借企业在美容院渠道积累的资源优势向日化领域逐步渗透，由"前店后院"到化妆品专营店再到百货商场，从无到有，由弱而强，从千万量级到亿量级再到十亿量级，一步步进化为行业标杆，成就了产业市场最令人关注的传奇之一。

在中国市场，没有哪一个行业的渠道像化妆品产业这样复杂而多元。百货商场、超市、美容院、专营店、专卖店、便利店、杂货店，可以说中国化妆品产业的销售终端几乎涵盖了中国市场所有的零售形态。如果要通过一个行业的渠道变革来了解中国商品流通市场的进化，化妆品产业无疑是最合适的标本，而自然堂无疑是这个标本中最具代表性的切片。

在这10年中，自然堂将渠道与品牌互动推进的战略发挥得淋漓尽致：① 2001—2005年，自然堂凭借美容专业线渠道的资源与经验优势，跨界精耕化妆品专营店渠道，通过一系列营销创新提升市场占有率与影响力，为品牌跳跃奠定渠道基础；② 2006—2008年，通过导入品牌战略，自然堂以全方位的营销创新制造品牌高空影响力，带动渠道的扩张，确定其在专营店市场的领袖地位；③ 2008年之后自然堂开始在战略层面全力开发百货商场终端，凭借持续优化的品牌形象与不断提升的品牌价值向高端渠道迈进，同时以高端渠道的资源影响力提升自身品牌的市场地位，实现了渠道与品牌的有机融合与相互促进。

渠道跨界，融合创新塑品牌

在中国美容化妆品市场，渠道大体可以划分为专业线与日化线。所谓专业线，主要指以专业美容院（机构）为销售终端的这条线，产品销售与美容服务紧密相关。专业线最大的特点就是在服务的过程中实现产品的最终销售，其销售环境为封闭式场所。日化线指的则是以商场、超市为主要销售终端的这条线，产品销售过程中服务成分很低，顾客购买处于相对开放、自由的环境。

2001年进入市场的自然堂定位于日化渠道，有点生不逢时之感。日化市场正处于产业剧变时代——这个时代的主旋律是渠道扁平化、终端崛起、厂家话语权衰落，国产化妆品从商场节节败退，在超市大卖场承受生命不能承受之重，并逐步退向农村市场广阔的田野。寻找渠道解围之道是所有国产化妆品品牌的核心命题，也是自然堂发展的应有之义。

由于所属的上海伽蓝集团起家于专业美容院渠道并一直扎根于这一领域，对日化渠道并不熟悉，因此起步之初的自然堂在彷徨中摸索，始终未得其门而入。总体而言，2003年以前自然堂在市场上的表现并不突出，可以用"籍籍无名"一词来形容。

然而一个尚处于市场边缘地位的渠道，却为在传统渠道找不到感觉的自然堂提供了一个历史性的机遇。在部分市场，化妆品专营店这一形态开始成熟，这为自然堂提供了渠道突破口——渠道自身的变革与裂变将专售化妆品的专业零售渠道推向行业前台。

但是，在很长一段时间内，这是一片潜力巨大却被普遍忽视的处女地。长期在传统主渠道与国际品牌苦战的国内企业仍然在"红海"中寻求出路，尚无暇顾及这一新兴领域，而并无渠道资源作依托的自然堂却得以率先进入产业发展的蓝海。

通过对专营店的深入了解，自然堂发现这一渠道产品结构主要有三大来源："水货"外资品牌、大流通产品、国产三四线产品。这种格局一方面源于该渠道形态的不成熟，而因此导致的上游厂家对其在战略上的轻忽则是另一个缘由——成熟品牌无一降尊纡贵对专营店进行重点开拓。而以资生堂等为代表的外资品牌供货折扣高，远远不能满足专营店对利润的要求，这给本土品牌以很大的生存空间。

自然堂敏锐地洞察到了其中的历史性机遇，在很多同行对专营店渠道的认识还处于蒙昧状态时，在战略上对此渠道予以高度重视并迅速进行深度发掘。

专营店作为一个全新渠道，其存在与发展的首要前提是专业——相对于大众化渠道的消费者，专营店的主流顾客更在乎专业化的增值服务。

相对于商场、超市这些主流渠道，国内化妆品专营店当时整体上处于零散化发展阶段，规模化程度弱，与大型商超相比实力差距大，大多是个体经营，基本上是作坊式作业。

既要对抗主流渠道的竞争，又要满足顾客更高层次的需求，单纯依靠专营店经营者自身的能力显然很难做到，他们必须从上游厂家得到帮助。因此，专营店在选择化妆品品牌时，不再是唯品牌利润空间论，而是更关注品牌商营销的系统性。厂家的产品规划理念、市场营销思路、终端推广模式的整体系统，能否有效地帮助到自身盈利能力的提升，成了专营店选择合作品牌时考量的重心——这与传统的厂商合作理念有着很大差异：过去，产品、折扣是经销商选择供货商的核心元素，厂商的交易关系主要在售前而非售后。如今，在厂商合作的关系链上，售后的比重越来越大。

谁能在渠道的新需求方面实现价值创新，谁就可能成为这个渠道的王者。这就是渠道变革给予后来者的机会。企业过去经营专业线所积累的优势为自然堂提供了有力的支持。

有别于以粗放式经营为主要特征、忽视终端深度掌控、以大流通为导向的传统日化产业,美容院线起家的企业最大优势在于服务与教育营销——通过为代理商和终端提供系统的售后服务及涵括产品、营销、经营的系统培训,建立合作关系、推动销售;而在这方面,自然堂所属的伽蓝集团有着更突出的表现。伽蓝刚刚独立操作专业线时,就敏锐地察觉到传统以技术为导向的美容院教育的不足,致力于将经营管理引入到美容院培训当中,弥补以往纯粹关注技术、产品培训的不足。这种创新性的理念使得伽蓝从一开始就走上了一条不为传统与常规所束缚的道路,因此很快就成为这个行业的领先者。

自然堂将公司在美容院线积累的服务与教育营销的优势跨界移植到日化线,针对渠道建立起了系统化的培训体系。虽然在刚开始的时候发展了很多在化妆品经营方面毫无经验的代理商,但是依靠这种做法,自然堂不仅帮助他们建立起了自己的营销团队,甚至手把手地传授如何熟悉渠道,如何操作不同功效的化妆品,这些代理商都非常坚决地贯彻公司的市场策略。针对专营店终端,自然堂不仅指导本品牌的销售,更向其传授系统的专营店管理方法和技巧,教会其如何实施日常经营与落实营销计划。系统化的教育培训能够有效帮助专营店规划与壮大,增强专营店自身抵抗竞争和风险的能力,无形当中自然提高了它们与企业的合作意愿。

自然堂还以"前店后院"经营模式对该渠道予以改造开发,2004年给1000多家专营店赠送美容床、超声波仪器和疗程手册帮助它们建了后院(为消费者提供美容服务的配套场所),还投入大批资金用于补贴加盟店的门头装修和店内宣传,并配送了1000多个形象专柜,让小规模、不成熟的专营店得到迅速成长。

这些做法虽然让公司在培养代理商、扶植专营店终端方面花费大量精力,但也有效地提升了渠道对自然堂的信任感和忠诚度,品牌在终端的权重在潜移默化中得到了强化。自然堂还用频繁的产品促销吸引消费者,不断推出新的美容概念,组织大型户外促销来提升品牌知名度。此外,公司还鼓励代理商为专营店配置专职导购人员,这些措施都得到了很多销售终端的信任。

跨界创新给专营店渠道提供了新的市场价值，也为自然堂公司发展提供了强大动力。2001年到2005年间，自然堂将主要精力放在专营店渠道经营模式的探索上；在品牌建设方面，除了赞助2002年第二届国际模特大赛（国际总决赛）和2003年上海国际服装节之外，整体表现相对平淡。但是正确的渠道定位、清晰的操作思路以及行之有效的营销模式有效地强化了其在专营店渠道的品牌地位。这个时期化妆品专营店处于勃兴之际，自然堂在战略上的高度重视与战术上的深度创新，锻炼了团队，扩大了市场影响，也培养了一大批忠实的消费者，为品牌的持续发展打下了坚实的基础。

品牌跳跃，领跑新兴渠道

2004年前后，万宁、莎莎等知名化妆品连锁零售品牌进入大陆，屈臣氏在国内的布局开始加速，带动了专营店渠道的大规模增长，专业化渠道在市场上开始与商场、超市分庭抗礼。

在渠道即将爆发的前夜，在化妆品专营店渠道已经积聚了强大的销售硬实力的自然堂决定强化品牌软实力，于2005年底明确提出"三年实现一线品牌"的战略，通过实施大规模的品牌建设工程为渠道扩张助力。

这是在适当时候提出的十分适当的品牌战略。在2006年到2008年这三年中，国内化妆品专营店渠道迎来了集中爆发期。也正是在这三年中，自然堂品牌的创新性、爆发力最强，成为国内化妆品产业令人瞩目的焦点。

2006年4月开始，在专营店渠道初步奠定江湖地位且拥有良好网络规模的自然堂开始进行大规模的广告投放，在中央电视台及各地方电视台投放全年广告并实施一系列整合营销活动，从而开始了由行业领先品牌向全国性大众知名品牌的战略性跨越，进而带动整个行业发展进入大提速、大升级的新阶段。在这三年中，自然堂的模式被全方位复制，国内化妆品产业市场的营销模式开始改天换地，明星代言、高空电视广告、大规模的渠道营销会议、针对代理商与专营店的系统性培训开始在行业内被广泛普及。

自然堂的一系列行为都致力于确立并强化其在专营店渠道的领跑者地位，这将为其品牌的下一步战略提升夯实基础。因此，自然堂的所有品牌营销行为都有意识地凸显其行业第一性。

一、开本土化妆品品牌多明星代言先河

自然堂是第一个采取双代言人的中国化妆品品牌，后来又签下了台湾艺人，强大的明星代言阵营让自然堂品牌的影响力迅速得到提升，其行业的领先地位也因此得以彰显。

二、借用高端媒体资源强化品牌价值

2006年自然堂刚刚开始在电视台投放广告时整体投入预算相对有限，在此情况下，品牌顾问公司建议其选择媒介时偏重电视广告资源的价值含量，而不要过于强调时段收视率，这样有利于提升品牌自身的价值。因此，所投放广告时段的栏目都具有十分鲜明的高端特征。自然堂特别选择中央电视台财经频道《第一时间》、湖南卫视《快乐男声》、东方卫视《加油！好男儿》等高端资源，借电视栏目自身的品牌地位烘托自然堂的品牌形象。

时尚类平面媒体是化妆品品牌树立市场地位的重要选择。时尚杂志好的广告位，不仅意味着更高的读者到达率，更意味着品牌价值。在这方面，成长中的自然堂面临广告资源稀缺的难题。玉兰油、欧莱雅、雅诗兰黛、兰蔻等国际品牌长期把持主流时尚杂志的重要广告版面，国内新晋化妆品品牌即使有实力投放这些媒体也难以拿到好的广告位。为了强化自身在媒体心目中的分量，从2007年开始，自然堂每年都会在品牌顾问公司的协助下召开媒介沟通会，就品牌战略、市场发展情况与《瑞丽》《都市主妇》《健康之友》《都市丽人》等媒体高层进行深度沟通，并由品牌顾问以产业专家的身份从第三方角度客观阐述其市场地位，逐步争取媒体优势资源的支持，以此提升自然堂的品牌价值。

三、占据舆论高点，强化行业领军形象

在品牌宣传方面，过去很多快速成长的企业很少注重树立应有的产业高

度。受限于企业自身的认知水平与宣传能力，这些企业虽然走得快却站得不高，这样导致品牌的市场认同度难以得到同步提升，企业的未来发展受限于品牌高度不够的难题。

自然堂公司同样面临这一问题。2006年之前，关于自然堂品牌的深度信息很少，到网上去搜索，基本上都是产品销售方面的信息。人们很难从公开渠道了解到自然堂这个市场"新贵"有什么特别之处。自然堂的品牌顾问公司意识到，爆发式增长的自然堂如不能避免上述中国企业发展中的痼疾，未来的可持续性发展不仅难以获得强大的品牌势能，也难以避免被误读为"暴发户"，这将使品牌很难获得良性舆论的支持。因此，品牌顾问公司决定主动出击，进行舆论引导，提出中国化妆品市场第二次产业革命的概念，并将自然堂定位为领跑者，在理论上以其基于渠道的品牌创新进行系统阐述，同时利用网络、杂志等多种媒体资源进行无缝立体传播，全面抢占舆论制高点，避免市场将自然堂的成长与广告战、价格战、促销战等建立关联。

注重与媒体展开战略性沟通并能有效主导产业舆论，这为自然堂的持续快速增长创造了良好的舆论环境。相较而言，在国内化妆品市场，与自然堂同期快速增长的一些企业的品牌舆论环境都不怎么理想，有些品牌甚至因遭遇舆论危机导致市场重大挫折。

虽然在行业当中已经拥有了较为理想的认知度，自然堂仍然注重利用产业内部资源平台进一步巩固与强化自身在业内的地位。从2006年开始，已不需靠展会去拓展市场网点的自然堂每年都坚持参加在上海举行的美容博览会，在这个行业最具影响力的展会上，自然堂每次都以最大的展览面积去展示自己的形象与实力，以此强化渠道向心力以及行业的认同度。

四、企业社会责任战略提升品牌高度

竞争战略之父迈克尔·波特认为："企业社会责任是企业经营不可或缺的一环。"自然堂深知，在当今社会，一个品牌的市场地位不仅取决于销售规模，更与其所承担的社会责任紧密相关。因此，在不断扩张市场规模的同时，自然堂也在国内化妆品产业率先启动企业社会责任战略（CSR），积极参与社会公益并进行了创意性的实践。

2008年新年南方雪灾发生之后，自然堂与中央电视台公益中国网联合举办"领跑美丽·情暖中华"公益拍卖会，并率先导入"1+1"matching fund这一新型公益捐赠模式，以代理商捐出多少钱自然堂也相应捐出多少钱的方式为灾区筹集善款。汶川大地震之后，自然堂还组织"行业自救前线指挥部"，帮助受灾客户重建家园、重建店铺，同时号召全国代理商"心连心、点对点"，一个代理商自愿认捐一个受灾客户。

2008年自然堂向社会发布了企业社会责任报告——这是国内化妆品产业第一份由企业发布的社会责任报告。通过这份报告，自然堂清晰地传递和展现了企业价值观、历年来积极承担的各项社会责任以及作为社会公民的标志性行动。这一报告将自然堂企业成长、产品质量、产业促进、公益事业等各方面信息系统、完整、真实地传达给公众；与社会分享自然堂关于积极承担社会责任方面所作出的各项实践成果的同时，倡导企业应时刻拥有承担社会责任的意识并作出实践、推动社会的发展。

自然堂社会责任报告的发布意味着其在履行企业社会责任方面从初步尝试走向系统实践，更直观而有效地推动了其品牌影响力的提升。

大规模品牌塑造运动带动市场的高速发展，也对渠道建设与管理提出更高的要求。伴随着品牌升级的是渠道精耕的进一步深入，2006年自然堂开始推行专柜、专人、专卖的3S标准店策略，其营销重心逐步由原来的撒网布点、大力促销向深度沟通、加强售后转变。实行"总量控制，质量提升"的策略，一方面改善网络结构以增加市场占有率，另一方面大力扶持专营店升级以提升其单店销量。

随着市场影响力的不断提高，自然堂的拿手好戏——渠道培训也越来越体系化、实效化。对于企业来说，以全国性例会进行代理商、终端店培训是一种十分普遍的做法，而会议讲授、研讨则是其中的主要手段。由于培训内容由代理商与零售店的业务人员贯彻执行，加上人员素质不同、沟通理解偏差大、市场资源条件发生变化，实际执行很容易走样，效率就会在市场链的传递过程中大打折扣。

自然堂率先在业内推行营销例会制度。营销例会是以市场政策、新品推介为主轴，以品牌形象、相关政策为先导，以签单定货为目的的市场推广类会议制度。自然堂的例会与通常以会议讲授、研讨为主的培训形式不同，特别注重可复制性与标准化执行，这意味着自然堂举行的全国性会议的主要内容要能够移植到代理商区域市场进行操作，从整个会议的主题策划、流程、现场布置及新品发布介绍、销售政策讲解、终端促销示范等重要环节都能被复制，以使企业的重要战术手段能有效地在市场一线得到贯彻。为此，整个会议要培训的各种要素都被设置为"标准化"的元器件一般在现场予以呈现，对于参与者而言，会议培训就是一个实战演示的过程。会场、形象、陈列等按标准要求布置，从主持人到主讲老师的每一句话，每一节音乐及穿什么衣服都必须严格按标准要求执行，整个过程立体、形象、直观；同时跟拍制碟，向代理商发放，让代理商及省区经理和讲师一样熟悉例会的程序。代理商现场参与之后，回到自己所在区域市场召集终端店举行会议时，按自然堂总部会议的方式依葫芦画瓢就可以。由于自然堂全国会议内容充分考虑到以后复制到区域市场的可执行性，与一线市场的资源与能力高度契合，代理商不需要"创造"，只需要充分领悟、遵照执行就能够发挥出应有的市场效率。

将培训内容转化为标准化的样本，自然堂称之为"打样"——从这一名称可以看出其以工业化制造流程理念提升市场营销效率的目的。自然堂采取营销例会打样的方式，在流程上提高了整个系统贯彻执行的有效性；每季一轮的高密度例会推行，一季一次的营销例会将营销推广、政策发布、新品订货等相互结合，系统有效的培训让自然堂在代理商、终端店当中树立了相当高的声望，也提高了渠道体系的战斗力。

自然堂将品牌与渠道的互动发挥得淋漓尽致，有效地提升了综合竞争力，2005年到2008年连续四年实现销售额翻番。在自然堂的带动下，2007年底伽蓝集团护肤品整体市场占有率在国内已位居前五，在本土企业阵营内仅次于老牌企业上海家化。

窄门：美丽产业的活法

渠道再升级，迈向一线

在自然堂高速发展的三年中，专营店渠道开始表现出新的竞争特征。继资生堂之后，高丝、梦妆、欧莱雅等外资品牌纷纷在专营店开辟"新战场"，渠道竞争日益激烈。另一方面，国内知名品牌在各区域的专营店数量已经达到了饱和状态，终端密度都已比较高，品牌上升空间有限。因此，短时间内在这一渠道要实现更大突破并不容易。自然堂开始严格限制专营店的数量，将开拓重心转移到商超渠道，这是突破渠道瓶颈的必然选择，更是提升品牌形象的重要环节。

自然堂深知高端渠道对于品牌形象的重要性，而国际品牌对商场的垄断意味着掐住了国产品牌往上发展的命运咽喉——失去高端渠道这一战略制高点的依托，本土化妆品企业纵然可以长期维持一定市场份额，但难成"气势"。从战略角度考虑，"势"虽无形，但却决定着竞争大局。不能在百货商场占据一席之地，销量再好，品牌的档次也很难再进一步。业已在专营店渠道确立领跑者地位的自然堂同样绕不开这一问题。因此，自然堂在巩固专营店渠道的基础上开始拓展百货专柜，以高端渠道带动品牌影响力的提升。

相对专营店渠道，商超对品牌形象、品牌影响力的要求会高很多。只有品牌发展到一定高度时，才能进入大型商场和超市。可以说，在商场的位置就是品牌市场地位最直观的表现。

2005年11月份开始，自然堂提出商超5G战略大力开发商超专柜，但重心还是在专营店渠道，而且品牌也未能获得主流商超渠道的广泛认同。到2008年，经过几年的积淀，自然堂已经具备一定的知名度并拥有忠实的用户群，在商场眼里已经具有一定的品牌含金量。但真正要进入这一渠道的核心地带，自然堂的品牌影响力显然还不够。为此，自然堂提出一线品牌战略，开始系统性的跳跃，推出了一系列与商超渠道更为匹配的做法。在领跑专营店的基础上，品牌、渠道持续升级，二者之间相互呼应与促进的战略进入新的层面。

为了体现一线品牌形象，自然堂设计推出自主创新并具有国际水准的百货商场专柜，系统解决陈列、试用和存货的问题。从 2008 年 8 月份开始分阶段更新，A 类及 B 类商场 2008 年下半年更新完毕；学习玉兰油和资生堂的做法，用 2 年的时间，逐渐按渠道规划品类，百货专柜、超市边柜、专营店这三大主力渠道销售的产品逐渐分开，不符合定位的产品陆续下线，使结构更完整、合理。自然堂着力丰富高端产品线，推出定价更高的新品系列，以提高品牌在商场的竞争力。

在提升终端陈列与产品结构的基础上，自然堂进一步推出贴合商超的广告策略，增加商场户外楼体广告的投入，同时开展形式多样的公关活动，邀请明星代言人参与几个一线城市 A 类商场举办的消费者见面会，提升品牌当地知名度的同时帮助商场增加客源。

但是，在长期处于市场弱势的情况下，国内化妆品拓展商场渠道的难度并不会因为品牌短期内的提升就能迅速降低。出于利润驱动与强化自身竞争力需求，以中高收入人群为主要目标的城市百货商场近年来将化妆品地段悉数划归为外资企业的"势力范围"，而对国内品牌则缺乏了解和认同感，不愿意和品牌商沟通。在这种情况下，品牌本身就很难与商场的高层进行交流。

自然堂深知商超渠道门槛之高、进入之难，只是做好自身工作还不够。就像过去为了争取更好的广告资源举办媒体沟通会议一样，自然堂在打通商超进场这一关时也延续了与利益关系人进行深入沟通的思路。

2008 年，自然堂举办一线品牌战略发布会，邀请各大商超采购经理参加，深入阐述其品牌发展战略，以获得这些可以决定品牌能否进场的关键人物的认同。另外自然堂再次发挥其善于借用与利用资源的特点，通过实施两大公关策略为商超战略铺路：一是与北京大学联合开办针对全国百货商场、大型超市、卖场中高层管理人员的零售业高级管理研修班，借用北京大学的品牌效应及其高端培训资源强化自然堂对商超管理人员的影响力与渗透力。另一方面，自然堂与百货业的最高行业机构中国百货商业协会建立合作关系，赞助其主办的中国百货业高峰论坛——这一论坛的参与主体是国内各大商场的高管。通过这一平台，自然堂可以与商场高管们进行面对面的沟通，走高层路线以强化品牌认同。这两大举措为自然堂建立了良好的关系资源，为品牌顺利进入商场做好铺垫。

与此同时，自然堂在品牌建设上进一步提升势能，同样延续借高端资源之势强化"第一性"认知的思路。自然堂与国际领先的原料供应商巴斯夫公司合作，由其提供"中国专供原料和技术"，与国际品牌在全球同步使用专利成分和技术，解决产品宣称的价值和独有性，以此提升品牌的品位。2010年，世博会在上海举行，自然堂品牌充分把握这一战略机遇，成为化妆品产业唯一参展上海世博会的中国品牌，入驻民企馆，推出自然堂雪域精粹滋润霜全球限量珍藏纪念版，还在世博会期间向每一位参观民企馆的游客赠送自然堂双重美白亮润防护乳。与世博会这一国际级的资源平台链接，让自然堂在国内化妆品界的领先地位得到凸显。

建立与百货渠道匹配的营销资源体系、立体的渠道公关、借用国际级资源强化品牌势能，三管齐下的组合拳出击使得自然堂进入商场的难度越来越低。自2008年5月发布一线品牌战略后不到3个月的时间，自然堂便在商超渠道取得重大突破：成功进驻素有"中华第一商圈"之称的南京新街口的中央商场、杭州银泰以及石家庄北国益友。2009年7月，自然堂成功进入北京王府井商圈，全国十大商圈进驻八大商圈。自然堂在商场渠道的突破不仅体现在数量上，进驻的部分A类商场其专柜不仅位于化妆品销售区的中心区域，与欧莱雅等国际知名品牌毗邻，柜台面积也有较大提升，有的商场专柜有效容纳了护肤咨询区、护肤展示试用区、彩妆展示区、高级护理区等全系列柜台组合。

渠道与品牌的良性互动，让自然堂在商场的表现甚至超越众多知名国际品牌，到2010年其全国专柜数量突破千家，在不少商场取得年销量过百万的业绩，其中宁波二百商场2009年10月份更以53.97万元的业绩成为首批单月销售额突破50万元的专柜。在国产化妆品品牌普遍遭商场冷遇的情况下，这无疑有着十分积极的指标意义。

商超渠道的快速发展有效推进了自然堂的一线品牌战略。但是，自然堂并没有因为商超渠道的拓展而忽略专营店渠道。商超渠道与专营店渠道齐头并进、共同发展，是自然堂为实现其品牌战略目标确立的渠道策略。

但是，商超与专营店双渠道并行，相对于原有的单渠道是一个重大的转型，其中难免涉及两大渠道之间的利益冲突，尤其是对原有的专营店体系会造成一定程度的冲击，难免引起渠道阵痛。在此过程中，一些专营店经营者因受到商超渠道的挤压而对自然堂产生不满，甚至利用网络的力量对自然堂的一些做法进行抗议，一时让品牌陷入尴尬的行业舆论处境。如何在实施双渠道战略的同时保持原有专营店渠道的稳定并进一步提升品牌在这一"根据地"的影响力，无疑是自然堂必须解决的问题。

为持续增强专营店终端竞争力，自然堂投入巨资对品牌专营店进行免费的形象升级，免费配送柜台，为3S店配送2008年版3.6米背柜和1.5米彩妆背柜，为标准型店配送2008年版2.4米背柜，为基本型店配送2008年版1.6米背柜，为普及型店配送2008年版1.2米板式背柜等。企业还决定从2009年开始将对所有专营店的户内外形象进行每年两次的免费升级，包括门头、户内户外灯箱、吸塑灯箱、背柜灯片等，同时大幅提高专营店日常促销品的配送力度。

通过品牌的发展来带动商场渠道的拓展，同时又以商超渠道的发展来提升品牌，促进专营店的发展，实现商超渠道和专营店渠道齐头并进，从而为一线品牌战略的实施奠定了扎实的基础。在自然堂覆盖的网络中，不乏专营店与商超专柜互相促进、相得益彰的典型，比如宁波、唐山、深圳等地的专营店，因为当地商超渠道的拓展，其店面反而有了更高的销售额。

自然堂的这段历史，与韩国的蝶妆非常相似。蝶妆刚上市时，商场渠道被太平洋集团牢牢掌控，蝶妆没有机会，但这个时期是韩国专卖店大发展的时期，蝶妆选择了专卖店渠道迅速做大后，再进入商场专柜渠道，最终发展为国际品牌。

自然堂基于渠道变革的品牌创新，带动了整个本土护肤品竞争的全面升级，多明星代言、媒体整合传播、双渠道模式及企业社会责任战略在化妆品产业被大规模跟进，而其针对合作伙伴提供系统化服务与培训的渠道运作模式则成为整个行业的标准范式。渠道与品牌的战略互动为自然堂创造了巨大的市场回报，并推动其母公司上海伽蓝集团成长为中国最大的美容化妆品集团。

在商超与专营店两大渠道上疾驰的自然堂正走过成长期，开始进入新的竞争阶段，尤其是在全国二三线城市和部分一线城市，自然堂已经与外国品牌正面对抗。新的10年，自然堂面临的是更为艰难的博弈。在新的征途上，自然堂当然也面临着迅速成长的企业所必须面对的能力极限，要去重新建构新的竞争力。路径依赖也是一个不可回避的问题，曾经把自然堂带到成功山峰上的种种策略与做法，在新的阶段对市场能否继续奏效？更重要的是对渠道有效的手法，能否同样触动消费者？

很显然，自然堂已经确立了它在行业中的地位，但在消费者心目中它离一个有影响力的大众品牌还有较长的一段距离。一个不只在销量上与同行拉开距离，更在品牌差异化认知上与竞争对手拉开距离的自然堂，才真正值得期待。在大众心目中扎下根，是企业强化市场生命力最重要的选择，唯有如此，品牌才能始终掌握市场话语权与渠道控制权。

另外一个问题也很关键。任何一个品牌，当它谋求更大发展的时候，一定要在大的环境下寻求力量平台，并找到有力的时代精神为己所用。无论是要国际化还是要在国内市场取得更大的突破，自然堂必须强化文化上的价值之源，这有赖于在传播上对中国资源进行更深程度的采掘。

社会思想家雷蒙·威廉斯曾说："并不存在所谓的大众，只有造就大众的方法。"《长尾理论》的作者安德森在评价这个观点时说："他说得太对了，对到他都不知道他说的是多么对。"品牌不过是以一种类似意识形态改造的方式，将消费者认知统一化、标准化，塑造"大众"，进而达到占有市场的目的。

开始与跨国品牌正面交锋的自然堂，必须在更高层面去塑造舆论的影响力。对消费者意识的标准化改造正是跨国公司的强项。对品牌的价值化认知需要专业、深入、系统的引导，很显然这需要自然堂全力以赴，然而一切才刚刚开始。

后葛文耀时代，上海家化难平安

2013年9月17日，以年龄和健康原因申请退休，掌舵上海家化30年的葛文耀先生欲挂冠而去。当晚，便有重量级基金公司的研究总监在微信里问我如何看待这事、影响有多大。

看来，葛老的离去对资本市场来说不是一桩小事，股市应该会有所回应。果不其然，第二天的股市便以跌停为葛老送行。

平安保险入主上海家化以来，与葛文耀之间便时有不快传出，且状况持续恶化。2013年5月，平安以重大违规为由宣布免去葛文耀上海家化集团董事长和总经理职务，引发一场风波。此事虽以葛文耀归位暂告一段落，但今日结局在当时便已注定。这么说，不是本人做事后诸葛亮，特引当时《新京报》采访所发表报道为证：

对于此次平安和上海家化的内斗，张兵武称之为"乱象的开始"。张兵武说，平安是做资本，上海家化是做产业，两者道不同不相为谋，他们的联姻一开始就是强扭的瓜。

后来风波趋于平静，双方握手言和，媒体问我后事将如何、双方是否从此"一条心"，我答：一切都不过是好听好看的公关说辞而已。

如今葛老以年龄和健康原因申请退休，果不其然。值得一提的是，这不是一次普通的人事更替，也不是一次体面的权力过渡，而是上海家化的一劫。

虽然说上海家化曾是典型的国有企业，但葛文耀不是一个普通的职业经理人，也不是一个单纯的单骑救主式的功勋人物。如果非得在今日国内化妆品界找出一位精神领袖式的人物，自然非葛文耀莫属——葛老不只是上海家化的奠基人，也是中国日化界的中流砥柱；在传统日化企业日趋衰微、国际巨头环伺、本土化妆品产业处境日益艰难的环境中，是葛文耀带领上海家化力挽狂澜，逆流而上，让上海家化成为本土日化第二次革命的一面旗帜。

如此一个人物的离去，可能让上海家化在很长一段时间内处于"失魂"的状态。媒体报道也提到："但在张兵武看来，葛文耀是上海家化的'定海神针'，平安很难找到一个有丰富经验的人来代替他。"

在现阶段，一个可以替代葛文耀的人物，必须有深厚的行业沉淀与强烈的产业使命感——支撑起上海家化及葛文耀的市场影响力与地位的，不仅是家化自身的业绩，更在于其在艰难处境中对本土日化的引领性作用——因为上海家化的努力与成就，民族化妆品产业对自身成长仍满怀希望，这种作用对于上海家化自身的持续成长不是可有可无的。

未来的中国日化市场，是强者的乐园，也将是巨人的沼泽地。这一产业，渠道之丰富多元与多变，注定其暗礁遍布。即使是身居市场霸主地位的宝洁，这些年也多有不顺，也只有长期浸淫在这一市场，有一部产业兵略在心中的人才能玩得转。这一市场虽然仍有很大成长空间，尚处发展的黄金时期，但也只有能发狠厮杀的枭雄式的人物才能开创新格局。

上海家化最新发布的战略宣布将在年内推出首个针对0～3岁婴幼儿的品牌启初、针对化妆品专营店定制的品牌恒妍，以及至今未公开名称的瞄准移动互联网而研发的新品牌。而在这三大品牌所涉足的领域，上海家化均缺乏必要的人才、渠道资源的积累。与此同时，经营并不理想的清妃、可采两大品牌淘汰清理工作仍在继续，旗下最高端的品牌双妹、药妆品牌玉泽则处于前期的攻坚阶段，佰草集、高夫等品牌要继续维持市场领导地位也非易事。

2013年的上海家化的品牌布局，看似完美，实则荆棘密布。除旧、布新、攻坚、强化，任何一个板块都是极为棘手的战略任务。这样一个快速膨胀的系统，需要最强有力的中枢指挥系统。而在最需要葛文耀的时候，上海家化的葛文耀时代却悲情落幕。

一声叹息……

百雀羚，赋值以复兴

　　池塘角落最初只有一片荷叶，荷叶的数目每天增加一倍。一共需要30天，整个池塘就会布满荷叶。但是在前28天，根本没人理会池塘中的变化。一直到第29天，人们才注意到池塘的一半突然布满了荷叶，而开始关心起来。到了次日，变化更为惊人，让他们不可思议的情况出现了：整个池塘布满了荷叶。

　　这是管理学大师彼得·圣吉在其经典著作《第五项修炼》中提到的一则法国童谣所描述的现象。

　　发生在百雀羚身上的故事与此相仿：两三年前，还少有人谈及这个品牌，偶尔有人提到这个"老牌子"，感觉就像谈论一个远去的故事。如今，这个品牌披着满身光环重新回到舆论中心，触目所及都是关于它的消息。反差之大，仿佛几日没有留意的池塘，原先仅有稀落的几片荷叶，如今已是"莲叶何田田"了！

　　从2012年底到2013年上半年，百雀羚始终跟"大事件"连在一起。2013年浙江卫视《中国好声音》第二季广告招标，百雀羚以7000万元拿下该节目第二标王，引来一片惊诧声；2013年3月，在参观坦桑尼亚妇女与发展基金会时，百雀羚护肤品作为国礼被赠送，不仅让百雀羚备受瞩目，更掀起一股新的国货热。

　　沉寂了很多年的经典国货百雀羚，近些年低调地实施品牌复兴梦，一不小心高调地火起来了。这不是资本加持之后的陡然爆发，也非机缘巧合之下的爆红，而是持续用功之后临界点到来时自然而然的结果。

　　正如池塘中的荷叶，人们在第29天、第30天看到了百雀羚所展示的盛况，但是在过去的28天却很少留意其行为。而没坐过冷板凳的人，没在角落里辛勤耕耘过的人,是难以理解这种变化的可能性的。

有人说:"这样好的牌子,拿到谁手里都会火啊!要到我手里,说不定会更火。"且慢,说这些话之前不妨先环顾一下四周。经典国货当然好,像百雀羚这般被褐怀玉的国货牌子也有好多,其中有的被人买下来之后,炒了几次冷饭,不是灶台都还没热起来吗?可像百雀羚这样能够重放光芒的,我还真没有见到。

是什么支撑起这场复兴?除了市场潮流与资本助推之外,百雀羚到底有什么独到之处?

都知道经典国货是祖宗传给我们的宝贝,有些公司将这些品牌当夫人一般迎进门,却当丫鬟一般对待。口头上说重视,行动上却鲜有作为,在人事、资金上绝对不会给予最佳对待。来的时候都说要用心雕这块玉,心里想的却是如何利用祖上宝贝的附加值、有什么好的资产能拿来嫁接。

与百雀羚合作,让我得以感受到他们的运作团队经营这个品牌时非一般的用心——他们铆足了劲要将国货发扬光大。这种用心带来的是战略上的高度重视与系统投入。

对于百雀羚,他们不是一味当古董来卖,而是着实费了一番功夫,不断融入新元素,不仅释放了其原有价值,更增添了新的魅力。在产品层面,有效强化本草护肤的天然特性,立足当下消费理念升级产品体系,一改经典国货物美价廉的认知;在渠道层面,融合电商能量,利用新兴渠道渗透新一代消费群体;品牌传播层面,在加大广告投入的同时,更导入"琥珀"计划,发掘原生态民间艺术予以扶持,以公益创新赋予品牌正能量……

简单一句话,在过去很长一段时间,他们做了一系列的工作为经典国货赋值,让一个老牌子持续地融入新的潮流,在新的时代展现新的价值。

如今,老树发出了新枝,热烈地生长着,人人都看得到了。实际上,我们看到的是过去默默耕耘的成果,而非运交华盖时的好彩头。

心怀复兴国货的使命,高点出发,系统布局,由一支专业而务实的团队潜心运作,持续用功。这就是这个经典国货背后的故事。

功到自然成,由今日之所见,正可领会当日之所想。

要跟欧莱雅平起平坐，韩束是吹牛还是 think big[①]？

规　　则

2014 年，他放出豪言要走出国门，布局印度尼西亚、伊朗、俄罗斯等国。然而三年过去，西进计划毫无进展。孰料，西方不亮、东方亮——在日本和韩国推出的品牌已经开始进入当地的重要渠道，开局良好。

2015 年，他高调推出索薇娅洗发水，重磅冠名 2016 年江苏卫视王牌栏目《非诚勿扰》，宣称要用无硅油的概念在高端发品市场抢占一席之地。然而，一年光景便铩羽而归。孰料，几个月后，他调整包装、配方，卷土重来，定位也变了：着力大众市场，主打香氛概念。

对于上美集团 CEO 吕义雄而言，这样的故事并不少。

多年前到上海滩创立韩束品牌，主攻化妆品专营店。当这个新兴渠道的参与者们在享受大秤分金的幸福时光时，他却走了"麦城"，转而进军电视购物，居然成了这个渠道的一张王牌，随后便高举全渠道战略的大旗重归化妆品专营店，开始了韩束狂飙突进的日子。2006—2008 年，开韩束单品牌专卖店，其效不彰。到了 2017 年，开单品牌专卖店又成为整个上美集团重要的战略板块。

《孙子·虚实》云："兵无常势，水无常形"，以此来形容吕义雄这样的

---

① think big：想得大，思想宏大。

企业家是最恰当不过的。在他的大脑中没有现成的框架,也没有不可打破的规则,哪怕是他自己设定的框架与规则,也随时可能被打破。

他在微信朋友圈说过很多豪言,放过不少"卫星",也总是会公开地进行自我否定。他会在很短的时间内刷新自己的计划,亦步亦趋的事情绝对不会发生在他身上。自我否定,对他而言好像没有任何心理障碍。用娱乐圈的说法就是他没有偶像包袱——很多曾经十分成功的企业之所以不敢否定自己已被验证行不通、需要改弦易辙的想法,不是看不出问题,而是太要面子。

对于他而言,暂时的失败不过是一次战略撤退而已——我们很少看到这种事情发生在其他企业家身上:为了保护"面子",商界的大多数高手都会选择不再触碰"伤口"——吕义雄却会想方设法从摔倒的地方爬起来。重新来过,没什么大不了。

不过,总体而言,他总是离自己的目标越来越近,有些"自我否定"不过是"试错"之后换一种方式接近目标。

他是一个目标感很强的人,强到会给人"为了目标可以不择手段"的感觉,中国人奉行的"中庸之道"在他身上完全不管用。

这让他成为话题人物,争议不断。每次有大目标抛出来,大家都会说他又在吹牛。又因为常常搅局,每个板块都要插足,而且一来就要把前面的座次打乱,更是让人不爽。因此,他曾半开玩笑地说:"如果今天我倒下了,踩我的人估计能从浦东排到浦西。"

因为不受规则约束,他有着不一般的经营弹性,在把握市场机会方面时有超常发挥。韩束的崛起,最初抓住了 BB 霜品类的爆发,微商初兴时韩束快速出击尽享渠道红利。这些都是品牌迅速突围的关键性战略机遇,过于重视既定规则和计划方针的企业都会错过。美即被欧莱雅收购之后,吕义雄看到了面膜品类"王者"缺位。虽然整个市场已是接近白热化竞争的红海状态,他还是在 2015 年毫不迟疑地推出一叶子主打面膜,并且很快成为上美集团的主力品牌——熟悉的人应该清楚,一叶子这个品牌曾经在电商渠道表现良好,后归于沉寂——多么相似的故事。在韩束不可思议的超常规发展之后,更不可思议地创造了一叶子的火箭式跨越——再度出发的一叶子迅速成为年回款超过 20 亿元的品牌，成了面膜市场新的王者。

吕义雄向来不惮于将那些看来有些不切实际的、异想天开的目标公布出来——大多数人不愿意高调宣扬目标，是怕实现不了时，下不来台；他大声喊出来，是希望公开给自己压力、不留退路——他也会将戒烟的目标在朋友圈公布，让大家监督执行。

在一次对话中，他告诉我他很有信心在 2022 年前后，在中国市场跟欧莱雅平起平坐。当时欧莱雅中国区 2014 年销售额为 143 亿元，但吕义雄手里只有韩束一个品牌，全年销售额与欧莱雅相差 120 多亿元；不要说与欧莱雅比肩，要赶上本土位居前列的同行都要费不少时间。

然而，在接下来的两年多时间里，上美居然裂变出一个涵括护肤、面膜、彩妆、洗发水、牙膏、婴童等多个品类的品牌矩阵，整体销量快速超越排在前面的国内同行，直逼本土领头羊上海家化，与欧莱雅的差距也大幅度缩小，曾经看来遥不可及的目标变得可以追赶。

生　　意

这样一个不按常理出牌的人，都说他是典型的生意人。

确实，他深谙生意场的规则，天生就是做生意的好手，也向来不掩饰自己的这一面。他把生意规则想得很通透，贯彻得也很到位。

中国人喜欢那种一手执《论语》、一手拿算盘的所谓的儒商，深谙中庸之道，为人很圆融，生意做得好、形象也很光辉。但是在实际的经营中，很多人不过是想借道德教化之功，免去分利之痛，让合作伙伴、员工多做雷锋，自己心安理得拿大头，不过是用《论语》拨算盘而已。

但是吕义雄手里只有算盘，没有《论语》，一上来就是一副纯粹的生意人形象，感觉随时有可能干出焚琴煮鹤这等煞风景的事情。他挥舞着大棒很吓人，但举起的萝卜也很大很甜。等价交换的生意经他弄得很明白，不会用感情、道德绑架你；把利益给足给到位，让人愿意拼命干；干不好，毫无人情可讲，随时卷铺盖走人。

他的智慧更多来自街头、江湖，讲究实用、拳拳到肉，没有文绉绉的斯文表达，他总是说不喜欢书本知识，生活就是他最好的书本。

对于市场目标，他追求"胜利"，毫无顾忌打破规则；对于商业合作，他坚守最高效的核心法则，以此确保"胜利"的基石稳固。

他的等价交换，不会拖泥带水、留下灰色地带。这种等价交换完全基于投入产出比的精确核算，他算账向来算得分明，不会留下占便宜的想象空间。

他对数据有着生意人非一般的敏感。看似随性而发的各种新计划，他都会迅速地作出数据分析，从投入预算、资源配置到组织机制，有通盘考量。

他的规则高度利益化导向，行事风格也很透明，这使得沟通效率大大提高，省去了很多心照不宣的迂回——这正是上美在整个国货阵营看似再难有跨越式突破的情况下能够异军突起、创下奇迹的机制保障：吕义雄的这种风格使得企业决策能有效捕捉稍纵即逝的机会，也能打造出一支高效的狼性团队。

对于他而言，把利益分配的问题讲明白，不要有含混不清的可能，用行动表明跟着你干能得名得利，不要搞那些虚头巴脑的东西。因此，他是高度反对心灵鸡汤的，在他看来，企业老板发太多鸡汤段子，不过是做表面文章罢了。把利益给到位，比什么都强。

他是一个远离"面子工程"的人——大多企业老板喜欢在朋友圈发些偏思想层面显得高大上的内容，他作为一个年销售额数十亿元企业的老板，发朋友圈，不是公司战略便是产品广告图文。新品招商往往就是他几条微信解决，整个上美系统每日同步转发他的微信，传播效应也很不错。

他的行为总让我不由感慨：这样的企业家都在不停地为了公司生意做宣传，我们这些人还有什么理由整天躺平？

他就像久经沙场的将军，习惯了刀光剑影，没有那么多讲究与繁文缛节。在一个向来习惯用各种客套的话语体系表达利益诉求的文化环境中，吕义雄这种显得有些出格的异类，不受待见再正常不过。但就是从这样一个典型的生意人身上，我看到了十分难得的一面——我所接触的几位韩束创业以来即合作的代理商，低调朴实，从一开始只做韩束单一品牌的代理，一路相伴从最弱小、最艰难的阶段走过来，一直不离不弃。或许，纯粹的生意法则的另一面，有十分人性的元素，否则绝对无法拥有这样的"追随者"。

或许，基于一些看似赤裸裸实则质朴无华的生意经，吕义雄得以打造强悍的核心战斗团队，因而能够不断打破既有的市场规则，并不断追逐更高的目标。他人眼里的"吹牛"，于他不过是基于实力与资源的自信。

野　　心

敢于面对失败，关键在于"敢于胜利"。

很多人给过吕义雄很多评价，众说纷纭。在我看来，他最大的特点是"敢于胜利"。唯有他这种藐视规则的人，才拥有看起来有点不知天高地厚的勇气。

他曾经说："我们这代人，对于国际巨头是平视的。所以我看到有些媒体一提国际巨头好像总是仰视，我其实是很不喜欢的。我觉得国外的东西有的是值得我们学习的，但并不是高不可攀、不可超越的。"

宝洁、欧莱雅这样的企业，要与之平起平坐，在过去，别说把这样的目标说出来，想一想都是有罪恶感的——这样说并不夸张，君不见本土化妆品界那么多搞技术研发的同仁骨子里对国货的不以为然，而且习惯了踩着国货将洋品牌往上抬。

长期以来在市场上被跨国集团压制，导致行业骨子里"缺钙"。敢于胜利，殊非易事。美妆这样美好的市场，老外吃肉，我们能喝点汤就好了，这几乎成了一种心理上的默契。

吕义雄的出现，让我们这些做化妆品的有勇气打破跨国巨头布下的想象力的天花板，也打破了不敢反超欧莱雅的心理魔咒——很长时间内，本土化妆品阵营包括吕义雄本人的最高目标不过是向上海家化看齐。

"上美的化妆品板块要综合目标做到毫无争议的第一，力压宝洁、欧莱雅。"如果在以前，吕义雄说出这样的话，他得到的回应绝对是夹枪带棒的嘲讽。在有些人看来，这不仅有损中国人温良恭俭让的君子之风，更是犯了行业大忌；如今，同仁们或许会想："梦想总是要有的，万一实现了呢！"

曾经韩束、一叶子被视为"吹牛"的目标，居然一个个超常规地成了现实，人们除了惊叹"这不科学"之外，不得不认真对待这个来自潮汕的生意人说出的每个目标。

与只会打嘴炮的人不一样，他有切实的计划表和线路图，这是他的具体布局：上美集团旗下品牌，中国护肤品前五有三，中国彩妆前五有二，中国面膜前五有三，Shopping Mall 单品牌店前五有二，中国男士前三有一，中国洗发水前五有一，中国牙膏前五有一，中国母婴品牌前三有一。

具体到 2017 年，他仍然是用数据说话：回款 70 亿元，税收 7 亿元。在 70 亿元的回款目标中，韩束和一叶子占比过半，韩束品牌的目标为 30 亿元，一叶子品牌的目标为 26.5 亿元，红色小象的目标为 5 亿元。他如今习惯在说出销售目标的同时，说出税收指标——毕竟这个数据在大家看来是不可能掺水的，这在一定程度上是回应过去那些"吹牛不上税"的类似质疑。

这些年的爆发，让他获得了足够的资本去实施更大的布局。但他更多地捕捉到了当下中国影响力的上升所带来的机遇与势能，因此能用更宏大的视野去审视他手里的这盘棋——他之所以敢于胜利，一部分源自企业这些年的积累，另一部分乃在于他更清楚地知道如何杠杆化"中国效应"——在这方面他也表现出了天生生意人的那种敏锐。

他的野心不断膨胀，一半在于相信自己，一半在于相信"大势"。前几年，当企业体量还小的时候，他频繁抛出的种种大目标，或许不乏"四两拨千斤"博取关注的成分，同行说他放烟花也好、吹牛也好，都情有可原。如今的他，或许更多地看到了新的可能，见以前所未见，能从大处着眼，有实实在在的野心，看得更为高远。

喜　欢

在最近的一次演讲中，吕义雄跟大家讲述了上美企业文化最新的四字箴言："因为喜欢。"他觉得过去那些多元、开放之类的表达，每家企业都差不多，跟他没多大关系。他从事美妆行业，简简单单，因为喜欢，没有那么多复杂的道理，他也希望员工因为喜欢而待在上美。

吕义雄的外在表现让人感觉很张狂，好像是那种场面上很吃得开的人，实际上他并不喜欢人际交往与应酬——他的能量就聚焦在他所喜欢的生意上面，而他喜欢的这门生意恰好是化妆品。跟他坐在一起，他会从头到尾滔滔不绝地谈他的品牌大业，让你没机会插嘴。他会说他最新的想法，说他会如何布局新的市场——他每去一个国家，都会找出这个国家的文化特点，结合这个国家的特点去做化妆品生意。他不会去搞那些知识性的分析，但生意人的直觉与生活的智慧，会让他很准确地吃透问题的本质。

在做企业的人当中，他表现得特别随性，随意就说出了一个听起来很夸张的目标，动不动就要干过谁，也不会太多顾忌别人的感受，率性而为，只顾自己喜欢，这让他看起来异类感特别强。

然而，也是在同一次演讲中，吕义雄提到："希望上美成为一家被同行喜欢的公司。"这句话，与他向来的作风很不搭。按他一贯的做法，要让同行喜欢他也挺难，他也很清楚自己向来强势的竞争风格让人难以接受——吕义雄每次进军新的领域抢蛋糕，一定是很高调地进入，并且会打破原来的游戏规则，因此他总是被视为"破坏者"。

他心中的标杆是华为。他说华为代表中国企业走向了国际，因此赢得了尊敬。上美过去的做法要让大家喜欢比较难，但是可以通过做到跟跨国公司平起平坐，进而率先走向国际，走出一条路，告诉同行：中国的化妆品企业也可以在国际上占据一席之地。上美希望用这样的方式赢得同行的尊敬；吕义雄也希望未来能将上美高品质的研发成果向同行开放、免费试用。

他曾经就像一个任性的少年，因为喜欢，随时就能跟人怼起来；如今的他，也因为对这个行业的喜欢，愿意跟大家好好相处。

在一次交流中，他跟我说已经找到了上美中国区的 CEO，未来他会把更多的时间放在国外市场——确实，在此后的时间里，他在朋友圈不断发布他在日本、韩国的动态消息，关于当地的团队发展、技术研发、新品上市。他说有将近一半的时间在国外。

虽然人们仍然不可避免地觉得他的新动作有"套路"的嫌疑，但偏见已远不像以前那样严重，越来越多的人希望或者相信他能走得更远。

他是否能超越欧莱雅，用多长时间超越欧莱雅，在我看来，并没那么重要，关键是他已为我们指出了"可能"，让我们有勇气去重新想象，一起去 think big。

卡姿兰与国产彩妆 20 年

"我们第一个提出不做单品零售,要合作必须上专柜。"

2021 年,在卡姿兰 20 周年庆典上,创始人唐锡隆提到当年启动市场时的合作条件:要做卡姿兰经销商,必须成系列整套进货,必须配备有灯光、试妆镜的品牌专柜。

在很多中国女性连口红都还没用过的 2001 年,一个刚面世的国产彩妆品牌居然对合作伙伴提出如此要求,给人的感觉是有些不知天高地厚的。

在兴发、义乌的批发生意仍然十分红火的年代,这种可谓惊险"跳跃"的营销举措,成了此后 20 年国产彩妆品牌化发展的序章——当时没背景、没名气,一腔孤勇上路的卡姿兰一直担纲引领产业升级大戏的主演。

20 年前,唐锡隆先生从国企辞职创业,珠江边的曼宝兰工厂就是他革命的根据地。那时刚从国家单位下海从事广告策划的我,有幸作为品牌咨询团队的一员参与其事,并因此契机得以近距离观察卡姿兰与中国彩妆业这 20 年的成长历程。

站在 20 周年的时间节点上审视卡姿兰披荆斩棘的创业之路,用事后诸葛亮的方式赋予其远见卓识的战略家光环,似乎也是很合乎商界逻辑的叙事方式;但在我看来,立足于耐心、坚守这些朴素的创业精神所作出的关键选择,才是支撑其一路走到产业制高点的根本。

这个关键选择便是品牌化、专业化的发展思路——在如今这个言必称品牌化、专业化的时代都未必有几人真能长久践行,遑论那个市场刚驶上快车道、混沌无序但遍地机会的年代。

理解了那个时代,我们才能更理解当初选择的不易。

卡姿兰切入彩妆市场的时候,已有多个国际级选手在这个赛道上布阵:

以露华浓、红地球为代表的专业彩妆品牌主攻高端商圈、百货商场，斯时如日中天的直销巨头雅芳推出 up2u 主打开架彩妆，欧莱雅旗下的美宝莲通过渗透力极强的超市和连锁便利店渠道占据市场主导地位。

主流渠道基本被国际品牌把持，这是世纪之交众多消费品产业竞争的基本格局，美妆产业表现得尤为明显。

得风气之先的一二线城市，是最理想的市场，但洋品牌已占尽先机。本土没有什么值得一提的专业彩妆品牌，从形象到价格定位大都给人以低端、廉价的认知——这与 20 世纪 90 年代国内电器产业十分相似，本土品牌都被挤压在边缘地带。

但本土电器企业以品牌战切入低线市场，群雄逐鹿、快速崛起，一举打破了欧美日品牌主导的格局，也形成了良好的市场认知。

历史虽然不会重复，但会押韵，其韵脚便是农村包围城市的品牌化之路。这是世纪之交的大环境，也是市场发展的主旋律，各个行业的先行者都开始基于这一旋律奏出自己的音符。

国产家电企业珠玉在前，敏锐地意识到了这一点的卡姿兰打算在彩妆业复刻错位竞争的突围之路。面对高大上的洋品牌军团，卡姿兰一出手就立意要跳出国产彩妆低端无序的发展格局，从批发走向仍处于边缘的零售终端，打造具备心智优势的品牌，其主战场便是初兴的化妆品专营店渠道。

与其他有了良好市场积累才开始投资塑造品牌的企业不同，在运作资金并不充裕的情况下，卡姿兰刚起步便将运营费用集中投入品牌打造，跟专业的品牌策划团队合作进行全方位的品牌塑造。

"时尚就是卡姿兰"的诉求鲜明彰显定位，以时尚、清亮的广告基调与之结合，产品外观设计走轻快、明朗路线，创造了清晰的品牌形象，启用时尚前沿的明星代言人成功输出青春、活跃的品牌感。

在此基础上，卡姿兰通过输出"统一管理、统一服务、统一配送、统一培训、统一宣传、统一形象"的模式，大力度打造形象店和形象专柜。

以今天的眼光来看，这些做法可能都属于"品牌通识"，但在那个年代可谓"创举"，需要有超人的眼光与魄力才能为之。

当时的化妆品专营店渠道距如今百强连锁遍布的状况差得太远,以零散化发展的单店为主,是一个很边缘的渠道,并不受上游"待见",品牌化的彩妆产品供应尤其欠缺——没有品牌作龙头,专营店显然难以将彩妆业务发展起来。

在国产彩妆低端、廉价"城乡接合部"的整体印象中,卡姿兰定位清晰、形象鲜明、体系化的品牌运作,使其能够脱颖而出——其整体理念与经营操作对于当时的彩妆零售经营和消费意识都有着强大的触动。

依托品牌化策略,卡姿兰迅速建立了一个以化妆品专营店渠道为主,覆盖百货商场专柜、连锁量贩超市的渠道网络——品牌面世一年后,卡姿兰的名字便开始频繁出现在中华全国商业信息中心定期发布的全国重点大型零售商场美容彩妆品的月度销售榜上。在专营店渠道,卡姿兰的专柜逐渐成为一些优质门店的标配。

从卡姿兰开始,国产彩妆开启了品牌化的觉醒年代,也因此打开了产业进阶的新路径。

卡姿兰刚刚进入国内彩妆市场的时候,这个领域尚属于一个冷门板块,鲜有本土化妆品企业问津,专业做彩妆的品牌更是少之又少。随着化妆品专营店渠道从边缘到主流的进化,国产美妆于2006年开始整体爆发,彩妆品类也逐渐成为热点。历经5年沉淀的卡姿兰,让业内人士看到了国内彩妆市场的潜力,也看到了品牌化运作的必然。

后来试水国内彩妆终端尤其是专营店渠道运营的品牌,很大程度上都是因为受到卡姿兰这个先行者的激励、鼓舞——在彩妆市场这片蓝海上,卡姿兰逐渐发挥航标般的作用。

此非虚言,我从事品牌咨询顾问期间,几个后来成为国内专业彩妆主力的客户先后由代工、批发转向打造品牌——参照卡姿兰的品牌化运作思路,各自在定位、风格方面锁定自己的细分赛道、建立差异化优势,各有各的精彩。

众人拾柴火焰高,在此后的10年中,国产彩妆阵营迎来了一个快速发展的繁荣期,整体跳跃到了一个新的平台。

窄门：美丽产业的活法

敏锐的直觉与耐心的坚守，往往难以兼具，因为前者注重趋势变化，后者强调"不变"。

很显然，卡姿兰成了将二者有机结合在一起的"异数"：对市场竞争大势的敏锐洞察，让卡姿兰看到了品牌化的可能与必然；长期坚守专业化发展的主线，持续聚焦、锁定品类认知，让卡姿兰成为国产彩妆的代名词。

在彩妆还是个大冷门的情况下，聚焦彩妆、专业化经营并非易事——这意味着放弃市场容量更大且高速发展的护肤品市场；另外，洗护市场的发展也是如火如荼。在当时看来，这种取舍似乎没有必要。然而，正是因为将发展战略明确定位于较为边缘的细分市场，卡姿兰得以集中精力进行深耕细作，进而得以在未来的发展中守住并领先于一个不断扩张的品类市场。

另一方面，在市场萌芽阶段，专攻彩妆面临重大挑战。比起护肤品，当时国内彩妆的供应链成熟度低很多，规模化生产和销售所受的制约很大，因此国产专业彩妆品牌寥寥无几，大都是护肤品将彩妆作为补充产品线推向市场。

聚焦彩妆的先行者必须吃螃蟹——独立解决产业资源不完善的问题，实施产业"基建"：产品竞争力与市场运营能力的双重提升。

在提升产品竞争力方面，卡姿兰扮演了品类探索者的角色，从"双芯"口红、大眼睛系列、气垫CC到"水雾双生"底妆，穿越近20年的市场周期、持续接力，在自我进化的同时带动了国产彩妆品类迭代升级、不断走向成熟。

在市场运营方面，专营店渠道以夫妻店居多，大都缺乏零售经营、彩妆品类知识与能力，与之合作的品牌必须提供系统化的服务——彩妆更是如此，没有上游品牌赋能，基本寸步难行。为此，提出"不做单品销售、必须上专柜"的卡姿兰，从0到1为终端提供设计、制作、安装、陈列展示摆设技巧等服务，还对代理商、业务员和化妆顾问进行了长期有针对性的专业培训。

这使得卡姿兰的经销群体对消费者的产品使用、色彩搭配和建议等服务方面做得更为专业，二三线市场顾客开始将目光转移到卡姿兰身上；相比之下，其他品牌很难做到如此系统与全面的维护和管理。

卡姿兰解决自身面临挑战的过程，自然而然带动了整个国内彩妆行业研发生产能力、市场运作水平的提升。品类市场的主航道随之得以不断拓宽、拓深，渠道在国产彩妆方面的运力也不断提升，专营店渠道也因此逐渐成为国产美妆的护城河与"母亲河"。

卡姿兰从品牌化、专业化的战略原点出发，并不断重复这一原点，用20年的时光为"长期主义"写下了自己的注脚。但是在新的市场环境下，作为头部品牌的卡姿兰也开始承受更多的竞争压力，相信这将仍是其应对挑战的基本策略。

2019年，全球彩妆市场规模已经达到727亿美元，约占全球化妆品市场规模的14%。国内市场，因应需求增长，彩妆集合店也越来越多。国产彩妆无疑也将有更大的想象空间。

唐锡隆提出："要让卡姿兰成为世界级的彩妆集团。'世界级'必定是备受瞩目和受人尊重的，这就要求卡姿兰无论在销售规模、市场份额，还是知名度、美誉度都要达到行业的最高标准，并具备国际品牌的内涵。"

无论作为一个昔日相识于微时的合作者，还是作为一个产业研究者，我均乐见其成。

下篇

连线

陈丹霞
传承与突破

白富美、富二代、海归、知名民企事业接班人……外人看来天生好命的陈丹霞，这些年却"苦其心志、劳其筋骨"，历经旁人所不知的种种困难。

作为立白集团化妆品事业的掌门人，陈丹霞在接手被收购的高姿化妆品时，可谓受命于"危难之际"。洗护企业跨界做护肤品，此前并无成功先例，普遍不为人所看好；历经三任总经理，高姿不仅未见起色，更让人意兴阑珊。外人眼里"衔着金钥匙"出生的陈丹霞，这一次手里拿的不是一张好牌，而是"烫手的山芋"。

不但没有外人想象中的"大树底下好乘凉"，反而要到一个远离总部的"飞地"重新开始，还要融入一个她并不熟悉甚至内心有些抵触其游戏规则的产业市场，因而更多一重精神上的煎熬。个中甘苦，如鱼饮水，冷暖自知。

潮汕女子的柔与韧，海外游学所塑造的国际视野，家族使命与自我证明所带来的压力，这些因素融合在一起，驱动陈丹霞坚持走过了这段荆棘密布的旅途，将父辈的旗帜稳稳地插在新的产业高地。

在这个过程中，陈丹霞给大家看到的不只是一个不一样的"下一代"，更是有着独立精神的"新一代"。

她在自己的事业版图上，描绘出不一样的前景，通过资本并购将成熟的国际品牌揽入旗下，以更大胆、更具想象力的手法拓展着父辈的实业之路，并且取得了让业内人士为之叫好的品牌成就。她因自己开创的事业而获得更多肯定，为亚洲青年发声，为中澳产业交流建言。

陈丹霞不讳言自己比别人拥有更高的事业平台与起点，但她更努力地构建自己的舞台。这个舞台面向国际，更能释放自己的心灵与能量；这个舞台中西交汇，求新、求变、求突破，传承使命，更能实现自我、超越自我。

> 对话时间：2014 年 8 月

张兵武：最近，在新闻中看到你参加博鳌亚洲论坛青年领袖圆桌会议作为代表发言并获李克强总理接见的消息，能否透露一下你在会议上讨论的话题？

陈丹霞：这是央视举办的一个青年领袖论坛，邀请了亚洲范围内的青年领袖，我是中国代表中的一个。这次论坛探讨的很多问题都是针对现在的青年在当下的社会体制下如何对自己定位，对社会有什么不满，怎样去调整自己的心态等，整体充满正能量。

这个论坛会议也因为议题的积极阳光而得到李克强总理的关注，并在中央电视台财经频道重播了好几次。论坛上，不同国家的代表都会讲他们国家的年轻人面临的问题。

我们发现，中国现在的年轻人相对来说比较浮躁，但凡有一点身家的年轻人都不会去做实业，而是去做投资。我是这些中国代表里面少数几个做实业的青年之一。

作为一个身处化妆品产业中的人，我更多的是对化妆品产业做了一些介绍，讲了一些关于产业环境的分析、在中国做品牌的无奈。我发现现在社会发展很快，有的行业一旦进入恶性竞争，最后只会导致企业和消费者双输的局面。然而即使有这么多问题存在，也不能只是去抱怨，因为抱怨是解决不了问题的，你该做的是如何在这样的环境里提升自己的实力，做一些对企业和行业都有利的事情，在国家飞速发展的过程中，帮助推进行业的规范化管理。

张兵武：好像此前澳大利亚总理来访中国，你也参与了他们组织的对话？

陈丹霞：澳大利亚组织了 500 多个企业来中国交流，其总理亲自带队。我作为澳希亚的代表出席他们的一个纯英文论坛，对话嘉宾是在中国已经发展成功的品牌和基金的代表，4个人代表4个领域。

因为澳希亚收购了一些澳大利亚品牌如格兰玛弗兰，这些品牌在国内做得还不错，澳大利亚政府很关注，让我跟大家谈些心得。这个论坛专门讲中国生意怎么做，还有就是品牌如何吸引中国的投资者，我结合中国的国情和自己的运作经验给了他们一些建议。

张兵武：近段时间你收购的品牌格兰玛弗兰在国内关注度很高，运作得也很不错。像这样被中国人收购的国外品牌还是很少的，运作得好的更是难得一见。当时怎么会考虑收购一个国际品牌？

陈丹霞：格兰玛弗兰和另一个品牌赫拉都是我们澳希亚公司旗下的。2006年的时候我在澳大利亚做投资，当时代理了很多品牌，后来觉得代理这条路做不大，因为供应链不在你手里。说句不好听的，别人老外看货品在欧洲卖得好，就有可能断掉中国的货。

当时想要买一个品牌，要求是很适合中国市场，规模和定位都要合适，核心定位在中高档。我想买的时候，有很多牌子想卖，因为国外很多发展中的牌子想要套现。我就想找个有潜力的品牌。

看东西讲究第一印象，我之前代理过格兰玛弗兰，第一次看到它感觉挺好的。2007年，跟格兰玛弗兰谈判收购，我看中的是操盘人的理念和品牌的潜力，我知道它的优势在哪。我不会买一个我完全不了解的牌子，一定要先熟悉它。赫拉也是先代理一段时间，然后收购。

张兵武：这些品牌除了在中国和澳大利亚运作，在其他国家和地区运作得如何？

陈丹霞：格兰玛弗兰在欧洲运作得好一些，赫拉在亚洲运作得比较好。格兰玛弗兰在欧洲的点和中国不一样，老外的花店和礼品店里面会卖护肤品。

这些市场并不是自己操作，而是会找代理，但最终还是由我们管控。中国的市场发展良好，但比较难以预测，多多少少会影响到我在其他地方的供货。对我来说，我希望中国市场做得越大越好，我也不喜欢经常在外面跑。

张兵武：除了澳希亚，你更多的还是作为高姿掌门人为业内所知。高姿是立白收购的一个品牌，当时怎么会考虑收购这样一个品牌呢？

陈丹霞：高姿花了我好些年的精力，是澳希亚的好几倍。澳希亚花一点力气效果就出来了，高姿是要花大力气。

其实2006年的时候立白本来不是想收购高姿，当时是奔着别的牌子去的，但没谈成。然后觉得这么多人一起出来，总要买点什么，就看了一下。当时觉得高姿这个品牌虽然不是很出色，但是团队感动了我们，有的是跟着高姿打拼了二十几年的人。我们觉得品牌有些原创的东西很好，而且团队很不错，再加上这个公司的价格很合理，于是就把高姿买了。

买了之后才发现，要让高姿品牌成长起来，所需的代价超过买它的十倍，甚至是二三十倍，投入特别大。我们因此明白为什么有的公司收购化妆品之后，做到一半就做不下去了，因为成本实在太高，而且期望值也不一样。

张兵武：高姿这些年好像发展并不是很顺利，而且立白过去也没有涉足过护肤品。怎么会让你接手掌管高姿，开始的时候不容易吧？

陈丹霞：我2008年接手的时候也是很难的，我们换了三任总经理，我是第四任。之前的每一任总经理都会带一批人来，有好也有坏。虽然前几任总经理走了，但是他们带来的人都还在，说明公司不会差到哪里去。

高姿当时作为一个经历过这么多变故和沧桑的品牌，渠道已伤得很严重，需要一位能够给团队吃下"定心丸"、能够跟团队共进退的操盘手，这不是职业经理人能给的，必须是我这样的。他们认为按照我的性格，我会坚持做下来，另外可能觉得老板的家人肯定不会做着做着就不做了。所以当时就决定由我接管。

我当时认为盘很小，不会耗费我太多精力，结果才发现我70%的精力都消耗在那儿了。去的时候快疯了，有很多事情要处理，产品研发、工厂建设、人员安顿，以及品牌梳理、市场理顺等。那时每天都很忙，感觉时间都不够用。

当时知道这条路会很难，觉得需要在内部树立信心，要花更多的时间在品牌中心。那个时候，刚刚有点名气，很多人邀请我去参加这个会那个会，还有各种局,我觉得很烦,如果要静下心来做品牌,根本没那么多时间去应酬。所以我发了一条后来被大家称为"丹霞体"的微博,然后有的朋友就开玩笑地跟一条,越跟人越多,刚好那时大家都开始玩微博,一人跟一条,把这个事都变成了大家关注的事。

张兵武:你从什么时候开始感觉高姿真正步入正轨了?

陈丹霞:到了2012年,我很清楚高姿到底要怎么走。我并不是一开始就知道,因为国内化妆品市场比较复杂,我不熟悉这个环境,需要时间。我花了3年时间才摸索出来到底该怎么做。那个时候高姿就明确下来做美白——不管是从当时的科研水平、对国家法规政策的了解,还是团队的储备和未来不可复制的竞争力以及资源整合等方面来看,高姿做美白产品才是最有优势的,虽然当时知道这条路会很难。

高姿现在的定位就是往美白的方向去发展。它现在美白产品的体量已经不错了。做了美白产品之后,不管推出的是滋润型产品还是补水型产品,都卖得特别好。在消费者心中,能把美白产品做好就是特别专业,而且我能卖得比别人贵一点点。

有几套产品是我花了好些年才推出的,不仅品质有保障,口碑还很好。在中国这样的渠道,你的产品再好也要靠店老板推,我和我弟弟就分工,我把品牌不断往上做,把品质抓好,他负责渠道。前面我花了很大精力去梳理品牌,70%的时间都耗在上海,今年开始轻松了一点,回到了广州。

高姿从今年开始发力。今年一季度又开发了1000多个网点,都是很优质的新网点。回款比去年翻了一倍以上,达成率增长140%以上。高姿从很小的规模做起,1亿元是个坎,现在处在2亿元到5亿元之间,发展提速了。

我的团队也很稳定,我这边的高管团队和原来高姿的高管团队根本就没变过,经理团队也是如此。我感到很欣慰,老板有这样一个梦想,会有一批人跟着你一起做。

张兵武:据说,你对于产品包装的选择,非常注重对环境的保护,在这方面你是怎么考虑的?

陈丹霞:之前,高姿在产品的开发上,有时候会选用一些便宜的包材,

窄门：美丽产业的活法

但我有自己的追求，经过各方面的考量，我宁愿把单价提高，也不愿意去用便宜的包材，那样对环境的伤害比较大。前期的时候，团队会有一点纠结，但现在大家都接受了。

格兰玛弗兰也是如此，它的很多东西都是可以循环利用的，比如这个套装的盒子，里面的产品用完后它就是个纸巾盒，完全不会造成浪费。包括这个赠品杯子，拿回去就可以使用。有对环境、对社会的责任感，品牌才会做到极致。

责任感不仅仅体现在环境上，还包括渠道的责任感。比如说这个品牌能走多远、你做的事情是短视的还是远视的、渠道设定的时候代理商的利润是否合理、店老板的利润空间是否合理等，这些都是我比较关注的，我觉得这是做生意的本质。

张兵武：有人会说，陈丹霞能有今天的成绩，是因为有立白集团这一强大的后盾，大树底下好乘凉，你怎么看？

陈丹霞：大树底下也死了很多品牌，有的树比我们的还大。

真正来讲，立白的资源我们也借用不上，高姿和澳希亚的代理商与立白的没有重叠，渠道与立白也是完全分开的。我之前还花了大量精力给从立白过来的人做思想工作，因为用大众化的思维做化妆品是不行的。

总部为什么一开始就决定把高姿设在上海？就是为了让它独立运作，不管谁来运作这个盘，都要抛下立白集团附属品的影子。这样前期的成本会很高，但是后期发展会很快。

其实大树也会给你很大压力。化妆品在立白集团还属于小品类，如果不是看到了潜力和爆发力，真的就要等得心灰意冷了，因为投入跟产出太不成正比了。后来做久了才明白，原来化妆品前期是很难熬的，后面就好了。

张兵武：高姿开始稳定有序发展，澳希亚各个品牌增长都不错，你现在的工作重心还是在化妆品领域吗？

陈丹霞：我现在在立白集团的战略与经营管理中心，对集团一些重大的经营管理参与得比较多。战略管理部门又分很多事业部，我是唯一一个既做战略又分管业绩的。

大企业里任何一个事业部体量都很大，动辄四五十个亿，只有化妆品是日化里最难做的，而且又是我们集团最不擅长却又最必须要做的品类，因为这是立白多元化发展与独立事业部运作的试验田。

立白集团如果要做到营收 1000 亿元，多元化发展与成功的事业部打造是我们的核心战略。

所以在未来十年，化妆品还会是我的发展重点，因为每个大的日化公司最后都要攻下化妆品这个领域。宝洁也是把日化做起来之后开始进军化妆品领域，化妆品是制高点。

窄门：美丽产业的活法

刘晓坤
构建国际品牌空间站

从职业经理人转型创业，创立婴童护理品牌嗳呵，在主流卖场对国际巨头强生构成威胁到将这个品牌卖给强生，虽然这一过程并不长，但是，很多人是在听到这桩大并购事件的时候，才知道原来还有这么一个让睥睨天下的强生都忌惮的品牌。

当很多人还在诧异这是怎么回事时，故事的主人公刘晓坤已经迅速打出一套新的组合拳，将小蜜坊、纽西之谜、亚缇克兰等一系列洋味十足的品牌引入国内。

将品牌卖给最强大的竞争对手获利套现，转而开始反向收购国际品牌，刘晓坤的做法很现实。但作为一个出生于 20 世纪 70 年代的人，这个务实的创业家心中始终飘扬着理想主义的旗帜。

其实，他骨子里很清高。

"宁要站着死，不要躺着生！"这是刘晓坤的傲骨之音。曾成功抢注世界级品牌乐高（LEGO）的化妆品商标的他一度想用此品牌名称来创业。

这种做法对于很多创业者来说不失为一条捷径，不难想象这样一块金字招牌会让刘晓坤轻松地赚到一桶金。当然这种手法并不光明，刘晓坤心里也很清楚这一点。

经过两周的思想斗争后，他决定放弃使用乐高这个品牌名称，转而启用一个全新并且看起来还有点怪的品牌名称——嗳呵。

"死要死得光荣"，刘晓坤知道自己的选择意味着前路更加艰难，但是哪怕最终失败了，做人也会十分坦然，对得住自己的初心。

刘晓坤并不讳言嗳呵这个与丹麦实施技术合作的品牌"洋身份"并不纯

粹，他没有堂而皇之地为自己辩护。"事实是怎么样就是怎么样"，这是他的态度，这种态度反而让我们看到了他骨子里的自信。

因嗳呵品牌背景受到媒体质疑，所以把品牌卖掉之后的刘晓坤决定一切要做到纯正且经得起考验。或许，正是他曾经不那么纯粹的经历，激发了他将多个纯粹的国际品牌揽入旗下的动力。

白手起家时，刘晓坤放弃了山寨洋品牌的路线，如今通过一系列资本并购，已手握多个有着一定历史积淀的国际品牌。从德国、丹麦、英国到新西兰，刘晓坤将不同国家的品牌纳入麾下，他不仅仅是要讲一个中国人买国际品牌的故事，他还掌握了最具文化承载力的资源。

德国的科技与专注、丹麦的天然与乐活、英国的传统与底蕴、新西兰的纯净与自在，这些都是他所收购的品牌最具心智影响力的元素。别人看刘晓坤买这么多洋品牌觉得他办事没有章法只图洋气，而他则深知文化才是命脉所在。

学建筑出身的刘晓坤，深谙布局、架构之道，身兼投资者与前期创业者双重角色的他正构建起一个多品牌的"国际空间站"。在这个空间站里，多个海外品牌、多方面的资本、众多具有潜力的创业人才正合奏一首中国企业的国际化之歌。

这一切呈现出纵横捭阖的气势，但我也质疑其可行性，光是人才储备这一点就是个十分棘手的问题了。刘晓坤也坦言在这方面确实有不少人表示过怀疑，但是欲成事必然要遇到各种难题，他会用大胆的创新来面对这些挑战。

对于这个愿意助人成功、真正用合作的方式吸纳人才的平台构建者，我乐见其成。

> 对话时间：2014 年 9 月

张兵武：什么时候你开始想要自己创业？怎么选择了婴童产品？

刘晓坤：35 岁的时候我突然希望有一些新的发展方向。那个时候我在丁家宜负责销售业务，丁家宜捎带着做男士产品营收都能做到 1 亿～2 亿元，

窄门：美丽产业的活法

我看到了男士护肤品市场的潜力。

但成人日化市场做起来非常累，十几个品牌天天要通过终端拦截去竞争。不过，感觉强生的人好轻松，我就想丁家宜也可以去做一个婴儿品牌。

当然，由于企业各方面的因素，最终没有去做，毕竟我也不是企业主，我就想是不是可以考虑尝试创业。

创业的话如果去做一个成人品牌，跟丁家宜直接竞争，我不忍心辜负老板庄文阳当初对我的知遇之恩，也不忍心跟昔日一起战斗的同事成为竞争对手，我觉得还是另辟蹊径比较好。

其实，我当时确实也认真考虑过做男士护肤产品，但是自己钱太少了，启动资金只有400万元，如果不能签一个有影响力的男星是没有办法做的，而这点钱远远不够，另外男人在买护肤品方面比女人要理性得多。所以，我最终决定做一个婴儿品牌。

张兵武：决定做婴儿品牌时你是怎么规划的？

刘晓坤：第一，因为强生是外国品牌，所有的本土品牌都是一上来就比它便宜，但是我认为做便宜的产品没有未来，我期望做比较好的产品，从定价上就要高于它；第二，强生是美国品牌，在人们的心中，比美国产品好的只有两个地方——日本和欧洲。但是我不可能去做一个日本牌子，于是，就做了一个有丹麦背景的品牌——嗳呵。

张兵武：面对强生这么强大的对手，你一开始信心就很足吗？

刘晓坤：一开始，我觉得这样的一个竞争对手，应该比较容易对付，但是进入后发现远远不是我想的那样。很多消费者都说没有听过嗳呵这个牌子，不敢给孩子用，这对我们来说是最大的打击。

于是我们就想着如何通过产品去跟消费者沟通，后来我们就想到了强生没有夏季产品，于是我们就逐步推出了具有祛痱止痒效果的嗳呵草本金露、花露、止痒凝露等产品，另外再推广婴儿洗衣液、湿巾等品类，逐步通过产品跟消费者搭建起了沟通的管道，产品品质也得到其认可。

当时虽然很困难，但是我们团队对创业还是有信心的，我们知道我们有一天会成功。

张兵武：在大卖场跟强生斗法资金压力大吧？

刘晓坤：做 KA[①] 卖场很快就没钱了。创业时筹集了 400 万元，最困难的时候账面上只有 7 万元，但外面的促销团队还有百余号人，一个月的费用加起来就欠了 150 多万元，家里能借的钱都借完了，我又不好去找员工集资，就天天想着到哪里能回点钱来"止血"，我甚至还想去参加《赢在中国》。

张兵武：那其实你最初是通过接触风投来融资的？

刘晓坤：尽管嗳呵 2007 年 5 月才正式问世，但三个月后，便开始受到麦星天使投资的关注。

2007 年 8 月，一个很偶然的机会，我碰到了麦星的一个天使投资者，吃过一顿饭之后，第二天早上对方就问我需要多少钱，当时我都蒙了。不过仔细想想，我们公司能够获得注资更多的还是大家理念上的契合。接下来我们要接受两个月的尽职调查。还好我们从一开始就比较规范，虽然之前没有做过生意，但都是从大企业出来的，都是规规矩矩地按照大企业的规范来操作。

当时，《赢在中国》这个节目对我影响很大。看到那些人突破层层重围拿到 1000 万元的投资，我特别羡慕，觉得他们遥不可及。

然而，2007 年 10 月的一天，我接到麦星投资的电话，那边说我们公司通过了审核，正式拿到了投资。当时我正好打开电视，看到在颁发《赢在中国》的奖项，有个人拿了 1000 万元的资金，我当时心里的感受就是"我比你牛"，因为我拿到了 2000 万元。

第二轮融资是法国的罗斯柴尔德基金，谈了近 1 年时间，在 2009 年 11 月份，钱终于到位，那时候嗳呵营收已经做到了 2 亿元规模。

张兵武：除了这些大资本，在创业的过程中还有没有其他助力？

刘晓坤：我觉得人在创业的过程中总会碰到很多的贵人，在初创阶段，曾经有一个很大的企业——台湾南六企业对我们帮助很大。这个企业是为尤

---

① KA：Key Account，关键客户。

妮佳、好奇等品牌做代工的 OEM 企业，如今已是台湾的上市公司。

我曾经告诉南大的副总，嗳呵品牌是可以战胜强生的。于是副总带着董事长过来，找来找去，竟然在一个民房里找到我。

我还记得那是一套三房一厅的商住两用的房子，4300 元的月租金。但是，当时南六企业高层很认真地倾听我们的想法，我向他们表达我们要做好的品质，要扎扎实实地从高往低做，做大的终端、主流的渠道，他们觉得我们有机会，就给了我们比较优惠的价格和好的产品。

我当时就感觉人跟人之间是存在这样的一种支持和信任的。虽然之前没有打过交道，但他们也是从创业一步一步走过来的，所以能够体会到我们的感受。

南六企业对我的尊重，让我很震撼：我感觉哪怕再小的一个企业，哪怕再平凡的一个人，都要给他起码的尊重，也许明天他们就是乔布斯。

张兵武：据了解，嗳呵只是跟丹麦的公司在技术上合作，并不是正宗的丹麦品牌，我看到网络上有人说你们是假洋鬼子，你当时心里是怎么想的？

刘晓坤：当时我最能体会像欧典地板、合生元奶粉这些品牌的感受，为此我心里很紧张，不过当时也下定了决心：要么做一个地地道道的民族品牌，要么就做一个纯粹的洋品牌。

张兵武：当时准备卖掉的时候没有跟别的企业接洽吗？

刘晓坤：跟日本、韩国、美国、国内的公司都有过接洽，从我个人的意愿上来说，我当然更愿意卖给国内企业。

在考虑收购的对手时，我们首先是想卖给家化，毕竟辛辛苦苦打造一个品牌不容易，如果卖给家化，那么嗳呵带给家化的可能并不只是一个有 4 亿元规模的品牌，更有利的是我们有一支强有力的商超团队。

国内企业想买的很多，却根本没有根据行情给出合理价格的。我曾经想，卖给国内企业哪怕低个一两亿我都能接受，但是确实没有。

国内企业根本不按品牌的价值来衡量，这让我觉得很心寒。这也是我们民族企业的一个悲哀，我们的企业为什么做不大？就是受限于企业家的胸怀。

当然，也有日本企业出价比强生高，但从民族情结上来说，我是绝对不会卖的。最后经过综合考虑，还是卖给强生合适。不过，到最后截止前，还有几家基金在盯着嗳呵，说强生万一不买了，一定要告诉他们。

张兵武：为什么卖给强生是最合适的？

刘晓坤：虽然卖给强生让我背负了一些不好的东西，但只有竞争对手才最了解你的价值，而且确实能给我和企业带来一些新的发展机会。

比如我到国外就有影响力，跟德国人、丹麦人合资，以及到新西兰去参股都非常顺利。包括我帮朋友去和一年营收近1000亿元的新西兰恒天然集团（FONTERRA）谈合作，他们集团总经理级别的人都对我竖大拇指，这让我感到很受尊重。

张兵武：你这几年陆续投资了好几个品牌，接触的资本越来越多，尤其是你有了成就之后，找你的人越来越多。你是怎么看待自己的角色的？

刘晓坤：其实有一段时间，我想去做个完完全全的投资人，也有人拉我去做合伙人，因为我对消费品这块比较熟悉，也因为我在银行干过，在财务各方面也有扎实的基本功。

但是我突然发现，如果大家都去做投资，就像今天全民都在炒房，那谁来做实体经济？如果一个国家的企业家全部变成投资家，最后演变成投机家的时候，那这个国家就没有救了。

当我突然领悟到，现在正是创业者的天堂，我的角色就变得清晰——我要做一个纽带，为投资人和品牌创始人做连接，这个角色定位非常关键。

因为大多数创始人跟我早期一样，不懂资本。有的人可能认为资本是要来跟他分羹，有些人会认为自己的事业太小不可能拿到投资，有些人想赚点小钱，前期操作不规范，埋下了很多隐患，还有些人各方面都认真去准备了，却不知道如何做一个商业计划书，如何去规划一个市场。

而我可以去做这样一个纽带的角色，我的优势在于我曾经是职业经理人，我了解职业经理人在做到一定瓶颈时，他们想要什么。其实他们要的不仅仅是钱，还想实现自我价值。

张兵武：成为纽带之后，你一步步摸索出来了怎样的投资模式？

刘晓坤：我最终敲定的模式很简单。在创造的过程中，首先我一定要有一个假想敌，就像嗳呵一样，我们把假想敌定为强生。只要我能看到假想敌的弱项，那我就有针对性了。当别人失去专业性的时候，我们就有机会做一个专业的产品。

第二个是治理结构的规范。我和别人做生意，我希望每年都有会计师事务所去审核。"亲兄弟，明算账"。如果请事务所审计，别人又会觉得我不相信他，对于算账的结果会有一些担心和顾虑。如果是资本进来就非常简单了，协议由律师签，每年的审计工作由会计师审核，这样就避免了一些初创企业的麻烦。

我的建议是大家一开始就选好一家会计师事务所，有问题就可以避免。以前我不能理解这种治理结构，后来我就理解了。

张兵武：这种投资方式，是自己先组建一个基金公司或者投资公司，然后看到项目把别人也拉进来一起投还是怎样？

刘晓坤：都是我先投。我刚讲到的这种过程和想法，有些实际上是帮忙、引导，有些就是直接去参与。我觉得人一定要在利益的驱动下前进，也希望能为行业做一些事情。

以小蜜坊为例，首先是看中了这个项目，创始人投一点钱，我投资大部分的钱。我目前都是以个人身份在投资，个人投资完以后，运作一段时间，然后再引进一个资本。

张兵武：你有没有给自己定目标，一定要做几家公司？

刘晓坤：我给自己定的目标是可以多做几家公司，可能我们不一定做得最大，但是我想做得小而美，做多个"小而美"的项目，这是我对自己的一个定位。像立白这样一年营收160多个亿的，我可能干不来，但是我干5件事，甚至10件事都能成功，我觉得这也是一种方式。

张兵武：我发现你在国外挑选的品牌有丹麦的、德国的、英国的、新西兰的，在选择时有没有一些特定的原则？

刘晓坤：确实是有原则的。亚缇克兰是环保、零排放，有机肯定首选丹麦；做无添加的话，新西兰有纯净的土壤，小蜜坊就强调纯净；而德国是以科技著称，目前百货渠道没有德国的品牌。不过很多人很信任德国的产品，将其放在百货商店会是一个亮点。

张兵武：也就是说你在选择品牌的时候会选取这个国家最核心的资源？

刘晓坤：在今年的中国化妆品大会上，麦肯光明广告（中国）董事长莫康孙演讲时提到企业精神的最高层级就是文化，那我就先从最高的层级入手，先搭一个架构，不然走到后面，会发现一个企业架构里没有企业文化会很空洞。

我们现在看到的很多品牌是很可怜的，做补水产品就去神化一种水，最终也落地不了，这样是很痛苦的。如果先将品牌故事讲好，后期就会相对轻松。

张兵武：跟外国品牌谈并购，让他们相信你、选择你，你有什么谈判秘诀？

刘晓坤：我有成功案例，首先强生是制药巨头，连强生都跟我合作，这些企业还有什么可担心的呢？所以在谈判过程中，我就有筹码。

丹麦亚缇克兰是由一个大型环保基金控股的，丹麦90%的风电行业是由这个基金投资的，他们根本不缺资金，但是以有机环保的理念去打动他们，效果是不一样的，他们就会尊重你。

我在谈判的时候给他们讲中国的故事，提到将丹麦优质的产品以及环保的理念引进中国，会对我们遭受雾霾伤害的人群的肤质有帮助，他们是很乐意的。

像新西兰的纽西之谜，他们是很有野心的，我们在谈判的时候说我们的目标并不只是中国市场。新西兰大约只有400万人口，他们跟着我们到中国一看，发现上海就有2000多万人口，这样他们的事业心膨胀起来，就愿意跟你合作。

张兵武：像你现在有这么多品牌，人家一定会觉得你不是单纯的投资者，毕竟你要协助创业者去创业，这里面肯定涉及精力的分配问题，就目前来说，你会不会觉得摊子铺得有点太大？

刘晓坤：其实很多人问过我这个问题，我去年算了一下，我在新西兰整整待了5个月。创业者会觉得我去新西兰会协助他们改造老外的思想，其实更多时候我是在家里陪孩子，然后思考。

我觉得作为企业的掌舵人，更多的是需要考虑战略。我有时候在想，我们这些团队太优秀了，我想插手都插不进去。我们现在寻找的这些商业伙伴，像朱向兵他们都是多面手。

我做得更多的是他们现在没法做到的，比如生产体系的完善、海外资源及基金资源的引入、品牌高度的定位，他们缺乏的是这个，当然实战能力他们完全不缺乏。

张兵武：你现在主要是以个人身份进行投资，有没有考虑过进行集团化运作呢？

刘晓坤：我认为集团化是一个顺其自然的过程。只有当各个品牌本身有发展需求，且平均每个品牌的营收能达到3亿~4亿元时，才适合考虑将它们绑在一起上市。在这个过程中，肯定会有人发展得快，有人发展得慢，但这都没关系。最终，是否集团化还是取决于大家是否自愿结合。

对我来说，以个人身份投资最大的好处就是虽然钱不多，但是已经拥有原始积累，过点小日子也没问题。如果能够选择几个资本一起发展是比较好的，便于协调，所以红杉投我们比较多一点。

我的心态很开放，赚钱谁都喜欢，关键是把盘子做大。

张兵武：在你的战略扩张和计划中，最难的地方在哪里？

刘晓坤：对我们来说资金不是问题，最难的是让我们团队里的每一个人都得到成长和发展。毕竟不是每个人都像我一样有把一个品牌（嗳呵）从零开始做起来的创业历程。实际上，我们现在的几个品牌都处于0到10这样一个初创阶段，所以成本消耗很大。

另一个是大家的心态管理，不可能每个人都能有真正的创业者心态，从0开始扎扎实实地去做，这也是我觉得难的地方。

张兵武：假如用5年的时间来看你的事业板块，从国际、国内的比例，或者品牌的数量、覆盖的市场，你想做到什么程度？

刘晓坤：我们每个人都想走出国门，但确实国产品牌想要走出国门困难重重。但是纽西之谜 10 月份会进驻日本的 3000 多家超市，甚至后期会带着小蜜坊一起进驻。因为这是正宗的新西兰品牌，我可以将它引入到香港地区和美国，操作方式更灵活。

说白了，就是拿外国的品牌用中国人的思维去做。目前，国外的市场竞争还比较简单，以前连进场费都没有。我们的终极目标还是想走出国门，赚外国人的钱。

从资本运作的角度来考虑，我觉得最低目标是有一家企业在纳斯达克上市，我不想在中国上市。看一下红杉投资的项目表就知道，它们投资的企业也基本上都是在纳斯达克上市，只要是红杉投的，就有这个机会。

张兵武：有没有实现目标的时间节点？

刘晓坤：5 年，其实现在已经过了 1 年，还有 4 年时间。我是以嗳呵为标杆，嗳呵用 5 年多做了 4 个亿的规模。

我们现在最起码都有钱了，有品牌了，团队也比以前强了，没道理比嗳呵成功更晚。这 3～4 个品牌，每个营收都有 4 个亿，加起来有十几个亿，肯定可以上市。不说独家上市，2 家甚至 3 家合并上市的可能性极大。

窄门：美丽产业的活法

| 胡兴国 |
创见未来

在中国美容化妆品产业，胡兴国已打破两重跨界魔咒——美容专业线跨界日化线难和代理商跨界玩品牌难——在这两条跨界之路上已经倒下一批企业，还有一批企业在艰难转身。

20世纪末，胡兴国的环亚公司是美容专业线代理界响当当的"西南王"，日子滋润，再大牌的厂家也得敬他三分。

给他带来最大影响的自创品牌美肤宝最初是走专业线的。而如今，在环亚的事业版图中，专业线已成为过去时，代理业务也将画上休止符，一个覆盖多渠道、不同消费层级、多日化品类的多品牌阵营已初具气象。

2014年，随着主打"无硅油"理念的滋源品牌在全国市场强势铺开，胡兴国正开始打破第三重跨界魔咒——做护肤品的难做好洗发水。他说自己准备好了投入10亿元去完成这一跨界工程。

在跨界的道路上，胡兴国不是没有交过学费——代理商转型之初由于受到惯性思维的影响，曾接连推出了8个品牌，到后来又不得不一个个砍掉，被寄予厚望的冠军洗面奶也折戟沉沙。好在他在收缩战线的过程中完成了意识转型，找到了企业成长之本，最终走上了稳健发展的品牌商之路，如此才有了今天让人仰慕的环亚。

"愿景"一词，英译为VISION，它本身也有视力、视觉之意。我相信，胡兴国之所以能打破魔咒，在于他将未来看得更清晰，并能为愿景作出更彻底的改变。

2011年底，已经拿到港交所股票代码、做过路演的环亚，只差最后敲钟一步即可上市。在当时股市行情不利的情况下，胡兴国毅然终止上市进程。

港交所跟他讲，只要你愿意，随时重启上市进程，三个月环亚的股票就可以进行交易。

企业家想上市，就像人要出一次麻疹一样，知道了上市是怎么回事的胡兴国对此已不怎么感兴趣，如今的他要把未来牢牢掌握在自己手中。

在走向未来的路上，胡兴国是个出色的引领者，无论事业如何发展，教师出身、创业路上曾历经艰辛的他始终保持本色，不端着、不摆谱。这么多年，大家一直追随着这位平易、有趣的大哥。

我问他为何能让大家始终跟随、不离不弃，他说："没那么复杂，真诚相待就好。"

"真诚相待"，不只是一句好听的口号，而是实际的行动。在跨界转型的过程中，环亚投资自建办事处。当办事处实现稳定盈利之后，胡兴国又将所有办事处无偿送给员工，让他们转型为与环亚独家合作的经销商。这种大哥式的江湖情怀，将更多的高端人才吸引到他身边。

楼能建多高，得看地基有多深。高效稳定的团队、亚洲规模最大的化妆品研发中心环亚研究院、行业唯一的院士工作站、亚洲第一的美容化妆品博物馆，胡兴国低调地铺下这一块块基石，悄悄地将梦想放大。

为未来奠基，我看到了胡兴国没有说出来的更具想象力的竞争空间。

> 对话时间：2014 年 10 月

张兵武：在 7 月举行的 2014（第七届）中国化妆品大会上，你提到了跨界，我觉得你其实完成了两重跨界，第一是从代理商跨界变成了品牌商，第二是从专业线跨界到了日化线，而这两方面几乎都是行业魔咒，一般很难成功，但是你却打破了这个魔咒，想听听你自己的看法？

胡兴国：首先我觉得机会更重要，我们赶上的时机很好。当初我们刚从代理商转变过来开始做厂家的时候，厂家竞争没有现在这么激烈，但现在对我们来说，再做一个公司会更难。

张兵武：但机会是相同的，很多人都是在那个时候去跨界转变，也没成功。

胡兴国：我觉得没有转变成功主要是三个方面的问题。

第一，没有用心，经销商做品牌都是顺带着赚钱，主业都在做代理。很多人想着找个职业经理人就能做成功，想依赖别人去挣钱，但自己没有全力以赴去做，这一点是很致命的。

这不是说职业经理人不好，而是职业经理人不具备很全面的能力。因为那个时候真正做一个品牌成本并不高，如果职业经理人能力全面，他自己就会创业了。当时的职业经理人要么只懂产品，要么只懂品牌，要么只懂销售，能力较为单一。

第二，转变的过程其实是需要巨大的资金支持的，跨界的时候如果没有做好准备，不知道水有多深，就很容易失败。此前很多人没有做好打持久战的准备，转变到中途的时候资金链断了，也就意味着失败了。我在转变的过程中没有赔上自己的身家性命，虽然环亚从经销商转变为品牌商去做品牌，但是代理业务还在支持整个公司的发展。

第三，意识问题和人才问题，经销商在观念上没有重新树立做品牌的意识，以为做品牌就是新上一个项目，只是找个人负责而已。没有专门的人才储备。其实经销商跟品牌商还是有很大差异的，品牌商从能力上至少包含了品牌、产品和市场几个方面，但是经销商本质上就是销售。

张兵武：经销商在转变为品牌商的时候，固有的思维仍然会起作用，你怎么去解决这个问题？

胡兴国：实际上也是走一步看一步，摸着石头过河。过去认为自己做经销商很牛，但是转过头来发现自己很多地方都不懂。

比如对产品不懂，局限就是产品；对生产不懂，局限就成了生产；对品牌不懂，还得研究品牌；对市场不懂，还要去研究市场。经销商与品牌商这两者本质上是存在很大差异的。

所以，从自己到团队的理念都要一起转变，不少人没能转变到做品牌的节奏，还在用经销商的玩法，这肯定行不通。

张兵武：在这个过程中，你有没有犯过错、交过"学费"？

胡兴国：我觉得很有意思的事情是，现在很多朋友出来创业，从经销商转变过来时，我们之前犯的错误，他们会跟着我们的脚步踩着犯，重蹈覆辙。

比如，今天大家会觉得品牌太重要了，品牌要有定位，哪怕很小，做好一个点，做好一个产品都非常不错，一个脱毛膏都能卖成老大。

但是从经销商转过来的朋友通常采用的做法是，卖不好，再出一套产品，延续的是经销商的招商思维。我们之前犯了很多同样的错误。

我曾经同时出过 8 个品牌，一个品牌赚不到钱再继续出一个品牌或一套产品。但是现在，我们出一个产品都要三思而后行，讨论之后再讨论。

这么多年，倒过来看这个过程会发现，很多后面的人真是踩着你的脚印在犯错。你指出这个问题的时候，别人还会反驳说："不是这样的，你的说法是错的，不要用你过去的眼光看我们现在的问题。"

张兵武：做代理商和做专业线的经历对你跨界有帮助吗？

胡兴国：有经销商背景的品牌，市场的经验是非常丰富的。他懂得如何搞定零售终端的人群，对品牌的玩法和打法非常熟悉；而过去做专业线，讲究的是专业，对美容知识的了解强过一般的做工业的，例如手法、产品、教育和培训等方面的知识，这些对后期工作都很有帮助。

张兵武：你是哪一年开始转型的？做得怎么样？

胡兴国：1999 年我开始做品牌。那时候人家喊我"西南王"，很牛的。主要还是做专业线，日化那个时候还没怎么做。

张兵武：那你做代理做得那么爽，为什么还要去转型呢？

胡兴国：说实在话，那时我做专业线经销商碰到了天花板，那个时候我有两个选择，如果我不来做品牌，肯定往下走开连锁。

我在昆明开过一个化妆品专营店，当时把各大商场吓一跳。在闹市区开个几百平方米的店，取名"环亚化妆品城"，后来工商局还来制止说不能用这个名字。当时各大百货公司都派了人来看，担心未来区域内的零售业态会不会发生什么变化。

当时就两个选择，是往上走还是往下走，总得把握一点东西，否则纯经销商确实有点辛苦，最后还是选择了做品牌。

现在基本上是放弃代理了,只有一个部门还在做,专业线的一些牌子,最终也都将不做了,改做自己的品牌。

张兵武:这几年从专业线转过来做日化品牌,然后成为国内品牌的领头羊,现在是什么感觉?

胡兴国:实际上我觉得做得好,主要还是抓住了机会。还好当时我们把握机会比较快,赶紧掉头转过来做日化。后来打广告,做宣传品牌,当年广告拿两三千万可以打得风生水起。

第一支广告的内容就是"争做冠军洗面奶"。我当时也很激动,因为当时洗面奶规模很大,还没有第一品牌。因为我想跳过"小日化",直接做超市。当时如果直接做一个整套的产品,可能就做成了。后来很极端地做了7种洗面奶,觉得规模够大了。

失败之后我们进行总结,发现消费者不单独买洗面奶,而是在买护肤品的过程中,顺带把洗面奶买了。

张兵武:整个渠道就这样跟着你转型了?你当时是自建新渠道还是怎样?

胡兴国:我们做品牌也有代表性。为什么经销商做品牌都很坎坷呢?就是因为本来你自己过去是做经销商的,现在转变做品牌了,谁来帮你做经销商?所以环亚很特别,弄了很多办事处。渠道上差不多90%都是办事处,有极少数几个经销商。

张兵武:办事处都是自己投资的吗?

胡兴国:对啊,最多的时候有40多个办事处,虽然比较多,但可能因为我们是农村出来的,老乡特别多,特别的放心。相同做法的在这个行业还有,比如温州人。其他人可能缺乏这种资源,缺乏信任土壤。

不过现在都送给办事处的员工了,让他们重新去做经销商,所以他们现在都很幸福。

张兵武:把办事处转为经销商,全给员工是出于什么考虑?

胡兴国:主要是后来基本上不管了,而且也实现了盈利。我这人的心态是,不是我的钱我不去赚,因为这活都是别人干的。而且前期的投入,别人早就帮我们赚回来了。

张兵武：你心态蛮不错。我此前一直有一个感觉，环亚的团队战斗力确实很强，好多都是"子弟兵"。而现在，也都是你的"子弟兵"在做代理商，这个是很多公司无法比拟的。

胡兴国：他们现在虽然转为独立的经销商了，但是我跟他们有一个不成文的约定，就是只能做环亚的品牌，不能做其他的。所以现在环亚的代理商是比较独立的，专业、专注做环亚。

张兵武：现在的美肤宝发展得怎么样？

胡兴国：我们今年正在准备"战略修正会"，是关于从2014年到2018年的五年规划，10月7日在井冈山举行，主要是对每个品牌的过去进行分析和总结，规划未来应该怎么做。

现在品牌知名度应该够了。但是确实还是缺少了一些东西，比如品牌的树立、走进百货等，这两个方面有些缺失。但是我相信经过我们的调整，在未来两年会有一个爆发。

张兵武：你说的品牌树立，主要是从哪些方面去做？

胡兴国：美肤宝过去把防晒霜作为主打产品，现在整合成一个美白的品牌，把防晒归到美白里面，属于美白类。然后整个产品和品牌形象都会重新梳理。

而且我们这些决策是基于很多数据作出的，比如说通过调研，我们发现原来美肤宝的美白产品销量其实非常大，所以我们也是顺应了这种发展的趋势。

张兵武：科研对你企业发展的实际贡献大吗？

胡兴国：我个人是非常重视科研的。第一是过去懂一点专业方面的知识，第二我始终认为产品是本，做营销策划的时候，我特别反感别人说什么"不在于卖什么，而在于怎么卖"，这完全属于忽悠嘛。但是消费者是不能忽悠的，更不要说产品出问题了，产品出问题可以要了企业的命。

未来在跟国际品牌竞争的过程中，如果科研和质量这一关过不了，那肯定会输。业界已经有很多惨痛的案例和教训。

最早在2003年我们就跟韩国研发团队建立了合作，2006年搬到现在这个地方（广州科学城）的时候，招了一批硕士和博士，建立了自己的研发团队和机构。环亚集团是行业最早做研究院的。后来还引进了很多国际化人才。我们现在的院士工作站，在这个行业是独一家的。

另外，我们还特别注重评估，从2005年开始我就跟我们的研发人员提出三个阶段的说法：一是安全，这个是必须的；二是有效，所以我们现阶段在这个环节做得特别多，除了安全合法之外，还要评估其功能是不是真正有效；三是创新和特色，搞出自己与众不同的东西，现在环亚研究院储备的技术都是属于这些方面的东西。比如我们现在搞的滋源无硅油洗头水，实际上就是一个创新的产品。

张兵武：你刚才说此前出过8个品牌，现在除了美肤宝之外，整体的架构是怎样的？

胡兴国：现在整体比较谨慎，但是今年会多出一个品牌出来。法兰琳卡会转型做精油护肤，以百货为主，现在跟新疆的薰衣草研发基地、甘肃的玫瑰研发基地签了合作协议。

而针对防晒，我们会出一个新品牌，叫作"太阳花"，主打专业防晒，主攻超市渠道。美肤宝则依旧专注在专营店渠道，其中草本系列以超市为主，只做背柜，不做货架。滋源主打天然洗发水。

张兵武：这里还有另外一个跨界的魔咒，行业内做护肤品的都不敢轻易做洗发水，不知道你推出滋源是出于什么考虑？

胡兴国：我觉得，整个泱泱中华，怎么可以没有自己的洗发水呢？然后就做了"蕾拉"，但是找不到点，然后策划说做发膜，但是发膜太小众了，也卖不出几个钱。

蕾拉做了两年了，后来认识杨建中博士，他说的天然头皮护理洗发水这个点我就很感兴趣，然后去日本考察，超市货架上全是类似的品牌，所以我就觉得机会很好。

张兵武：对市场风险有没有考虑？

胡兴国：这个东西就跟我之前从经销商转型过来做品牌一样，自己已经预备好了，环亚集团准备了 10 个亿的资金来做这个项目，势在必得，必须拿下。

张兵武：我感觉目前市场形势还可以，实际情况怎么样？

胡兴国：实际上也可以。我们是 3 月份开的招商会，6 月份才上市。产品之所以出不来，是包装和原料的问题，一些原料在国内一直买不到。现在到 9 月底，80% 的 KA 卖场渠道都已覆盖，专营店也在卖，但是两套包装略有差别。

专营店的量还有限，不过，我们现在算第一品牌了，跟小公司比已经绰绰有余了。下半年预计在专营店的回款会超过 5000 万元，KA 卖场渠道的回款目标（1 个亿）也会被超过，到 12 月份 KA 卖场系统会全面覆盖我们的产品。

张兵武：听说你们电商渠道发展得不错？

胡兴国：电子商务我们做得很牛，国货领域我们是第一家上去规范市场的，原来大家都不管，而且天猫的"1+N"模式是环亚创造的，就是指一个旗舰店加 N 个专卖店。这是第一个由线下品牌创造的线上模式。目前国货销量我们应该排在第二了。

未来电商的销售要占到总体的 20% 以上。我前不久拿到一个报告，分析未来的发展趋势，化妆品主要渠道共四个：专营店、百货、超市和电商。未来份额最少的是超市，只有 20%；百货倒数第二，大约占 23%；专营店占 25%～26%；最多的是电商，达到 27%。现在我们电商的比例大约为 15%。

张兵武：你也提到做一个品牌，要做就是大投入，保证它的长期发展。这里涉及一个资金的问题，你们前两年说要去香港上市，现在进展怎么样了？

胡兴国：目前已经停在那里了，因为我们 2011 年准备工作都做好了，路演都完成了，只剩下敲钟上市，但是当时觉得太便宜。

我们准备的时候，香港股市的指数是 24000 点，但是等到快要敲钟的时候，只剩下 18000 点，所以最终还是没有做。中介费花了 3000 多万元，连股票号都拿了。

但是我们清楚地知道上市是咋回事了，当时还到上海、北京，以及国外的英国、新加坡等地去做了路演卖股票。现在只要我们愿意去重启，基本上都可以实现，3个月就可以搞定。

我们现在的想法是还不想上市。企业发展业绩挺好，增长空间挺大，为什么要卖股份。不过也不是不想卖，只是还没有想好。

张兵武：我觉得这个市场最缺的就是产业基金，现在很多风投都不靠谱，觉得企业做得好，然后想进去沾点光，是投机性质的。

胡兴国：我原来想做产业基金，专注在化妆品领域，不做其他行业的事情。环亚的企业文化就是"专注日化、百年环亚"。做这个基金比一般的PE基金①和VC基金②更有意思，因为一般的PE基金退出是在上市的时候，不上市就退不掉。我原来想，我包别人退出，没有人买，环亚可以买。但事实上找不到合适的项目。

张兵武：有些动作就可以看出你的思路跟别人不一样，比如你最早搞了一个研究院，强化你的技术，搞了一个美容化妆品博物馆，强化你在日化产业的文化性。这些你是怎么考虑的呢？

胡兴国：建研究院，是因为我确实认为产品就是首要的，我在从云南起步时就一直这么认为。做博物馆，我最早没有想过，之前在美容美发协会里面有人说要搞一个博物馆，但是最后也没有人出钱出力，我想还不如自己搞，那就做了这个博物馆。

当时也没想着要为公司做什么事情，主要还是好玩，但是越深入就发现有些事情比较让中国人扬眉吐气。现在很多国外行业人士也过来参观，非常感慨中国的化妆品历史，那我做这个，也为自己鼓劲，为行业打气。

但是做这个事情最耗费的还是投入的精力，因为单说钱，总体上相对于环亚来说没什么问题，但是投入进去做事情，找到这些东西，梳理清楚历史文献，很烦琐。

现在，我们大概有1000多件藏品。

---

① PE基金：Private Equity Fund，私募股权基金。
② VC基金：Venture Capital Fund，风险投资基金。

| 崔京 |

如何成就第一美妆加工厂

2014年10月，距韩国科丝美诗在中国拿下营业执照整整10年。

我们或许可以用各类让人惊叹的数据，来印证科丝美诗入华10年收获之丰。但数据没有具体事例更能说明问题。

最近，一位零售商告诉我，其刚刚选择与某上海品牌合作。我说：这个牌子名气不大，你为何会选择它？答曰：它的产品是科丝美诗加工的。

正所谓：金杯银杯不如用户的口碑。

正如英特尔让电脑购买者开始关注芯片的制造者一样，科丝美诗让人们开始在意化妆品的代工厂究竟是谁——这一点显然是无法从各类数据中得知的。

2004年，崔京孤身一人来到上海创办科丝美诗中国工厂。当时，无人能够预料，中国化妆品产业即将开启一个群星灿烂的时代。

我相信，连崔京本人恐怕也想象不到，中国化妆品本土品牌的黄金时代将与科丝美诗在中国的高速成长期同步。

但毋庸置疑的是，这样一种同步之所以能够发生，在于崔京对这一市场前景的深刻洞察。当然还有他从零做起的非凡勇气。

这10年，从《大长今》到《来自星星的你》，"韩流"已经由一个高峰抵达另一个高峰。而受益于韩国影视剧在中国市场影响力的持续发酵，韩国化妆品也很受中国人青睐。

有趣的是，尽管中国人蜂拥至明洞买韩国化妆品，但中国很多本土品牌的化妆品都是由科丝美诗加工的——这意味着，本土的产品品质与韩国化妆品相差无几，而且大多源自科丝美诗同一技术平台。

如今，中国本土企业以与科丝美诗合作为荣，并且乐于将这一事实告知渠道商，因为他们深知，这将提升其在代理商与零售商心目中的分量。

作为一个典型的韩国人，已经相当熟悉中国的崔京仍保持着内敛特质。低调的他此前从不接受媒体专访，在对话中也尽量避免谈及个人的作用。

但静静地摆放在橱窗里的由上海市政府颁发给外籍人士的最高奖项——白玉兰纪念奖，对于他这10年来推动中国化妆品产业发展的成就，无疑是一种无言的肯定。

> 对话时间：2014年11月

张兵武：科丝美诗是何时到中国建厂的？

崔京：2004年4月19日，我只身一人来到中国处理公司注册的事情，到10月9日才正式拿到营业执照。但是，在4月19日之前，我每个月都会有几天过来出差，调研市场和选厂址。

张兵武：公司怎么会想到来中国发展呢？

崔京：其实很早之前，科丝美诗就跟中国的贸易公司有过化妆品代工业务的合作。1998年，一家杭州贸易公司跟科丝美诗之间发生了一点小问题。当时，我作为科丝美诗管理部的部长出差到杭州处理问题。这是我第一次来中国。

趁此机会，我就顺便去北京和成都转了转。在转的过程中，我发现，中国很少能看到化妆的女性，而当时，女性化妆在韩国已经相当普遍了。

我觉得化妆品在中国将会有很大的市场，我们应该来中国开拓市场。

回韩国后，我第一时间跟董事长汇报了我的想法。

张兵武：之后呢？

崔京：之后科丝美诗每年都会参加在香港举办的亚太区美容展。几次下来，我们还算有收获，但主要是东南亚的客户，并没有像我们期待的那样，会有很多来自中国大陆的客户。

于是在2002年，我们开始参加上海美博会。说实话，当时由于我们几乎都不会讲中文，接洽的客户没办法深入下去，业务没有实质性进展。但这种与中国大陆更直接的接触行为，让我们有机会更进一步了解中国市场，这成为科丝美诗后来正式进入中国的催化剂。

之后两年，一有机会我就到中国来，几乎将全中国的大城市转了个遍。这期间，一些在中国生活的韩国人，受他们做化妆品生意的朋友的委托，开始陆续来找我。

他们说，科丝美诗有技术，而他们的朋友有市场，想要我们技术入股，和他们合作成立公司。听到好几个这样的提议之后，我就判断，时机成熟了，是时候在中国直接设厂了。

我的逻辑很简单，既然有人想和我们合资开厂，就说明市场有这样的需求，需要我们这样的公司。

张兵武：为什么最终选择在上海落脚呢？

崔京：我们认为，既然我们是化妆品制造商，那么，制造商后面标出来的是哪里生产的就很重要。而在中国，标出"上海制造"，肯定是最好的。

不瞒你说，在我转过的城市中，上海给出的价格和条件最不合理。但我仍然坚定地选择了上海。现在回头看，仍然觉得当时的选择是完全正确的。

张兵武：当时科丝美诗在韩国是什么状况？

崔京：科丝美诗最早于1992年就开始发展化妆品代工业务了。很多现在与我们合作的客户，像爱茉莉太平洋集团和LG集团，在当时就已经开始合作了。

2000年前后，韩国单品牌专卖店兴起，又给我们带来很多机会。当时韩国的代工公司很多，但是大的没有几家，科丝美诗算一个。

虽然当时科丝美诗规模比现在小，但是因为我们在化妆品代工这块起步早，所以，在当时的韩国已经算是OEM/ODM[①] 行业比较领先的企业了。

张兵武：韩国的化妆品加工受哪里影响过吗？

崔京：主要受日本影响。韩国整个化妆品产业，有很多部分是学习日本的。

---

① ODM：Original Design Manufacturer，原始设计制造商。

张兵武：在上海建厂初期担心过没客户吗？

崔京：初期有个别小客户，比如原来在韩国买膏体的中国客户、在香港亚太区美容展发展的客户、朋友介绍的客户，但是量不大。

不过我认为这不重要。我们已经想过，既然过来开工厂，不可能一开始就赚钱，前面几年的亏损准备，还是要做的。

对于当时还不太了解中国的我来说，迅速了解中国是个怎样的国家以及中国市场是怎么回事，这个更重要。我感兴趣的是，我们的市场机会究竟在哪里，我们能为什么样的客户服务。

张兵武：从2004年建厂到现在，整个成长过程是怎么样的？

崔京：2004年4月19日，我只身一人来到上海。这一天，也是我正式在中国生活的第一天。

我们最开始的厂房是租赁的，离现在的厂区大概5分钟车程。当时签了3年租赁协议。3年快到期的时候，我们的产能已经很饱和了，必须赶紧扩大生产线。2008年，我们就搬到了现在这个地方。这块地是我们买下来的。

这几年，科丝美诗在中国一直在走上升曲线。从2004年到现在，连续10年，年增长率一直没低于50%过。

张兵武：听说业务量很少的时候，科丝美诗就对客户有甄选？

崔京：选择客户的标准，也是我们的经营哲学，这个是一定要明确的。

说实话，每个时期，找来的客户也不一样，这是正常现象。

早期我们规模不大，名气也很小，找我们的很多都是不太规范的公司。我们的人甚至会指导他们税应该怎么交，发票上的税怎么计算。如果他们坚持不开发票，我们就不合作了。我们只跟规范的公司合作。

我们明确认为，我们必须要有好的客户，才能保证我们的前途。因为在我们看来，对于OEM/ODM公司来说，既然我们没有后端的公司，那就必须要有好的客户，而我们，也一定要帮助其成功，这样才能实现共同发展，否则，我们在整个产业链中是没有任何存在价值的。

现在每见到一位客户，我会首先看他对化妆品事业有没有热情，他在化妆品事业方面有没有经验；有没有准备好，有没有成功的可能性。公司的规模倒是其次。

但是我经常会遇到这样的人，说自己赚了很多钱，现在想转行做化妆品。这个时候，我就会跟他讲："我觉得您现在还不是时候，您还没有准备好。您现在做的话肯定会亏的。您多准备准备再来找我。"

这种失败的案例我看到太多了，在韩国和中国都有。所以我一看到这样的，我就会直接告诉他"不会成功"。

张兵武：在很多人的印象当中，自己建厂并不是很麻烦的事情，为什么要选择科丝美诗呢？在这个方面你们有特别的优势吗？

崔京：的确，很多品牌公司自己有研究所、工厂、销售等完整的体系，而我们是只有研发生产的 OEM/ODM 厂。其实深入进去看，这两者有很大不同。

相比较而言，我们客户多，产品种类多。比如，一个品牌，产品 SKU 的数量最多有两三百个，而我们每个月的订单客户有 60 家左右。那么多种类的产品，每个 SKU 的原料都不一样，包装样式都不一样，要求通通不一样。

一个配方通常包含二三十种材料，一个 SKU 的包装材料大概有十几种。我们假设每个客户每年给我们下 50 款产品的订单，你可以想象这里面有多大的变数。

这么多客户、这么多产品、这么复杂的要求，用一如既往的品质一直把它维持下去，这个不是所有厂家都能办到的，非常之少。

科丝美诗的优势在于，经过多年的加工积累了很多经验，这个经验里面包括很多失败的案例，所以我们知道怎么才不会出错。

我觉得这个就已经帮助到了客户。能把"产品开发技术"和"可以大量供应的生产体系"这两者有效结合起来的，就更不多了。

张兵武：为什么有些知名品牌的企业也会委托你们加工？

崔京：我们跟欧莱雅集团旗下很多品牌有合作，比如高端的兰蔻和植村秀，走大众路线的巴黎欧莱雅和美宝莲。

除此之外，我们跟雅诗兰黛、迪奥、香奈儿等都有合作。有意思的是，他们同样有工厂，为什么还会把产品交给我们代工呢？因为化妆品产业品类众多，非常复杂，没有哪个公司在全品类上都是很擅长的，只要是科丝美诗比他们还擅长的品类，他们就会交给我们做。

这些企业每年都会到科丝美诗来验厂，能满足他们的复杂要求，也间接证明了我们的实力。

张兵武：那有没有科丝美诗不擅长的品类？

崔京：科丝美诗也有不那么擅长的品类，我们也不可能在所有品类上都做得好。

但是我想这个会由市场自动调节的，如果其他厂家比我们更擅长某些品类，客户自然会去他那里做。

比如口红和粉类产品，虽然我们也做，但是莹特丽比我们更擅长。

张兵武：如果细分一下，你们 OEM 业务和 ODM 业务的比例是怎样的？

崔京：OEM 是指客户提供技术、内容物、包装材料，OEM 企业提供生产设备及人力进行代工生产。而在划分 OEM 与 ODM 时，技术是谁的，是关键的判断节点。如果技术由代工方提供，则属于 ODM。

如果以这种标准来判断的话，科丝美诗现在做的事情，是 100% 的 ODM。技术中，配方是最重要的，我们的客户都是用我们的配方，所有的原材料都由我们采购。

张兵武：有很多企业比较成熟，清楚地知道自己想推什么产品，但也有一些企业没有这个能力，那你们会不会根据最近的市场趋势，去建议客户开发哪些产品？另外，除了根据客户需求来做之外，本身会不会有日常的研究和技术提升？

崔京：这也是最值得我们骄傲的。

我们会定期拜访客户，向他们介绍我们的新产品。我们科丝美诗韩国研发中心研究员有 110 人左右，上海研发中心有 60 人左右。

研发中心每个月能有一次新品发表会议，每个研发员都会把他最近钻研出来的新成果拿出来分享。我们允许他们天马行空地想，哪怕最后没办法商业化，但是这种碰撞一定要有。

张兵武：客户有自己的需求，你们有自己的研发方向，怎么将这二者很好地衔接起来？

崔京：双方会有很多轮的沟通。我们会帮客户分析他们的目标市场在哪里，他们目标市场的需求是什么。通过共同磋商，来决定我们要帮他们研发哪些产品。

张兵武：中国市场有哪些产品和技术是科丝美诗建议给客户的？

崔京：比如我们给卡姿兰做的 CC 霜和 CC 粉膏、奥洛菲现在主推的"六无添加"产品和丝芙兰的面贴膜产品，还包括美宝莲的眼线膏，它的容器都是我们的。这款眼线膏为欧莱雅带来了全球 4000 万支的销量。

这种例子很多。

张兵武：现在很多中国厂家会跟着韩国趋势走。如今，科丝美诗能给到中国客户这样的建议，包括科丝美诗在中国拥有今天的影响力，你认为这跟你们的韩国背景关系大吗？

崔京：我们跟韩国公司是实时沟通、实时共享的。我们会把我们所掌握到的趋势告诉客户，比如韩国在流行这个，日本在流行那个，欧美什么卖得好。同时会把样品给他看，如果他感兴趣的话，我们马上会将成型的东西给他。

张兵武：可不可以理解为，在这个过程当中，科丝美诗中国的公司跟韩国的公司也有技术上的相互配合？

崔京：是的，我们连 ERP 系统都是连通的。韩国总部也会定期出新品，我们这边给客户推荐新品的时候，会连同总部的新品一起推荐给客户。

但是我们发现中国的客户在引进新品时相对比较保守，我们推荐后，他们会说："这个再等等吧，看看韩国这个趋势能不能长久。"

张兵武：国内错过了哪些你们推荐过的潮流产品？

崔京：我记得刚开始 BB 霜没人做的时候，我拿着 BB 霜到处推荐，告诉客户这个是趋势，一定要做。

但是很多人笑话我："BB 霜是什么东西，又不是小孩子，还 BB 呢！"像这样的例子也很多。不过最近我们继 BB 霜之后又在推 CC 霜，感觉大家对这个的市场接受度比以前快一些。

窄门：美丽产业的活法

张兵武：除了对新品接受程度有差异外，韩国市场跟中国市场还有哪些差异？

崔京：我这个角色只能多谈一些技术方面的东西。

比如中国消费者更注重保湿，跟韩国消费者有很大不一样。另外，中国消费者的皮肤对有刺激的产品要敏感得多。

在口红颜色上，中国消费者不喜欢隐隐约约的颜色，他们更钟爱大红大紫等比较鲜亮的颜色。

底妆类产品，中国市场喜欢偏白的，韩国市场喜欢稍微偏暗的。对于香料，中国消费者也很敏感，他们不喜欢加香精，香味淡一些，越淡越好。

这些差异虽然只是简单的几句话，却是通过长期的经验累积才得出的，中间我们也犯了不少错误，交了好多学费。

张兵武：这些经验也会反过来帮助你们调整技术配方吗？

崔京：是的。韩国总部的配方拿过来，我们不会完全照搬，而是重新调整之后再运用到中国市场。

比如说面贴膜，它要在脸上贴二三十分钟。如果和精华相比，用一次面贴膜对脸部的刺激是精华的 5 倍左右。

因为中国消费者对刺激成分很敏感，所以我们的刺激测试一定要做。新品研发出来后，我们会招志愿者进行测试，一定要通过人员的测试后才能上市。

张兵武：有人问富士康老板郭台铭，"为什么苹果非得要你加工？"他们能做到让乔布斯离不开他们的地步。那你们怎么做到让客户离不开你们的程度呢？

崔京：我觉得其实原理是一样的。我相信我们的客户跟我再亲密、私交再好、跟我们合作的历史再长久，如果我们企业没办法再给他传递他需要的价值，我相信他肯定还是会离开我们。

我们能带给客户的价值有两个：一个是研发，一个是供应。

所谓研发，是指我们要时时刻刻领先于客户。我们的研发理念、想法、对流行趋势的把握，一定要领先客户，引导他开发更多的新品。

· 206 ·

所谓供应，是指要让客户断了"后顾之忧"，可以放心地把"后方"交给我们。而我们能按照他指定的时间、需要的数量、需要的品质，及时地将产品供应给他们。

张兵武：化妆品品质保证很重要的一个元素是配方，配方的关键是原料。但是你们不是原料商，怎么确保原料的保质保量供应？

崔京：按目前的产量情况来看，我们现在这个工厂今年产量应该是1.3亿支，韩国总厂大概超过1.8亿支。

我相信这个量在中国和韩国基本上是最大的了，目前我们用的原材料种类总数应该超过了3000种，这为科丝美诗赢得了原料厂商的足够重视。巴斯夫研发出来新原料，都会先来找我们。

当然，我们在选择原材料时，一定会选择全球最安全和品质最好的。在把它登载到我们系统内部之前，要通过很多的测试。

张兵武：作为一个跨国公司，你们这些年在跨文化的管理上有什么经验？遇到过什么困难？

崔京：我在克服很多困难时都得到了我助理（申英杰）的帮助。

的确，中韩在管理文化上有很多差异，因为本身业务体系不一样，中韩文化意识也不一样。甚至连员工的教育和培训，都跟韩国有很多不同。中国对于信赖以及是否真心，是非常重视的。

所以说，我作为一个老外，虽然跟我的员工在文化理念上有很大的差异，但是我要跟他们从心灵开始沟通起来。关于这一点，我认为他们看我的表情就能感受到（笑）。

张兵武：如今，您不但是科丝美诗（中国）化妆品有限公司总经理，还是韩国科丝美诗（株）副社长。不妨谈一谈科丝美诗集团在全球的整体表现？

崔京：我们整个集团现在发展得非常好，全球业务年增长率在20%以上。

事实上，我们集团现在不光只有化妆品加工业务，还有保健食品加工业务，虽然体量比化妆品小，但业务增长量也不错。

除了韩国和中国，科丝美诗目前在美国和印度尼西亚也都建了厂。其中，印度尼西亚的工厂已于去年投产，美国的工厂最迟在 2015 年 1 月 1 日投入生产。

在中国，我们已有两家工厂，分别位于上海和广州。上海公司员工有 1700 人，广州公司有 150 人。我们同时还在北京设了销售办事处。去年，上海和广州的销售额加起来，有 7.3 亿元人民币左右（不含增值税）。

张兵武：科丝美诗 2004 年在中国建厂，如今已整整 10 年，你如何看待公司未来在中国的发展？

崔京：我们现在就像鱼儿离不开水一样，我们任何一步发展，都离不开中国市场。我认为，往后的市场发展速度，和之前比可能会减缓一些，但是整个规模还是会继续扩大，这个是毋庸置疑的。

竞争也会越来越激烈。消费者对于产品的品质要求也越来越苛刻。另外还有一个趋势，彩妆市场的发展速度会高于其他品类。

但是中国市场有一点必须改变。同样的产品，比如这个产品 3 元成本，不考虑促销政策，中国的零售价要 30 元，韩国只卖 12 元。中国消费者要用更高的价格才能买到，况且中韩工资水平差距还那么大。

所以，我觉得这肯定有问题，是渠道的问题。也就是说，渠道目前的架构不利于消费者，为了中国消费者，这个渠道架构一定会改变。

| 沈伟良 |
欧诗漫如何用 48 年做成中国一线品牌

明代宋应星在《天工开物》下篇·珠玉中云："凡珍珠必产蚌腹……经年最久,乃为至宝。"

被视为"至宝"的珍珠,不似钻石那般耀眼,也无彩宝的艳丽,其色泽温润细腻,表面晕彩珠光隐约可见,使之呈现出浑然天成的韵味与典雅含蓄的气质,与东方美学颇为相得。

《尚书·禹贡》中记载有"淮夷宾珠",说明中国采珠历史早在 4000 多年前的夏禹时代就已开始,当时还将珍珠定为贡品。

如今,珍珠在现代商业中逐渐品牌化与时尚化,欧诗漫创始人沈志荣成功培育出中国近代第一颗人工淡水养殖珍珠,这标志着养殖珍珠产业的起步。

地处江南明珠城市浙江德清的欧诗漫,1967 年就开始养殖珍珠,到 2015 年已有 48 年历史,从养殖珍珠到开发珍珠保健品、饰品,再到化妆品,在时尚产业的渗透日益加深;而在化妆品领域,欧诗漫作为专营店渠道开山鼻祖式的品牌,早在 1996 年便开始深耕此渠道,如今根深叶茂,已成底蕴深厚的主力品牌。

过去 20 年,发展中的本土化妆品企业大多以概念营销取胜,而欧诗漫因其在珍珠领域得天独厚的核心竞争力,打破同质化竞争局面,构建了不可替代的品牌特色;更借珍珠文化、资源、技术之利,在时尚之路上不断进化,东方之珠魅力日增,逐渐融入今日新一代年轻人的潮流生活。

在中国日化产业第二次产业革命中,欧诗漫珍珠光华一度被后进品牌遮盖,甚至被同业认为过于谨慎;然而,在调整好渠道运作机制之后,惕厉自强的欧诗漫，通过与中央电视台王牌栏目《同一首歌》合作，借文化营销强势推动品牌升级，开一时之风尚。

在一步步夯实品牌的基础上，欧诗漫不断提升战略高度，大胆融入新鲜元素，为珍珠文化赋予更为丰富的内涵。与知名国际品牌施华洛世奇的跨界合作，便是传统经典演绎时尚变奏曲的重要乐章。

以创意无限彰显品牌魅力的同时，欧诗漫踏准时代节奏，紧贴粉丝经济的潮流，前瞻性地创建消费者管理中心，积极探索数字化社交媒体的应用，如今已成功地实现了消费人群的年轻化迭代。

传统经典与现代时尚的融合，犹如在钢丝上行走，需要企业品格为其平衡重心——欧诗漫总部所在地德清，得名于"人有德行，如水至清"。一方水土养一方人，此地的风土人情，加之珍珠内敛不彰的特性，塑造了欧诗漫不疾不徐、不骄不躁的君子之风，这种品质使其在品牌的时尚化过程中，将创新与传承有效地结合在一起。

对话时间：2015 年 10 月

张兵武：我们都知道，欧诗漫是一个以珍珠为特色的品牌，它的起源是怎样的？

沈伟良：世界珍珠看中国，中国珍珠始德清，德清珍珠看欧诗漫。法国人路易·布唐和日本人三轮邦彦在自己的著作中指出：中国人工养殖珍珠的最早地点在德清。欧诗漫既是古代珍珠养殖的传承者，又是现代人工养殖珍珠的开拓者。早在 1967 年，欧诗漫就开始研究珍珠，到现在已有 48 年的发展历史。在后期，它不仅在珍珠养殖，包括深加工、研发珍珠化妆品、保健品这个一体的产业链的加工上都有着得天独厚的优势，而且是中国珍珠深加工的典范企业。欧诗漫将着重定位珍珠，把这个产业链做深做透，真正做到扬珍珠文化，树百年品牌。

张兵武：目前珍珠的产业链包括哪些产品？

沈伟良：我们主要是围绕珍珠深加工来拓展珍珠产业链的。从养殖开始，接下来有珍珠化妆品、珍珠保健品、珍珠饰品。其中，珍珠化妆品销售额占到了公司销售的80%。在新的产业园内，我们规划建设一个投入超过5000万元、占地面积为8000平方米的国家级的珍珠博物院，是集文化展示和旅游为一体的这样一个产业。

张兵武：从你们的发展历史来说，最开始还是以珍珠的保健品和饰品为主吧？

沈伟良：对，我们最开始是以养殖珍珠为主的。在计划经济时代，珍珠是国家统购统销的物资，自己不能做销售，只能通过国家统购去出口。1979年，董事长（沈志荣）去日本考察的时候发现珍珠在很多深加工的产业中都有利用，包括化妆品、珠宝等。所以我们于1979年成立了第一家珍珠粉厂，并在1983年左右成立了化妆品厂。

董事长比较有创新意识，他认为化妆品是一个朝阳产业，觉得这是可以给老百姓带来美丽、提高生活品质的消费品，所以他从养殖转化到深加工，同时也成立了一个珠宝饰品厂。

张兵武：在这里，很多人都不太清楚，大家都觉得珍珠是来自大自然的，那么欧诗漫有什么技术去获得竞争力？

沈伟良：当时有几个技术限制着珍珠产业的发展：一个是当时我们所养殖的珍珠，它不是天然的，如果没有解决贝壳人工繁殖的问题，就不能实现规模化，而董事长突破了贝壳人工繁殖的技术；另外一个，就是贝壳也像家禽一样，有一种蚌瘟病，它会导致整个区域的贝壳死亡，当时我们也解决了怎样防止蚌瘟病的难题。所以说攻克了这几个关键的技术，我们的珍珠养殖在20世纪80年代初才能够大规模展开。之后，随着对亚微米粉体技术、珍珠与护肤品复配技术、珍珠多肽提纯技术三大核心科技的掌握与应用，欧诗漫就迈入了珍珠护肤的美丽殿堂，使得珍珠这一过去由上流社会才能享用的"王谢堂前燕"如今飞入了"寻常百姓家"，现在人人都能感受珍珠带给我们的神奇美容效果，珍珠的价值也开始真正地体现。

张兵武：大家听到欧诗漫首先想到的就是化妆品，把珍珠运用到化妆品领域是相当有影响力的。欧诗漫是怎样把珍珠和化妆品结合在一起的？

沈伟良：通过几十年的研究，我们攻克了亚微米粉体技术，提高了珍珠的吸收率。同时，我们也成功地攻克了珍珠与护肤品的复配问题。一般企业的珍珠粉加入护肤品是很难持久保存的，而我们攻克了这个技术难题。

现在，我们通过基础研究，把珍珠的研究提高到了分子的水平。我们把珍珠的所有成分、结构都分析透彻后，现在能够把珍珠的多肽成分有效地提炼出来，这个我们申报了国家专利，并已经将这个成分同其他成分进行复配，运用到了我们第三代美白产品当中。这么多年来，欧诗漫在珍珠与护肤品领域拥有100余项专利，其中78项发明专利，先后入选过国家863计划、国家星火计划、国家火炬计划等省部级项目10余项，在行业内处于绝对领先地位。

未来我们将会在新的产业园建设5000平方米的珍珠科学院，建成之后我们将会继续深入基础研究，包括从细胞和分子方面、功效评价方面、感官评估方面等进行研究，这个时候我们希望将技术达到国内先进的水平，并在珍珠化妆品领域成为国际领先的企业。

张兵武：一般人听到珍珠和养颜，都会觉得这是传统文化的东西。但去年你们和施华洛世奇有跨界的合作，让人感觉到能把传统文化跟西方现代的东西融合起来。你们在这一方面是怎么去考虑进行东西方融合的？

沈伟良：现在化妆品的消费群体主要是年轻消费群体，我们希望通过品牌的年轻化，能够加强东方传统珍珠文化的传承，同时进行科技与产品创新。

珍珠怎么样才能吸引年轻消费群体？带着这样的疑问，当时我们便考虑跟时尚的施华洛世奇去合作。通过合作，一方面提升了欧诗漫品牌的时尚度与国际化，另一方面，我们也能够去学习一些国际时尚巨头的创意理念和思路。

张兵武：为什么施华洛世奇会和你们做这种嫁接？

沈伟良：本身施华洛世奇在不同行业就做了很多跨界，它通过跨界，一方面增加了施华洛世奇品牌的丰富性，珍珠与水晶本身就是东西方文化的两个代表，二者的结合，是中西合璧的一个绝佳契合点。另一方面欧诗漫的整体实力和品牌知名度在快速崛起，得到了国际时尚行业的关注与认可。应该说，与施华洛世奇的合作，我们前两年就想到了，但是一直没有对接上。去年年底的时候我们对接上了，就开始合作了。我们合作的形式就是共同去开发产品，与施华洛世奇的天然宝石共同推出一个产品，打造限量版的产品去推广。

张兵武：那你觉得这种合作从实际效果上来看，对品牌有没有带动？

沈伟良：我觉得这一方面提升了欧诗漫整个品牌的价值高度，另一方面提高了品牌的时尚度。施华洛世奇毕竟是国际连锁化时尚产业平台的代表，我们双方能够很好地融合在一起，确实对我们更高层面的消费者，特别是一线二线的消费者，包括我们商超渠道的客户都产生了很大的影响，他们会觉得欧诗漫的高度达到了一定水平。

同时，从我们几十万的会员数据来看，经历这几年往时尚化和年轻化的方向的努力，我们的消费群体比我们想象的更年轻。如今我们的主要消费人群在25岁到30岁之间。而在三五年以前，欧诗漫的消费人群大部分是35岁以上的。

张兵武：你说的努力，除了跟施华洛世奇合作，还有哪些方面？

沈伟良：我们不断进行产品的更新换代，通过产品设计的时尚年轻化，以及品牌的不断推广宣传，其中包括选择合适的代言人，提高欧诗漫品牌在年轻人心中的地位。

欧诗漫的代言人最开始是伊能静，后来换了张静初，然后又换成李小璐，如今是杨颖，明显可以看出，我们在代言人的选择上越来越年轻化，通过有青春活力的代言人，带动年轻消费人群喜欢上欧诗漫。

另外，我们在推广方式上也在不断改变。现在80后、90后都比较有个性，喜欢时尚和创新，更乐于分享。消费者在哪里，我们就在哪里跟他们沟通；消费者喜欢什么样的方式，我们就用什么样的方式跟他们沟通。所以，欧诗漫在推广方式上改变了很多。

今年我们做了"全民大猜想：中国最具光芒代言人"的活动，包括我们7月28日的寻美盛典，都采取了数字化媒体的推广方式，当天晚上阅读量就超过了100万次。一个礼拜之后，我们统计的参与量就达到了2871万人次。

所以，整个互动的人群，包括点击量、阅读量，已经形成了体系化的数字营销的传播方式。

张兵武：那么，欧诗漫在优化和丰富消费者的体验方面有哪些动作？

沈伟良：首先对于消费者来说，最核心的就是产品的功效，这一方面也是欧诗漫多年以来一直非常关注的，所以我们对科研方面的投入非常大，并会持续不断地加快产品的升级换代。我们已经规划在明年更新几个系列，产品在品质上有所提升，包括我们的第三代美白产品，在功效上、安全性上都能让整个行业记住。

另一方面，我们已经成立了一个消费者管理研究中心，我们希望通过这样一个研究中心能够了解消费者的实际情况，能够进一步优化对他们的服务。我们已经建立了一套完整的 CRM[①] 系统，并将微信、微博、官网、柜台等所有相关数据都关联到这个后台。

比如消费者在微信上注册了，那么他们的所有数据都会呈现在 CRM 中。通过这个平台，我们可以在微博、微信上和消费者进行互动和交流，这一点在国内还是比较领先的。我们希望通过这样的数据管理中心，打通数据的整个链条，对消费者行为进行发现、跟踪，以便更好地进行服务。

张兵武：做消费者管理中心还是挺有意思的，现在大家都在说以消费者为中心，但是真正做到这一点的，还是很少。你们怎么会想到去做这样一件事情？

沈伟良：其实欧诗漫一直在关注消费者这一块的东西，我们规划的时间也很早，在 2013 年下半年我们就已经开始着手软件和硬件的建设，2014 年已经建设完成。

我们的数据服务器都是找专业的团队来做的，包括终端录入系统、平板 POS[②] 系统，主要是为了建立一套完整的 CRM 系统，现在这个团队已经逐步完善起来，消费者管理中心已经成立 1 年多了，已经是一套完整的系统了。

---

① CRM：Customer Relationship Management，客户关系管理。

② POS：Point of Sale，销售终端。

我们想通过线上线下的交互、数字化媒体的互动，与消费者保持很好的关联沟通。

张兵武：我们都知道欧诗漫的大本营是化妆品专营店渠道，我也想了解了解，在这个渠道欧诗漫的历史变革是怎样的。毕竟，欧诗漫在这个渠道也算是开山鼻祖式的品牌。

沈伟良：欧诗漫进入化妆品专营店渠道应该是1996年，当时我们在东北三省，特别是辽宁省试点。当时我们觉得东北的优势是温度比较低，消费力度会比较大，就选择了那里。

那时我们是分公司制，在全国有23个分公司。到1997年之后，我们发现分公司体制有它的问题。前期拓展渠道的时候，分公司速度很快，但在后期的管理上，因为体制的原因，管理人员以打工者的身份办事，比较短视和功利化。

张兵武：1996年开始做专营店渠道，那时候的专营店是个什么状况？

沈伟良：当时在东北是刚刚起步，那时候几个大的连锁店也是刚刚开单店起步，欧诗漫早期积累了许多优质的大客户。2007年的时候，我们开始调整，就转成代理制了。2008年，我们基本调整到位了。为了改变这种运营模式，我们2009年与《同一首歌》合作，在市场引起了巨大的反响。通过这样的发展，我们在专营店渠道一直深耕细作。而近几年，我们就开始拓展电商渠道、商超渠道。

我们觉得，未来品牌的高地在商超渠道，近两年已经在商超渠道投入了大量资源，发展效果也比较理想，每年以100%以上的速度在成长。

张兵武：目前电商和商超的表现怎么样？

沈伟良：在电商这一块欧诗漫发展得比较快。今年我看了天猫的数据，欧诗漫有两个月排进国货前十位。我们今年在电商领域的增长超过了80%，估计在电商渠道能够取得超过4个亿的零售额。

在商超这一块我们在上海成立了一家公司专门运作商超渠道。现在已经有1200个网点，未来五年我们要扩展到3500多家，实现全国省会城市和中心城市重要商圈的全覆盖。这些都是商超的专柜、KA的背柜、百货的专柜。

我们现在把这个作为重心，重点投入。

张兵武：我也关注到欧诗漫进入微商渠道也算比较早，而且我觉得是稳健的，跟大家所了解到的微商发展不一样。欧诗漫是怎么切入微商渠道的，是怎么发展的？

沈伟良：微商渠道推出之后是比较火，我们也一直在关注和研究。但是我觉得，微商有两面性。

它的优点是能在有效的平台传播，能够和消费者进行一对一的互动和沟通，从而把欧诗漫深厚的珍珠文化传递给消费者。但它也有缺点，因为它实行分级制的销售，渠道压货比较严重。同时，微商的货到批发市场，窜货情况比较严重，容易对渠道造成伤害，这也是我们所担心的一点。

所以，我们仔细分析和考证后，决定充分利用微商的优势，同时要规避其潜在的缺点。我们的系统就是，首先控制渠道里的压货。我们跟代理商讲不囤货，由总部分配到最终的消费端，这样的数据是真实的消费数据。此外，我们会加强对微商团队的培训。我们觉得真正要做好销售的话，给消费者提供专业的、优质的服务是基础。那么，一定要让每个销售人员都有专业的技能和知识，这样才能有针对性地去给消费者提供更优质的服务，提高消费者的满意程度，让她们成为持续购买的顾客。同时，我们把最好的产品投入微商当中，因为这是一个口碑和效益都非常明显的渠道。所以，欧诗漫能够在微商渠道持续稳定地发展。

张兵武：目前大家都知道，微商进入了一个很艰难的时期，欧诗漫作为一个比较早就进入了微商渠道的厂家，从长远来看，是怎么去定位这个渠道的？

沈伟良：微商渠道目前来看，不可能成为一个最主流的渠道，它实际上是企业的一个渠道的补充。它最大的优势就是，能够将品牌直接渗透到消费者的记忆里，对多样化的人群进行品牌推广，帮助品牌与消费者建立深度的沟通。所以我们把微商定义为一个能够持续、稳定、健康发展的渠道，能够为品牌带来正面效益的渠道，而不是制定更高销售任务、赚取更高销售额的渠道。

张兵武：樱尚是欧诗漫的第二个品牌，但总体来说主力还是在欧诗漫这一块。目前很多国内的企业在走多品牌的路上遇到了瓶颈，欧诗漫在双品牌发展中怎样去处理这两个品牌之间的关系？

沈伟良：做樱尚这个品牌也是因为我们想走多品牌路线，因为化妆品品牌的消费人群有固定的定位，发展到较大规模时，只有通过多品牌战略才能保持整个集团持续长远地发展，当时我们的第二个品牌也是为了这样的目标去设定的。

从目前来看，第二个品牌的发展也没有大家想象的这么简单。因为第一个品牌的发展有天时地利人和各方面的因素，是客观条件和时代背景促成的。第二个品牌诞生后，整个渠道、商业环境发生了巨大的变化。

张兵武：目前樱尚的发展状况怎么样？

沈伟良：樱尚的发展也走了一些弯路，还处于培育阶段。从它发展到现在，我们更专注于对零售店的服务，因为毕竟它的品牌力培育需要过程。

樱尚主要是在三、四线市场，定位于年轻人群，其花卉定位特色更加明显。另外在发展中，我们主要还是以加强终端的服务为主，培育消费人群，到一定规模后，公司会投入更多的资源。同时在终端上，樱尚没有像主品牌欧诗漫一样做大规模的品牌化运作。现在的品牌推广不像以前，现在渠道已经成熟了，推广的成本翻了好几倍，所以我们的经营策略还是主张持续稳健地推进产品，可能这样更有利于这个品牌的健康发展。

张兵武：从今年应该说5月份开始，我们得到了很多市场信息反馈，就是整个市场大环境也好，行业环境也好，都很反常。我不知道欧诗漫现在是怎么样的一个状况？

沈伟良：尽管大背景不景气，但欧诗漫应该算逆势飞扬。因为前几年我们基础做得比较扎实，今年上半年，欧诗漫回款增长了34.91%，出货增长了39.1%，达到了我们所设定的目标。

张兵武：为什么当大家都感觉到比较迷茫和困惑的时候，欧诗漫还能保持一种持续稳健的增长？

沈伟良：欧诗漫一直是一个有着长远目标的企业，我们拥有在2020年做到零售额 100 亿元，在 2030 年努力成为世界一流健康美容企业、世界第一珍珠品牌的目标，所以我们在战略上有持久的规划。

当初提出这个愿景，首先因为淡水珍珠养殖是一个具有中国特色的行业，中国拥有全球淡水珍珠养殖产业 90% 的份额，很多老外到中国来代购珍珠项链，珍珠已经成为中国的一个特色。另外，珍珠有很好的保健作用。所以我们把它定义为健康美丽的产业。我们一系列的努力，让这个品牌走向国际化。

成为世界一流的企业，让更多的消费者了解、支持珍珠产品，第一步就是我们要让企业达到一定的规模。所以，我们从基础设施做起，投资了 12.6 亿元去做生物产业园，总建筑面积为 26 万平方米。生物产业园建成之后，它的研发能力、生产能力、质量控制等都将成为国内具有标志性的一流基地和一流平台。另一方面，我们希望通过不断的技术更新，最终在国际上能够形成有优势的、有竞争力的产品，从而走向国际市场。

张兵武：欧诗漫是一个比较特殊的企业，你们也算是创业二代，那么欧诗漫若要进军国际市场，整个经营上是第二代在运作吗？

沈伟良：董事长在总体上、大的方向上把关，在运作上还是第二代运营团队在承担。未来我们将会引进更多的 80 后人才以培养他们成为管理层，保持企业持续的发展活力。

张兵武：在守业又创业的过程当中，你们作为二代有没有压力？

沈伟良：创业艰难，守业不易。当前我们要做的一方面就是回归商业本质，做好科技创新，加快产品升级换代，提高产品质量。另一方面，要把品牌做得更加年轻化、时尚化，不断创新营销方式和管理理念。

| 解勇 |

植物医生，为单品牌专卖店模式探路

单品牌专卖店这一渠道形态，无疑是当下最强劲的产业"风口"。

这一渠道形态今日之所以如此被人看好，一方面端赖借"韩流"之势在国内蓬勃发展的悦诗风吟、菲诗小铺，另一方面也因本土"探路者"植物医生的示范效应。

植物医生创始人解勇，1994年入行，在化妆品产业默默耕耘20余年，如今守得云开见月明——2016年6月植物医生的门店数达2300余家，执中国化妆品单品牌专卖店渠道之牛耳。在其低调前行的十多年里，多品牌专营店占据了大部分戏份。

风起于青蘋之末，在新趋势漫长的孕育过程中，能敏锐捕捉先机并耐心等待时机成熟者，自有过人之处。对于这类故事，商界都喜欢"天纵英明"式演绎，而创始者也乐于展示自己的"先见之明"。

解勇显然不是喜欢这种套路的人。听他娓娓道来，植物医生的单品牌专卖店之路，起初并非深谋远虑之后的主动选择，更多的是被迫无奈的战略转移，一路走，一路改，一路建设。

当初他作为化妆品贸易商，手里代理了一些品牌，在寻求转型的过程中选择走终端之路，于是开了多品牌专营店。店开得好了，难免要扩张、跨区域开店，后来与品牌方原有代理商的市场产生了冲突，他只能将品牌一个个从店内撤出。这是一种有点被动无奈却又遵循商业伦理的良心选择，而将品牌一个个撤出的结果是让解勇走上了单品牌专卖店这条道。

做单品牌连锁，很多人看中的是跑马圈地、加盟招商，钱来得快。但起步时的植物医生，担心加盟合作伙伴赚不到钱，更多的是选择直营模式，要亏先亏自己；待模式真的成熟了、盈利能力强了，才开始放开加盟。而且，最初的加盟者大都是植物医生的用户与员工。植物医生真正的扩张是在2010年以后，那时其盈利模式已经成熟，90%以上的店铺基本上都是盈利的。

无论是当初开多品牌店将品牌一个个撤出，还是后来开单品牌专卖店发展模式的选择，解勇心中始终有他者，并且将他者的利益看得很重，他会更多地站在合作方的角度去考虑问题并作出选择。在商界，这种舍弃与牺牲，必然会带来种种内心的纠结，想来自有不可与外人道的辛酸与艰难。

在被迫一步步走向单品牌专卖店的路上，解勇达到了"众里寻他千百度，蓦然回首，那人却在灯火阑珊处"的境界，发现了单品牌连锁这一模式的独特魅力。在他看来，唯有专卖店才是成就品牌的不二选择：有一个完整的店面才能给消费者完整的品牌体验，这是最关键的一件事情。

基于这一定见，解勇在身边人纷纷奔向火热的快车道时，怀抱信徒般的执念坚守一隅，悄悄地拓展植物医生的疆域。在规模不断扩大的同时，他也清醒地意识到渠道创新的优势只是阶段性的，要想建立持久性的品牌优势，必须在消费者心中占有一席之地。

用什么来在消费者心中占有一席之地呢？解勇选择了科技。这基于两方面的判断：一方面，从竞争角度来看，韩国品牌虽能领时尚潮流之先，但在科技方面并无绝对优势，这是国产品牌的机会；另一方面，华为在科技方面为国产品牌树立了榜样，值得师法。

解勇认为："科技在消费者心中是有一个强大的吸引力的，谁能在商品和科技之间挂起钩来谁就不会丢分。"因此，植物医生与中国科学院（简称"中科院"）昆明植物研究所展开深度战略性合作，持续提升自身科技含量，进而提升产品竞争力。

对于趋势，人们总会作出三种选择：等风、追风、造风。造风者最孤独，敢于牺牲，大多时候会表现得像个愚者，默默地承受，傻傻地付出，痴痴地隐忍，但其内心有天真的"相信"与"坚贞不移"；有大勇，也有大智，但少有大言；直到人们不得不注意的时候，总误会其是在一夜之间长成参天大树。

而解勇无疑就是这样一个"造风者"。

如今大风起，追风人越来越多、风口越来越大，也正是植物医生"云飞扬"的时候。解勇说："植物医生要在风口做到 9000 家店。"

对话时间：2016 年 7 月

张兵武：你原先是做什么的？

解勇：原来大学毕业，第一次创业就是做化妆品推销，投错行了。如果干房地产没准就不是今天这个样子，甚至可以很快做成很大规模的企业。

张兵武：你们是 1994 年成立，一开始就是做单品牌专卖店吗？

解勇：没有。我们企业跟中国大多数企业都是一样的，都是属于草根，大家在创业过程中第一件事情就是先生存下来，赚到钱。我们那会儿只是在北京做化妆品代理商，代理了很多品牌，现在跟很多品牌都是很好的朋友，这些品牌当年都是我们的供应商。

到 2004 年的时候，我们就发现一个问题——中国企业逐渐连锁化。原来那会儿还只是百货，到了 20 世纪末，大量的连锁店产生，家乐福、沃尔玛以及国内的各种超市系统，它们和厂家直接合作，代理商只拿到很少的服务费。

我们发现这个不是方向了，那要么做品牌，上到天上去，要么落地，做店。但我们在北京没有生产资源，所以我们还是做专营店，2004 年在家乐福底下开了第一家店，现在这个多品牌店还在，店里还有很多我们的同行，包括美即、西藏红花、美肤宝、柏氏等。

这时候又出现一个问题，我们合作的国际大卖场，觉得我们的业态很先进，就把我们东一个西一个带到其他地方去了。刚开始在北京开店，过两天在哈尔滨开了一个店，没过几天又在济南开了一个店，到处开店。这也可以，因为当时我们许多供应商伙伴连二线城市都进不了。

但过了一段时间有变化了，沃尔玛、家乐福也开始下沉了，比如在东北，沃尔玛开到齐齐哈尔，开到佳木斯，那我们店随之下沉就开始出问题了，品牌的那些大哥就开始不干了，代理商是封闭的、有保护的。我说大哥别着急,我撤。结果我们一个品牌一个品牌往回撤,同时好在我们开始做OEM,我们撤一个上一个,到了2009年品牌撤光了,结果我们就变成一个专卖店了。

张兵武: 你的专卖店那时候叫什么名字?

解勇: 叫LotionSPA。实际上这个战略形式不是一个主动的选择,包括到了2010年我们已经成为中国最大的单品牌专卖店,2013年是1000家店,到了2015年我们就超过2000家店了,包括后来和中科院合作等,都不是当时设计出来的,都是只有这一条路走,或者说有两条路可以选择,我们选择了一条认为更可行的路走下来。

张兵武: 也就是说这个市场环境迫使你们去选择这条路,那你们最初的时候都是直营吗?

解勇: 当初都是直营店,一家加盟店都没有开。我记得当时我们发展到100~200家店的时候,就开始有加盟,都是原来的同学、同事、自己的好朋友,那时不给陌生人加盟,因为担心不赚钱。其实加盟最担心的就是怕人家不赚钱,自己直营不赚钱没关系,自己赔嘛,要是加盟伙伴赔钱,那品牌又不是人家的,人家凭什么赔钱,就比较难扩张,所以就一直没有做加盟。我们真正的扩张是在2010年以后,那时我们盈利的比例已经非常高了,90%以上的店基本上都是盈利的。现在我们加盟的数量已经超过了直营,直营店铺现在差不多占1/3。

张兵武: 刚才看到你们这墙上挂着你们的目标,到6月底为止植物医生有多少家店了?

解勇: 2300家左右。

张兵武: 应该说这是我们国内做单品牌店规模最大的?

解勇: 嗯,从店面数量和规模来说肯定是最大的。

张兵武: 你如何看待做单一品牌店这件事?

解勇: 很简单,我觉得单品牌店几乎是唯一做品牌的地方。为什么我说是唯一做品牌的地方呢?化妆品渠道里,有百货、专营店(含屈臣氏)、网络购物、超市等,但你分析这几个渠道,会发现它们都很难成立品牌。

先说百货，它本身是商场，就很注意形象，需要你的时候才给你摆到很好的位置，不需要你的时候就把你摆到一边去，这是很没有自主性的，我们管这个叫渠道霸权。再看专营店渠道，你说屈臣氏能做品牌吗？我不相信。我觉得屈臣氏只能成就一个品牌，这个品牌就叫屈臣氏。

它们是渠道，是平台，它们成就不了品牌。它们能做什么呢？就是销量，作出销量也能赚到钱，但是长期做品牌，我认为这些都不合适。根据西方一些品牌的成长规律，我认为单品牌专卖店是一个很好的成就品牌的地方。

其实我们看服装行业看得更清楚，因为跟化妆品产业最像的就是服装行业，而且它们比我们行业还要领先5~10年。我们小时候去看服装店，都是一个店里有各种各样的品牌。但是你现在去看，很多步行街那边这些都没有了，都变成了海澜之家、七匹狼、耐克、阿迪达斯等，全变成专卖店了。

实际上这个道理很简单，因为只有你有一个完整的店，才能给消费者一个完整的品牌感受、体验过程，这是最关键的一件事情。

张兵武： 单品牌店也有它的劣势，比如产品的丰富度不够，这是不是制约它过去没有快速发展的原因？

解勇： 我觉得单品牌店过去没有发展，是因为其他渠道发展得太快，或者说在其他渠道里赚钱更容易。基本上广告一打，再一分销，就能卖出去了，即使消费者买不到，光这几条分销渠道就能把一个品牌喂饱了。

但单品牌专卖店不是这样的，我们需要自己找店址，做店面建设，最重要的一件事情，我们要改变消费者的习惯，这是一个最苦最累的活。所以大家都不愿意干，我们那是没办法，我们只能干这最苦最累的活，而最苦最累的活往往有一个特点：回报最慢。回报最慢，回报期也最长，但却是可持续的。

我们今天回过头来看2000多家店的积累，按照企业成长来说，我们是在1994年成立的一个企业，实际上发展速度是很慢的。现在大多数本土化妆品企业的成立时间都是2000年之后。还有一件关键的事就是入错行了，也就是说我们这帮人都是投错行的人。

张兵武：开一个多品牌店，跟开一个单品牌店，在经营上有什么样的差异？

解勇：我觉得本质是不同的。因为我们定期会走访市场，去看很多专营店，我觉得专营店这个业态，落后于单品牌专卖店，这也就是为什么像韩国、香港特别行政区有大量单品牌专卖店。

举个最简单的例子，我发现那些专营店里的老板、员工都很消极，坐那不动，当然也有那种主动去招揽顾客、服务顾客的，这相对较少。但你看单品牌店的人就不一样了，它的老板很热情，员工也很积极，愿意服务。

为什么呢？

实际上很简单，就是因为单品牌店的价格保护得很好，而专营店里的品种跟隔壁店里的品种一模一样，它只能干一件事——打折。你卖10元我卖8元，我卖8元他卖7元，打折打到最后，就没利润了，员工就拿不到工资，就会很松懈。

张兵武：我感觉多品牌店需要跟很多厂家打交道，相对于单品牌店沟通成本会更高吧？

解勇：这个是必然的。多品牌店需要采购，而我们店里已经没有采购了，我们有一个强大的总部管理连锁店，我经常把这个称为"连锁团"。连锁团的特点是拥有简单的终端，你不能让终端的店长、店员干很复杂的事情，比如让她做采购，做店面设计，做各种各样的分析，她做不到。

举个喷雾产品的例子，我们要让美容导师告诉消费者一件事情：以前的喷雾是那样的，现在的喷雾是这样的。我们只要让美容导师做这么一个简单的动作就可以了。像傻瓜相机，越简单越好管理，同时也能赚到钱，继而你的竞争力就会增强，我觉得这是很关键的。

张兵武：植物医生这个品牌是通过什么样的方式让消费者接受和获得市场认同的？

解勇：作为一个品牌我认为最重要的是根，要生根。植物如果没有根的话过两天就死掉了；相反，它如果有根的话，即使一刀砍断，之后还是会长出来，这其实就是品牌印象。品牌的根是生长在消费者心智中的，它不是仅停留在消费者耳朵里的，一定是在他（她）们心目中占据了一定位置的。

我觉得王老吉就是生了根了，"怕上火喝王老吉"。大家都知道王老吉发生了巨大的变动，从渠道、总代理到总运营公司，都发生了巨大变化，但因为它有根，所以重新组建团队、组建渠道后，它的销量迅速与加多宝持平。这个根，就是通过消费者最早的口碑传播一步步生发起来的。

我们发现这个道理以后，就很关注消费者这种心智的模式。因为我们有300多万会员，所以做会员调查非常方便。我们通过调查发现，消费者产生购买行为的原因实际上有三个：第一，他（她）首先想有没有人给她推荐，她的朋友、偶像有没有用过这个东西；第二，即使有购买理由，他（她）也要做一个尝试体验，你说得再好，他（她）也要亲自试一试；第三，试用了以后，他（她）还会挖根，消费者往往会有一个源头思维，会思考源头问题。

我们看到这个问题以后，要进行源头建设。所以在2014年，我们就和中国科学院昆明植物研究所合作。我们发现高山植物是一个很好的空档，因为高山植物在消费者心中是有认知的。

植物长到山上有3个特点：第一，光照强，营养丰富；第二，温差大，病虫害少，也不用打农药；第三，环境无污染，哪个化工厂会开到高山上去呢。所以顾客心目中很容易建立这种认知，这就是品牌的根源。

张兵武：我刚才看你们包装上，把"昆明植物研究所"打上去了，你们当时有没有觉得把这个打上去后，消费者对你们品牌的认知会更好？

解勇：我们每个月会对消费者做定期的调查，比如在调查消费者购买原因时，十个里面有八九个回答"中科院"。当这么回答时，我们就确认一件事：中科院在消费者心中确实有一种"高大上"的感觉。我们和中科院有20年的合作期限，过去我们走渠道创新，未来我们可能就靠研发了，因为渠道创新是不可持续的，它带来的红利时间并不长。

张兵武：你们除了自己有专营专卖的模式优势外，现在在品牌建设上会和消费者有哪些形式的沟通？

解勇：其实我们最大的资源就是店面，最简单的沟通办法就是和消费者面对面地沟通，剩下的我们会做很多辅助的事，比如我们会做很多工具、很多 demo（演示）、很多实验，未来我们店铺里都会有很多实验台，这样我们可以用各种化妆品来直接对消费者进行教育培训，因为这个时代消费者的主流认知在大幅提高，但对很多化妆品的理解还是不够透彻，那么我们就有义务去帮助消费者识别什么化妆品是好的、什么样的产品真正有效、什么样的产品无伤害，这种沟通非常重要。

除了这种交流之外，我们也有个性化的传播方式。举个例子，我们不会走真人秀、小鲜肉、大美女的路子，这都不符合我们的调性。像科学家，都是极其低调、严谨、内敛的，这跟品牌的个性是保持一致的。那么我们希望这些一致的活动能够聚集起来，发出力量。我们发现消费者是认同这种低调的，因为未来的市场一定是由各种细分市场组合起来的，你要能把某一个细分市场做好，就已经很不错了。

张兵武：现在说到单品牌店都会说植物医生是本土代表，但这两年大家寻求突破都会往单品牌店这个模式上去走，另外像悦诗风吟等韩系企业发展得也不错，你是如何看待植物医生的发展前景的？

解勇：我觉得真正的竞争对手就是这些韩国品牌，韩国品牌确实在某些方面做得很好，比如说品牌建设方面，我们是一路被迫走过来的，他们的品牌是主动建设出来的，是在办公室里想出来的，包括消费者环境等都是已经打造好了才推出来的。

我们呢，像中国大多数品牌一样都是一路走、一路改、一路建设的，这是个巨大的缺陷。但我们也有优势，比如我们对市场特别了解，我们也非常注重本质化的东西。

韩国产品确实非常好，包装漂亮，市场营销也做得非常好，但是仔细观察韩国产品，也并非无懈可击。

华为靠什么？靠研发、创新、硬件和消费者心智的模式。华为手机解决了一个问题，即再高端的人拿华为手机也不丢面儿，我觉得这是人家最牛的地方。消费者心中实际上还有空间，苹果还没有完全被认同，这一空白就被华为给占掉了。科技在消费者心中有一个强大的吸引力，谁能在商品和科技之间挂起钩来就不会丢分。

我们之所以在研发上投入这么大的力度，正是因为华为给我们指明了一个非常好的方向。也就是说，消费者是认可科技含量的。

张兵武：目前植物医生有2300多家单品牌店，是国内数量最多的，可能第二名和你们隔得也很远。那么，你们在这种格局下未来总体的方向是怎样规划的？

解勇：中国是一个非常庞大的市场，我还是那句话，能把一件事干好就很不错了。这块市场的空间，我认为正常来说，植物医生做到9000家左右都没有问题，只不过我们要解决的是融资、科研、产品创新、内部管理等问题。

还有刚才说的赌一头，就是当科研有一定高度时，它会带来下一个快速成长期，这块市场竞争我相信会越来越激烈，但是细分市场有个特点，就是老大吃肉，老二连汤都喝不上。消费者能记住的就是老大，尤其是一些成熟的品类，在决定购买权时，大多数就一个东西。

张兵武：你刚才提的9000家是基于什么来判断的？

解勇：我们还是参考服装行业。中国还有大量的单品牌服装店，其中很多都开了上万家分店，而且它们所需要的消费群体数量是远远多过我们的，但它们消费频次低，一个人买运动服一年能买多少套？一年两次差不多了，而化妆品一年消费4～5次很正常。如果消费者群体的需求量没那么大，你就可以考虑开一个店。

所以我从这点就相信：第一，我们的店面数量还会有巨大的增长空间；第二，我们前段时间去宁夏步行街调研发现，我们在三年中从1家开到了5家，原来那些专营店开到二三十家的，现在变成了10家，此消彼长，但总数是动态固定的。我们假设实际上是上万家的，但保守一点就9000家吧。

张兵武：做事情还是需要钱，谈钱就会谈到资本，你们现在在资本化的运作上有没有一些动作？

解勇：去年，我们确实接触了很多资本，在接触资本的时候我们的第一需求不是钱，而是资本能带来什么资源，我们都是谈钱以外的事。后来，我们引入了前上海家化总经理王茁的磐缔资本，他现在是我们的股东，他能给我们带来未来的品牌建设、品牌竞争力、国际视野等方面的东西。

张兵武：单品牌店是一个风口，但是我相信这个风口一定也会有人摔下来，因为毕竟市场容量有限。你认为在开单品牌店方面有哪些经验和教训是需要去关注的？因为很多人会觉得这个事情很简单。

解勇：第一就是战略定力，看你能否持之以恒，这是非常关键的；第二就是多给自己一些时间，别着急，把速度放慢一点，先别喊着口号说什么三年要做1000家，五年要做10000家。

比如说十年做1000家，20年做10000家，我相信肯定能干好。人都有一个特点，往往高估自己的短期能力，低估自己的长期能力。你只要下决心干了，别着急，肯定能干好。

范展华
诺斯贝尔，跑出中国智造"加速度"

当被问及达到 1 亿元、10 亿元、20 亿元这三个收入量级分别是哪一年时，诺斯贝尔创始人之一、行政总裁范展华毫不犹豫地答道：2009 年、2015 年、2018 年。

然而，被进一步问到今年（2021 年）能否突破 30 亿元时，他面带微笑却很谨慎地表示不能回答这个问题。

很显然，于他而言，这并非一个难以回答的问题。出于众人皆知的上市公司纪律要求，刚刚接任青松股份总裁并代行董事长职责的范展华，对此类问题只能三缄其口。

从 1 亿元到 10 亿元用了 6 年，从 10 亿元到 20 亿元用了 3 年，按照这种速度，诺斯贝尔在本年度达到 30 亿元的销售体量并非难事——诺斯贝尔上一年度的销售收入为 26.7 亿元，距这一目标仅"一步之遥"。

数字虽不能代表一切，但足以表明诺斯贝尔是中国美妆制造的隐形冠军与无冕之王。

中国美妆产业综合产值逾万亿，大部分产品由遍布全国尤其是珠三角的代工厂生产——近些年国产品牌的快速崛起，离不开这些在幕后鼎力相助的工厂。遗憾的是，国内美妆工厂虽多，但"名厂"却不多。

如今，与华为、腾讯等知名品牌共同入选 2020 年度（第一批）广东省重点商标保护名录的诺斯贝尔成了其中一张金灿灿的名片。

无论是市场表现，还是社会荣誉，均表明诺斯贝尔长期坚持实施的工厂品牌化策略成效显著。

诺斯贝尔这块金字招牌最重要的心智认知，是其与面膜这一品类之间的高度关联。作为全球第四大化妆品 ODM 工厂，诺斯贝尔以 650 万片以上的面膜日产能在该品类市场位居第一，是当之无愧的面膜代工之王。

面膜的关键要素是基布，作为中国首家自产面膜无纺布的化妆品工厂，诺斯贝尔在这方面无疑具备先天基因，不仅可以进行面膜无纺布的创新，还可以自主研发创新、自主生产。

2013 年，天津工业大学纺织专业毕业的范展华率团队推出天丝面膜并一炮打响，也让天丝面膜品类大热出圈。

在国内面膜市场快速发展的这些年里，诺斯贝尔持续投入制造与研发升级，不仅在技术层面具备纳米静电纺丝量产化这样全球领先的硬实力，更在品类上不断创新迭代，建立了系统化优势。

与此同时，诺斯贝尔通过持续的专业传播与输出，将生产优势、研发实力与创新成果凝聚并体现在工厂品牌之中，有效地提升了市场认知。

因此，诺斯贝尔虽然不做自有产品品牌，但其塑造自身工厂品牌的意识与能力，对其 ODM 业务是一种有力的加持，有效地推动了其从制造到"智造"的嬗变，因而在领先之路上越走越远，也越走越快。

一个品牌一旦成功占据某一品类认知，便能产生强大的光环效应，将影响力辐射到周边品类。深知品牌之妙的诺斯贝尔成功地放大了这种效应，其护肤品、湿巾以及婴童护理品也被越来越多的客户所选择。如今，诺斯贝尔的产品已进入全球 40 多个国家和地区。

2019 年 4 月，生产加工松节油的青松股份以 24.3 亿元完成对诺斯贝尔 90% 股权的跨界并购，一年后又收购了剩余 10% 的股份——当年化妆品业务业绩超出青松股份原有主业，这无疑从侧面反映了诺斯贝尔的发展潜力。如今，范展华由被收购公司的负责人成为上市公司的"当家人"，这种角色转换无疑意味着诺斯贝尔将在更高的资本平台上布局未来。

对话时间：2021 年 10 月

张兵武：范总现在已经是青松股份的行政总裁，之前您一直负责诺斯贝尔这一块，您在担任新的职位后，工作的内容有什么不一样？

范展华：以前是子公司的一名管理人员，目前等于是整个上市公司的CEO，所以工作内容肯定会有一些变化，但是诺斯贝尔还是公司的主要业务，这个其实也是总公司看好了化妆品这个行业的发展。

张兵武：除了上市公司很看好你们，业内也知道诺斯贝尔在化妆品加工这块业务很强，但是到底怎么强，它的业务在业内是一个什么样的概念，您可以和我们介绍下吗？

范展华：诺斯贝尔在国内的排名应该在最前面，国际上也差不多排到第四名。我们2020年销售额是26.7亿元，2019年也有差不多22亿元。目前有4亿~5亿元的销售额出口，整个俄罗斯的面膜大部分都是我们诺斯贝尔做的。

张兵武：我们这整体业务当中，哪些品类的表现在业内比较突出？

范展华：可能业内认为我们主要以做面膜为主，给我们贴了一个标签，但实际上一直以来除了面膜之外，我们也有其他的护肤品，以及一些湿巾，包括婴儿湿巾、卸妆湿巾等，现在其实面膜占我们40%左右的份额。因为我们从2004年开始就做面膜，虽然也做一些护肤产品，但是面膜这个版块，它的增长一直是比较快的，特别是从前期来说。最先开始切入面膜赛道是1998年，当时发现很多人用无纺布做面膜，然后那时候刚好也有一些客户看到面膜这个市场的前景，所以我们从那时做到现在。

张兵武：您记不记得诺斯贝尔销售额突破1个亿、10个亿、20个亿大概分别在什么时候？

范展华：好像是2009年突破1个亿，2015年突破10个亿，然后到2018年达到了19.7个亿。特别是2015年之后就加速，三年增加了快10个亿。一部分是因为我们工厂品牌化策略起了作用，另一部分是因为本身企业的研发、创新、管理是一个综合工程，不是说做成功了某个点就可以，而是要整个方方面面都要做得好，才会成功。

张兵武：2014年，诺斯贝尔推出天丝面膜，天丝面膜开创了面膜轻透隐形的一个时代，那是不是这个品类现在还是往这个方向去发展呢？

范展华：现在其实有点不一样了，因为随着消费者需求的多元化，一开始大家追求面膜非常薄非常透，但是到一定程度后，也不一定非要说面膜特别薄特别透，只要面膜是足够柔软的、服帖的、舒服的、透气的、能够承载足够多精华量的，其实这些都是可以满足消费者需求的。

这几年面膜创新的方向也体现在方方面面，一方面，诺斯贝尔在微乳包裹技术上实现了很多突破，另一方面我们在原料上也创造了一些剂型，比如果冻质地的面膜。其中有一款叫"空气感天丝"的面膜，它既透气又有厚度还有相当的绵柔感，相当于乳液精华的使用体验；还有像奶皮一样的非常贴脸的超细纤维面膜。

张兵武：面膜的创新，除了产品研发品质要做到位，后期的市场培育和推广是不是也要做很多工作？

范展华：从消费者认识这个产品、选择这个产品、使用这个产品到后来复购这个产品，其实是一个系统工程，包括一些品牌的因素、使用感受，它是综合考量的，所以我觉得以后面膜的发展除了多元化之外，还会有其他更多的可能。包括可能慢慢向高端市场迈进，增强品牌的影响力，会往这方面去发展吧。

张兵武：您说的这个问题也是同行比较关心的一个问题，您说会往高端品牌力这个方向去走，其实这些年是面膜价格战打得最厉害的几年，您是如何看待这个问题的？

范展华：我觉得任何一个品类都会经历这样一个过程，起初消费者觉得新奇而关注产品，然后产品快速发展，慢慢产品变多后，竞争日趋激烈，直到进入混战，最后慢慢又开始回归理性，呈现不同的梯度，进入到一个比较良性的发展阶段，但毕竟消费者使用面膜的习惯已经培养起来了，面膜的市场容量已经在那里，这个才是重要的。

张兵武：因为你们是工厂，然后也会和品牌去做交流，今年会重点推荐什么样的品类，在这种情况下品牌也会思考、担心这个品类的前景，在这种情况下，诺斯贝尔是根据什么去向客户做推荐呢？比如说像市场调查，抑或是有什么样的东西来支持我们去做这些事情？

范展华：诺斯贝尔专门有个团队去分析这个数据，然后把这些数据分享给产品团队和研发人员，这些人再根据这些数据去指导创新产品，当然，诺斯贝尔本身拥有很多客户群体，客户结构又有不同的梯度，不同的国际品牌、国内品牌、新锐电商或者是地面店，这些客户本身就是一个数据库，跟不同的客户去沟通交流获得的信息，加上诺斯贝尔本身就是个信息汇聚的平台，使得诺斯贝尔对市场拥有一定的发言权。

张兵武：有很多工厂可能也会担心，给客户很好的产品，客户不一定能推得好，所以诺斯贝尔会给客户提供一条龙服务，是不是基于这种考虑？

范展华：现在做工厂也好，做什么都好，其实更大的程度是为客户赋能，为品牌商赋能。帮助客户快速选好配方，选好品牌的卖点，背书或帮助客户找到一些包材，帮助品牌商更快地做决策是我们一直都在做的事情，这也要求我们不断提高诺斯贝尔的服务水平。

张兵武：大厂每一年、每个季度都会主推一些产品，因此好多品牌商和大厂合作的时候会担心，那就是产品的同质化问题，这个您怎么看？

范展华：其实我们一些原料的概念、卖点或是一些配方结构，还是可以作出很多差异化的产品的，因为毕竟是不同的品牌，品牌本身的风格、设计就是一个差异化的存在，所以不用担心产品同质化的问题。

张兵武：这些年新兴渠道成长性比较好，包括直播、微商，有一些品牌也在这些渠道中成长起来，诺斯贝尔在这块业务进行过布局吗？对于这些企业的数量又是怎么考量的？

范展华：其实这些品牌也非常注重产品的品质和产品的体验感，对成分也有比较高的要求，并且在努力解决一些消费者的痛点，我们之所以和很多新锐品牌合作，正是因为比较看好这一块的业务。

张兵武：那可以将诺斯贝尔看作化妆品行业的富士康吗？

范展华：我觉得这样类比也没错，只是我们更重视在配方、原料这方面的研发及对市场的把控，我们不仅仅是一个简单的代工厂，也是一个化妆品的设计制造商，相当于诺斯贝尔拥有很强的化妆品品类研究能力。

张兵武：基于新的监管，诺斯贝尔在这一块有些什么新的动作或比较大的举措吗？

范展华：诺斯贝尔会毫不犹豫地去满足新规的要求，无论是配套的法律人员，还是功效检测的团队。在将产品送到外边去做功效评价之前，公司内部的功效检测团队要自己先做一遍检测，看一看哪些配方组合能够满足这个功效测评的要求并把这些数据记录下来。所以说诺斯贝尔起码会从法规的角度、功效的角度、原料的角度入手，将其研究透彻了以后，再做产品，这就是我们做产品的门槛。

张兵武：这两年行业还面临一个比较大的问题，那就是疫情。许多品牌、工厂受到很大的冲击，诺斯贝尔作为行业的领头羊，市场反馈如何？

范展华：对我们来说没有太大的影响。我们去年还在增长。

张兵武：虽然诺斯贝尔是本土市场第一的制造企业，但是诺斯贝尔在国内也面临着一些国际加工型企业的竞争，这块是怎么思考和应对的？

范展华：你只有一个选择，做好自己，对整个产品进行创新，将品牌力提高，将产品质量做到最好，这样就可以了，剩下的留给客户自己去考量吧。

张兵武：您现在作为上市公司的行政总裁，同时也管理着诺斯贝尔，您可以说下对明后年或是未来三年的愿景吗？您觉得诺斯贝尔的发展应该是怎么样的？

范展华：我的想法其实比较简单，诺斯贝尔还是比较稳健地用产品的创新和研发服务好我们的客户。我们的业绩会同步不断增长，在行业的认可度也会不断提高。

| 下篇 | 连线

| 史学东 |

天玺国际高质量发展的底层逻辑

管理学大师吉姆·柯林斯在其代表作《从优秀到卓越》中提到：刺猬无论遇到什么天敌和多么复杂的危险状况，总能采取最简单的策略，把自己蜷缩成一个带刺的圆球，结果屡战屡胜。

这种把复杂的世界简化成一条基本原则，发挥统帅和指导作用的理念，就是"刺猬理念"。吉姆·柯林斯认为，那些能够持续突破并进入卓越行列的公司都奉行着"刺猬理念"。

天玺国际（简称"天玺"）的成长史无疑暗合了这一理念——从思维到实际经营，始终聚焦高质量发展这一路线。用其创始人史学东的话来表达，便是其言间反复提及的"底层逻辑"一词——一个人的语言往往定义着一个人，尤其是他的常用语，这一点在史学东身上表现得十分明显。

"高质量发展"如今是个时髦的词，但用在史学东身上却没有赶时髦的嫌疑——他日用化工专业毕业后进入小护士公司从事品质管理工作，这既决定了他的职业习惯，也为日后天玺的发展植入了基因。

这一点在天玺的选址上便开始体现出来——在黄埔科学城建厂，选择与宝洁、安利等国际巨头，以及正在崛起的环亚、蓝月亮等本土优质企业比邻而居，正出于"取法乎上"的考量。虽然环境不能决定一切，但对于天玺成长路径的深远影响却是无疑的。立足于这一智能制造的产业高地擘画企业发展蓝图时，必然会更多地以优质品牌为期望。因此，在这里走出一条重视品质与技术的发展之路，就在情理之中。

作为底层逻辑的关键因素，工厂品牌化策略驱动天玺走上了具有鲜明风格的发展之路——从"鲜活化妆品定制专家"的定位主张出发：一方面，天玺在原料端注重融合原创天然新材料，持续强化核心竞争力；另一方面，在研发端整合高端人才，建立博士后流动站，打造科研高地。

在复杂多变的市场中，致力于走向卓越的企业总是会回到"底层逻辑"层面进行思考与选择——对于天玺而言，以输出优质产品为归依，将品牌、原料、研发等要素有机融合在一起，已成为其高质量发展模式的"内置程序"。这也是其在当下快速洗牌的大环境中能够逆势崛起、稳健成长的关键。

> 对话时间：2021年12月

张兵武：能否讲述一下您最初创业的经历，您是如何进入化妆品行业，创办天玺的？

史学东：我算是误打误撞。当时来广州上学，原本想学涉外企业方面的知识，但是被调剂到了日用化工。1997年毕业之后进入小护士公司做原料检验。在小护士公司做了差不多两年之后，我又回到了读书时所在的广州，在广州一家做日化渠道的公司做生产管理和品质管理。

第三段就业经历是在天河区的一家化妆品工厂做厂长，做了三年厂长之后，又去做了半年的销售总监。可以说那些年的工作经历，将化妆品产业链从原料、生产到管理、销售的各个环节都接触过了。

2006年，我自己出来创业，创办了天玺，到现在已经有15年了。

张兵武：当初创业的初衷是什么？

史学东：回头来看的话，其实我创业的初衷就是想着年薪能有10万元。90年代我读书的时候，家境比较差，都是借钱读书。所以当时一心想着有个好的收入，让家里人能过上好日子。这就是最初一个比较朴实的目标。

我自己是做品质出身的，有一种工厂思维，相对比较保守。创业时，我的主要思想就是有多大能耐就干多大的事。当时成立天玺，我只有一万块钱的投入资金。天玺刚成立时其实是一家贸易公司，没有工厂，当时起步时的想法是先有更多的客户再来做实体。

之后，我们于2009年在天河区创办了工厂，2015年又搬到黄埔区直至今天。

张兵武：这期间有没有让你印象深刻、触动比较大的事情？

史学东：触动比较大的是我创业顺利的原因，一方面是有贵人相助，另一方面是，我创业的时候，就定了一些自己的底层逻辑。

第一，由市场去决定天玺存在的价值。不需要通过一些特定的关系，而是要有产品和服务。

第二，不允许任何一家客户独大。一家客户独大就会让公司发展出现短板，所以天玺到现在为止，客户遍布各个渠道，产品品类也均衡发展。

第三，有所为有所不为。天玺到现在这么长时间，主要定位是做高端护肤。这与我的职业积累也有关系。入行以来，我一直从事护肤领域，包括功效性护肤和基础护肤。我做的事情，要按着我的调性，朝着我最擅长的方向去做。

所以这些年，非护肤领域的一些风口，无论多火，我都没有去做。这是我认为天玺到目前发展得比较顺利，最核心、最重要的一个原因。

张兵武：在广州，化妆品生产企业一般都会选择白云区，天玺为何会在2015年选择搬迁到黄埔区？

史学东：对于天玺来说，创业的前十年是求生存，后十年是求发展。搬迁到黄埔开发区，是想要到一个有众多优秀企业的地方去，因为跟优秀的企业在一起，总有一天，天玺也会成为优秀的企业。

毫无疑问，我国化妆品产业配套、商业氛围最集中的地方确实是白云区。但我的观点是：白云区是一个适合赚钱的地方，机会多，但同时机会一多的话，就很容易让企业忘记初心。相比之下，黄埔区适合做事，能够让自己静得下心，能够意识到自己还有很多不完善的地方。

我们纵向来比，第一代宝洁、安利、高露洁，在化妆品领域绝对是全球性的优秀企业，第二代像环亚、丸美，也是国内本土顶尖的品牌；我们横向去比，比如益力多、统一、广本，都是世界知名品牌。这些优秀的企业都在黄埔区。

相比之下，我们天玺还是微不足道的，只有和这些优秀企业在一起，我才能不断去成长，不断地完善自己。这是我在黄埔区落地的最主要的一个初衷。

此外，这里的同行非常开放。大家聚在一起的时候，没有太多所谓的纠结的东西。营商环境也非常好，只要企业合规合法，政府就会尽力扶持。所以我们也希望天玺能够成为黄埔开发区的第三代美妆明星企业。

张兵武：从企业的内部经营和自身的进步方面，您如何看待天玺搬迁到黄埔区的这几年？

史学东：我管这叫作自我革命。从内部规范性经营，到流程的优化，再到组织能力的打破再造，我认为我当时已经有这样的一个定力，来黄埔革我自己的命。

这五年，是天玺十几年来，组织自我迭代进化最快的几年，特别是最近两三年非常明显。我们能够做一些传承，能沉淀下来。

张兵武：天玺的整体定位是什么？

史学东：我们的定位和企业的价值观是一致的。我们的价值观一个是创新，一个是务实。创新就是在产品品类上、在服务上创新。务实就是做一个落地的工厂，把产品做好。

天玺这些年一直从事护肤，一路走到现在，我们总结出一条：护肤也要有功效。所以我们提出了新的主张：功效性化妆品专研。我们的使命是：让美更自然，更健康，让生活更美好。

让美更自然，就是 clean beauty，这应该是整个行业都在践行的一个目标。让生活更美好的第一点：让天玺和天玺的合作方能过上美好的生活。第二点：广大的消费者通过使用天玺出品的产品，能够变得更加自信、颜值更高、皮肤更好。如此一来，生活就会更好。

张兵武：天玺在提出功效的同时还提出了"鲜活"的概念，如何理解"鲜活"？

史学东：鲜活，我的理解就是生命，万物皆有生命。皮肤是人体最大的一个器官，是有生命的。我们使用的化妆品中的每种原料也都应该是鲜活的，有生命的。只有有生命的东西，才能够产生 1+1>2 的效果。

鲜活的体现主要是安瓶，我们专业领域有一个词叫"效阶"，安瓶在绝对密封的状态下，效阶的退化是最慢的，能最大限度保证成分的鲜活。安瓶的推出推动了行业功效性的变革。

另外，今年我们提出了一个新的主张：婴童级护肤，也是从鲜活化妆品中演绎出来的。数据显示，很多成年人在使用婴童专业的护肤品，因为大家普遍认为，婴童的产品更安全，更鲜活。事实上也是，婴童产品要求很苛刻，上市之前必须先做11项的独立测试，成人护肤品没有这个要求。

我们认为成人的化妆品也应该追求极简。现在敏感性肌肤的比例非常高，我们常规认为的过敏原，有合成香精、防腐剂，但实际上，原料的级别不够也会导致肌肤过敏。

所以原料的级别是影响产品最终结果的非常重要的要素。我们的宗旨是采购的每一款原料都必须有章可循。我们会对原料进行检测，看是否跟我们设定的产品开发要求一致。

张兵武：如果遇到要求将生产成本控制得很低的客户怎么办？

史学东：这种情况也有，但我们认为，企业之间的合作，合适才是最好的。如果大家在成本、售价上面，匹配差异太大，那就没办法合作。天玺一开始做的就是属于中高端的产品，我们整个供应逻辑跟低端的供应逻辑是不一样的。

天玺坚持中高端，不会以工厂的规模来作为终极的追求，我要把天玺打造成为一个以研发为驱动的品牌。

张兵武：在打造技术驱动型企业时，天玺都做了哪些工作？

史学东：我们从去年开始布局基础研究，也是顺势而为。去年国家酝酿原料的备案制，之前审批制门槛太高，化妆品新原料更多的是国际巨头，民营企业基本没什么机会，实力达不到。如今国家开放备案制，其实也是在鼓励我们本土的化妆品企业多投入资源去做技术研究。

今年我们也成立了两家公司，专注于原料上游领域。一家位于广州，叫天然（广州）新材料研究发展有限公司；还有一家在神农架，叫佰草花。神农架是我国生物多样性方面的一个宝库，它还没被完全开发。神农架本身也想发展当地的经济，政府对我们也是非常支持。能够把神农架独有的物种市场化，对于神农架来说，既可以加大神农架的影响力，又可以转化为经济效益。

窄门：美丽产业的活法

张兵武：天玺是如何布局神农架这一块的？

史学东：我们目前已经在做技术研究了，并且在技术研究的基础上，已经将几个品种应用到了化妆品中，这几个品种都是神农架独有的。

第一个，我们将神农红茶作为化妆品原料，对其进行发酵处理，同时还使用绿茶。然后我们现在正在把神农架本土的矿泉水应用到化妆品中。神农架的矿泉水有一个独特的元素——锶元素，我们现在正在对其进行评估。

我们就是通过这些打造天玺的技术壁垒。其中有两个契机：第一个契机是原料从审批制改为备案制，门槛降低了。第二个是法规要求配方公开。配方公开有可能出现泄密，这对企业来说是很重大的经营隐患。我们把原创的原料应用到天玺的化妆品中去，就能建立自己的护城河。

张兵武：天玺的团队建设是怎样的？特别是技术团队方面建设是怎样的？

史学东：我们本身就是国家高新技术企业。去年我们引进了华博生物制药研究所和博士后工作站。

像我们这次刚申请下来的美白祛斑特证，专利就是我们跟广东药科大学联合研发出来的。这是通过中草药的组方形成的专利，用专利再来申请特殊用途化妆品。所以我们最新出来的这三个特证叫作双证。

现在很多美白祛斑的特殊化妆品，更多的是西方的理论基础。我们一直在思考，我们中医文化历史悠久、博大精深，是不是可以应用中医的理论基础来建立一套化妆品开发逻辑？

我们中国的化妆品行业起步较晚，不同企业之间的实力、资源投入、法规方面的差异较大。但我认为假以时日，中国肯定会有一些化妆品企业或者一些化妆品产品，以中医的逻辑来构建产品。

张兵武：天玺在新兴渠道方面的渗透和布局有哪些？

史学东：我给天玺的定义不叫工厂，作为化妆品企业来说，天玺不是传统意义上的工厂，天玺是一个有营销逻辑、营销思维的品牌。天玺是有营销属性的，会重点站在品牌客户的位置上去思考市场消费者的需求。这样的话才有出路。如果天玺不故步自封，能够顺势而为，那么它就会一直存在下去。

第一，美妆这条赛道，它会随着消费者生活水平的提升，不断放量。化妆品随着人类文明的发展在不断地放大消费量，我们这个行业有可预见的未来，是永远的朝阳产业。

第二，科技不管如何发达，都不会颠覆化妆品的存在，这个行业具有不可替代性。

我认为这些要素是不变的，变的是渠道、消费者喜好、消费习惯、消费场景。因此，天玺只要去触达到这些渠道，就能够洞察到这些渠道背后的消费者，我们的价值就还在。

所以各个渠道的介入和参与是天玺必须要去做的一件很重要的事情，是天玺能够保持价值，能够持续性生存的一个最核心的行动。作为工厂生产方、产品提供方，不可能脱离渠道。

张兵武：近两年疫情对行业的影响非常大，天玺的状态如何？

史学东：对于天玺，我们原本在这两年里抱有很高的期望，因为我们整个系统，整个地基从营销市场端直到研发端、供应链端，整个服务体系在这两三年已经有一个非常大的完善和跨越。

这两年疫情防控期间，天玺虽然在业绩上收获不大，但是有一个很重大的突破，就是做了平台的转化。把天玺单一的经营模式，转成平台化模式，把天玺的一个产业小生态建立起来了。

让可靠的团队去做好擅长的事情。天玺永远不会自己做品牌，只有天玺的合伙人团队、合伙公司去做品牌。天玺最核心的基因就是做好产品，做好品牌的服务。

所以我一直说天玺是一个长期机会主义者，做自己力所能及的事情，做自己最擅长的那一个板块，然后做深做透。最后我们叫"剩"者为王，能剩下来我们就能够成为这个行业里面的一个参与者，当然，能成为推动者最好。

窄门：美丽产业的活法

|樊文花|
终端"顶流"养成记

30多年前，青春靓丽、勤奋肯干的山西姑娘樊文花从承包单位的美容部开始，在家乡太原一手打造了当地知名的美容连锁店；然而，不满足于此的她跑到广州做自己的品牌，向全国8000多家美容院输出产品与管理，一路蝶变、进化，最终在单品牌面部护理店的赛道上闯出一片天地，以17000多名护理导师、4000余家门店成为首屈一指的终端"顶流"。

从太原到广州，由北到南，由地方辐射全国，由美容院渠道（业内称"专业线"）向大众渠道转型，很少被行业聚光灯探照到的樊文花，远离喧嚣的舞台，始终保持着出发时的那股质朴，坚持走自己的路，唯有心中燃烧的那股火苗越烧越旺：做一个让国人都知道、见到的品牌！

为达成这一目标，高峰期在"专业线"拥有七八千家加盟合作美容院的樊文花，曾锐意切入快速发展的化妆品专营店渠道，虽投入不菲，最终却无功而返。

北宋著名改革家王安石在《游褒禅山记》中写道："而世之奇伟、瑰怪，非常之观，常在于险远，而人之所罕至焉，故非有志者不能至也。"成大事者，往往有非凡之"志"，也总有常人所不及的"偏执"。在探索新渠道、新模式的道路上一再碰壁，因此而打退堂鼓的团队成员也不少，但作为创始人的樊文花却始终矢志不渝，此路不通换条路再摸索。

传统专业美容院渠道，店面动辄二三百平方米，创业门槛高，经营上追求高毛利、高客单价，因而会不断扩充项目。品牌商只有不断开发新项目满足终端需求，才能在这一渠道立足。反复试错的樊文花，最终在战略上进行了大胆取舍，决定在品类上高度聚焦，只做面部护理，并以此为核心重新规划,转向了"小而美"的经营模式与终端形态。这一转变,对樊文花而言,无异于凤凰涅槃,也因此开启了超越式发展的品牌征程。

经过一年的探索打磨,聚焦面部护理的樊文花单品牌面部护理店于2012年正式落地,并且开创"产品+服务"模式,该护理店既拥有纯日化的居家巩固系列产品,又兼备美容院的护理服务,通过樊氏手法的护理,让护理效果更出色。另外樊文花还提出了"针对性改善十种肌肤"分肤护理理念和"肌肤问题优先级"护理理念,针对不同的肌肤问题,为用户提供不同的护理方案。由此奠定了樊文花面部护理的专业基础。

在推行新模式的路上,樊文花仍然奉行其拙朴的处世法则,不贸然放开加盟以免合作者承担亏损风险,前期以公司直营为主,第一批加盟者也多是对公司十分了解、信任的亲友和内部员工。在模式高度成熟之后才逐渐放开加盟。

樊文花单品牌面部护理店发展之路正映照了晋商重要代表人物王现说过的一句话:"利以义制,名以清修,恪守其业,天之鉴也。"正是这种成人达己的责任感与价值观奠定了樊文花稳健成长之道,在接下来的8年中门店实现了飞跃式增长,于2020年荣获国际知名市场调查机构欧睿颁发的4000家门店领先的认证。

作为企业掌门人的樊文花,如今仍保持着每天早上6点钟起来跑步的习惯,常年参加各种马拉松赛事;工作状态也始终在线,只要不出差都会如普通员工一般准时回到公司上班。

于她而言,创业、创品牌就是一场马拉松比赛。过去两年,樊文花品牌虽然承受着疫情带来的冲击,但是樊文花亦不曾停歇其进击的脚步,力争今年将终端门店总量拓展到5000家。5年后,这一数量要翻一番达到10000家,那时樊文花品牌亦正好接近"不惑"。

"目标是用来超越的,而非实现的",这是樊总常挂在嘴边的一句话。对于樊文花而言,万店连锁不是终极目标而将是新的起点。

窄门：美丽产业的活法

> 对话时间：2022 年 4 月

张兵武：今年樊文花品牌已经走过整整 34 年了。您用 34 年的时间打造了遍布全国的美容连锁王国。当初是什么样的契机让您踏上创业之路的？

樊文花：首先是找工作的契机让我开始进入这个行业。我工作差不多两年后，有了承包的机会，然后就开始了创业。那时我的领导是个女生，很喜欢我，因为我很勤快，而且我长得圆嘟嘟的，跑前跑后，她觉得我是一个很能干的女孩子，很认可我，于是她就愿意帮我。创业以后，我这个店铺就叫皇室医学美容院。

那个年代，人们不是很注重护肤，一般都是因为皮肤有问题了才来做美容，没有什么保养的理念。他们总是说，哎呀，你看我们老巴巴的，脸上长了多少痘，斑又有多少。

张兵武：从承包到独立，是怎么把客人留住的？

樊文花：我妈妈那个时候很爱美，我有时候给我妈和我姐做一下护理。当你把客人都当成你的家人，一视同仁，顾客就是能感受到这种诚意的。所以后来生意就越来越好，我自己也就在那几年开了五家店，在那个年代我是做美容做得比较早，也还算做得比较好的。我是自己盯着店，现在我们的第一家店已经 34 年了，依然开着。

张兵武：您后来为什么会来广州？是否来到广州就已经想好定位去做自己的樊文花品牌？

樊文花：我记得我第一次来广州的时候，就是我的第一任领导和我一起来的。下了双层大巴车，绿绿的，我说这个地方好，我以后要来这儿。我就是那个时候就种下了这个因，就喜欢这里。

我那时的品牌大概有 6～8 个，做超市，做美容院，做日化，还有做专柜，这些都尝试过。我在美容院的经历，让我积累了美容院的管理经验，以及美容院产品的套装设计经验。还有最重要的就是给顾客的场景怎么去使用、怎么组合，如美容室休息区的使用、色彩与元素的组合等。我记得那个时候我们山西美协的会长说，我们有很多地方是没有美容院的，就是因为有我帮他们去策划设计，才开了美容院，而且开得很规范。

后来从 0 家到 6000 家，再到 8000 家美容院，我帮助他们开店，给他们提供产品支持，给他们套盒，甚至美容院的物料都给他们做好了，而且我的附加值和产品是比较值钱的。所以说很多人会愿意跟着我干。我会告诉他们怎么去盈利，怎么去做项目。

在这个过程中，也会尝试化妆品店渠道，但这种竞争优势不强。因为过去你做的产品是带服务的。

张兵武：您做到了有六七千家加盟店合作，应该说日子蛮好了，生意也蛮大了。您怎么想到要去扩展新的领域和渠道的？

樊文花：我这个人目标感是很强的。目标管理包括对我本人身体的管理，还有对企业目标的管理。我说目标是为了超越的，不是为了实现的。2006 年的时候，你看我们就开了樊文花美容连锁店。2006、2007 年两年开了 260 家。后来 2008、2009 年，就是做 CS（化妆品店），做专柜。

张兵武：后来是怎么思考和调整战略的？

樊文花：后来我经过深思熟虑，想重新调整，想把我的连锁店做起来。当时项目太多，所以后来我说什么叫战略，战略就是要战什么要略什么，略掉脖子以下的，就战这个面部。

张兵武：刚开店的时候，其实面膜也是你们一个很重要的品类？

樊文花：是的，其实我们早前做的事情是符合大势所趋的。所以还是想像 2006 年一样做樊文花美容连锁店，把那些其他不该做的忽略掉，然后自己开直营。那个时候就下定决心开了 100 家樊文花品牌面膜店。一开始就叫面膜店，后来叫面膜护理店，现在叫面部护理店。

张兵武：那恰好也是这个风口来了。

樊文花：对，我觉得这个风口是被我作出来的。在这个行业一路这么走，就是自己想进步，有一种内在的动力，即我怎么能做到行业的领先，怎么能冲出原来绑着的那么多的枷锁。如果这么想的话，其实这就像进化论一样，从少变多，然后从多又变少了，进化后变得细分了。

张兵武：因为原先做美容院的一般就是面积比较大，像您说的有 200 平

窄门：美丽产业的活法

方米以内的，这么大，项目又多，后来您是怎么想到聚焦，这个定位是怎么考虑的？

樊文花：其实那个时候也不是刻意为之。我记得我们那个时候有300多位美容导师，她们要拿上箱子到处出差。有一天，有一个小伙子来找我，说樊总我今天特别想找你聊一下，我说你聊啥。他说我女朋友一个月出差24天，回来以后还要逛街，老是不能和我在一起。我就想，那怎么才能让他们在一起呢？他说那你就开店（美容院）吧。

后来设计这个，我就觉得适合创业。可是你会发现这个（美容院）创业成本太高。还有就是导师学会了，但她组建团队比较难。以前我们一个美容导师学会要两年，两年的话人员变化又大，不稳定。这种商业模式有时候是被迫选择的，另外是因为自己也喜欢。所以其实我设计的这个面部护理店，创业者容易创业。因为你看开美容院一定要投资200万元以上，不然的话客户不来。还有就是回本太慢，要3～4年。

所以说这个面部护理店，我们有小店，一年回本，快的话就八个月。当然也有一类人，问能不能开10家，现在开10家店的，有三四十个人。大部分人都是开1～3家。

张兵武：那这个定位是很清晰的。在开店方面，您认为你们的优势表现在哪些方面呢？

樊文花：我觉得第一优势就是我。我做这行34年了，我的状态还是很好，而且我很热爱这一行。34年一如既往，我认为这叫竞争力。我想没有多少人34年了还和最初创业一样，像个学徒工一样。我现在还是一样的热爱，我昨天还在店里观察顾客的皮肤，我喜欢研究这个。

我觉得第二个优势就是我的团队。他们的执行力很强，他们在行业深耕、懂行业、懂管理、懂店铺经营、懂顾客。我觉得这都是我们的优势。

张兵武：我们真真正正地说坚定做自己的单品牌店是在哪一年？

樊文花：我们在2012年12月的时候就开始试营业了，因为我们的模型搭建整整用了一年。开店如果赚不了钱，我不会给别人加盟，因为我觉得骗别人开店就是害别人，我不想害别人。

我们在1000家店的时候都没做过招商。

张兵武：1000家是什么时候？花了多少时间？

樊文花：花了三年多时间吧，就是到了第二年、第三年就增长得很快了。

张兵武：假设我就是一个加盟店，我在和"樊文花"谈的时候，可能会比较关注"樊文花"的产品层面。那在产品层面"樊文花"的优势是如何构建的？

樊文花：我觉得产品不仅要符合顾客需求，其卖点还要让人一目了然，比如我们为顾客区分了10种肌肤问题，并有针对性地改善10种肌肤。

张兵武：我知道你们有自己的工厂，那"樊文花"在产品力本身上是如何去保障的？

樊文花：我们有自己的工厂，并且成立了面部护理研究院，储备了博士、硕士等学术人才，我们还和锦波、复旦大学建立了战略合作关系，并将这些学院、机构的科研成果应用于"樊文花"的产品开发。我们希望可以将社会资源和"樊文花"的努力结合，更好地聚焦脸部护理。

张兵武："樊文花"提出过万店的目标，现在我了解到疫情防控期间门店拓展还是有难度，"樊文花"是如何去拓展的？有什么特殊的方法吗？

樊文花：疫情当下，从市场的角度来看，"樊文花"的内部高层比较稳定、团结，目标也很一致。加盟店、直营店和正在工作的1万多名护理师都会受到影响。我们现在总共有17000人，如果大家都想创业，我觉得这个目标是可以超越的。

张兵武：现在线上经营对线下渠道造成一个很大的冲击，我们看到CS渠道、做线下店的这几年业绩也下滑得厉害，有的甚至关店，但"樊文花"还一直保持向上的发展态势，很多客户也愿意合作加盟"樊文花"，这个您怎么看？

樊文花：我觉得现在首先有一个数据，中国有两亿多的女性，这些女性其实都应该去做面部护理，呵护自己的肌肤。因为很多女性还没做过护理，甚至连护肤品都不太会使用。我觉得中国的女性消费者在会消费和会护理上还是存在很大差距。所以我觉得疫情当下,"樊文花"的店铺能有人愿意加盟开店,还有顾客愿意上门,主要的原因还是中国市场存在很大的护肤需求。

且线上不能满足的部分顾客的需求,"樊文花"可以做到。"樊文花"的工作人员护肤手法是专业的,我们用产品和手法,能让顾客做完一次护理就能感受到肌肤有明显的改善,我觉得这个是比较核心的。

目前线上线下产品服务还是存在差异,我认为"樊文花"有部分的服务是线上达不到的。

张兵武:我对您的朋友圈还是蛮关注的,因为我经常看到您早上起来打卡跑步,我也尝试过,但很难坚持,没有您这种韧性。

樊文花:对,我比较喜欢跑步,我已经跑步八九年了,每年的跑步里程不会少于 1000 千米,我去年跑了 2020 千米,虽然我目标定了 1000 千米,但是我觉得目标是为了超越的,而且一定能超越,所以我去年就超越了 1000 千米。我有时候和公司的高层开会,我说你看目标可以超越一倍,目标不是为了实现的,而是为了超越的。因为我跑步跑了很多年,而且是越跑越喜欢,马拉松也好、晨练也好,我的状态都很好。现在我有一些 5 千米的奖牌,10 千米的奖牌有四五十枚。

我早上一般 6 点左右就起床,9 点准时上班,我不会迟到。因为这个岗位决定了有很多人等着你决策。我觉得作为企业决策者,要不就退休,要么就在岗位上好好干,要为这个岗位负责,要为"樊文花"人负责。他们都需要我们全力以赴,而不是松松散散的。

张兵武:"樊文花"面对的女性创业者居多,您作为资深女性创业者在创业的马拉松上也跑了 34 年,对于一些小白的女性创业者来说,您是如何看待这些创业者的?

樊文花:我认为女性要有一个自己的事业,要么参加工作,要么开个小店,那樊文花品牌店是非常适合帮助身边这些女性创业者创业的,因为"樊文花"的使命就是"分享美,传递爱"。我觉得创业能让女性有一个事业去做,有了收入那这些女性就不至于自卑了。

先开两家店，如果收入多一点，那你也可以开 10 家店，如果多开，那就成为一个企业家了。

个体户挣店长钱，如果实现了企业化运作，挣的就是老板钱。所以说，要么做老板，要么做店长，角色定位要清晰。我倡议女性要有自己的事业；男性要多在情感上关爱女性；单位要努力给女性升职加薪。

现在我看到我们一万多名护理师的样子，就会想起我过去的样子，我特别愿意帮助她们。女孩子们是有机会的，现在开店多也是想帮助更多女性创业者。

张兵武：现在这么多年过去了，您跟连锁系统店的这些女性老板之间是一种怎样的相处状态？

樊文花：我其实成了大家的一种依赖，这么多年我对大家的关心是不变的，我作为"樊文花"的高层管理人员，加上门店的名字就是我的名字，在这种特殊的牵连下，大家会对品牌形成一种依赖，也会加深对樊文花本人的情感认知，就是樊文花是对品牌负责的。

其实只要方向对了，我们是愿意帮助他人的。我们乐意帮助两种人。第一种人是顾客。谁要用你的产品，你就要在产品质量、使用方法、价格成本上对其负责，就算规模大了，也要考虑能不能把利润让给顾客。

第二种人是合作伙伴。我们的文化是共赢，我觉得无论你进货多还是进货少，都应该和供应链是共赢的。还有我们要思考怎么去提高自己的质量意识，时刻警醒自己不要去犯低级错误。因为有的人是差不多就行了，可是我们将产品和服务交付给顾客，如果都差不多就行了，那顾客都会选外国品牌，不选我们国货品牌了，所以说要成为国货之光，我们自己内心要拥有这样的决心，要慢慢思考怎么把自己的品牌做好。

张兵武：我还想问最后一个问题，有没有顾客因为在店里消费做护理觉得不错，进而想做"樊文花"的？

樊文花：这个还是蛮多的。我们管这叫"花粉开店"。因为"樊文花"企业有前期的文化战略，就是明确要干什么，不干什么，你的初心是什么。我刚才提到两个，一个是关心顾客，一个是关心你的加盟商和你的店长伙伴。所以无论是加盟还是直营，我对待他们都是一样的。

　　是否有初心，这种文化会传达到顾客的耳朵里，如果顾客觉得这家企业不错，就会萌生"那我也加盟"的想法，这就是口碑相传。

　　只有对顾客负责、共享团队资源才能实现共赢。当然"樊文花"能在这个时候开这么多家店铺和我们国家的大环境政策支持也有关系。

郭毅群
用中草药科技将化妆品重做一遍

疫情三年，美妆产业极度深寒三年，然而蛰伏多年的天津尚美在业内的"热搜指数"却不断攀升，不仅从北方市场走向全国，也走进了中国美妆制造界的高光地带。

在寒气逼人的时节，天津尚美靠中草药科技护肤这股"真气"护体，也因这一方面的品类创新找到了美妆代工破内卷的关键法门。

在20世纪知识分子实业报国的下海浪潮中，在大学教高分子化学的郭毅群脱下"孔乙己的长衫"，进入了学科关联度高、舶来属性强的化妆品行业。从技术研发、工厂管理、市场经销到自创品牌，郭毅群在整条产业链上都历练了一遍之后，回到家乡天津创立专注于美妆制造的尚美工厂。

在中国美妆这个万亿级消费市场背后，是毛细血管一般遍布全国的代工厂。这个群体虽然数量众多，但生存模式大同小异，主要拼加工成本、拼业务能力、拼生产规模。虽然国货品牌如今已百花齐放，但在制造端，除少数几家头部厂家外，能在研发、技术方面做到自成体系的少之又少，在品类方面建立起差异化优势的更是凤毛麟角，低层面的同质化竞争将行业拉入恶性价格战的泥潭。

郭毅群骨子里有着老牌技术人员的傲气，不甘于做国际大厂的本土"平替"，更不愿意打着高性价比的旗号去做简单的模仿者。作为一个长期主义者，他矢志在这个由洋人定标准的领域开拓出一条属于中国人自己的赛道，在深度整合产学研的基础上开创出中草药科技护肤这一具有鲜明中国印记的特色化品类。

天津尚美中草药科技护肤有两大关键。

第一，立足组分中药理论建立技术体系，与天津中医药大学合作成立组分中药化妆品研究联合实验室，研发了100多种可被应用到化妆品中的中草药科技原料。

第二，在化妆品工艺制备方面，导入中草药发酵技术，在天然安全的基础上提升活性成分的功效。

基于以上两大要素，天津尚美通过实施"一方一效"、剂型创新，从面膜、卸妆油到洁面奶，以至于头皮护理精华，将化妆品的每个类别都重做一遍。

一方面，擎举中草药科技护肤这盏灯，天津尚美在各种会议随时都可能被叫停的特殊时期，连续举办了两届中草药化妆品科技与应用论坛，做品类的教育者、产业资源的整合者、创新的引领者，让中草药科技在化妆品应用领域的声量与能见度得到大幅度提升。未来，尚美将持续举办这一论坛，将其打造成产业盛事与超级IP，以此推动化妆品的"中国化"。

另一方面，天津尚美深知要真正成为美妆制造界的长跑选手，必须强化自身在业内的品牌认知度与影响力。为此，天津尚美投入重金与专业机构合作，在业内实施全方位的整合营销传播，持续强化自身的品牌认知度与识别度。这些年，品牌思维已经内化到天津尚美整个经营体系，这也使得他们在与品牌方合作时，更容易达成意识层面的同频共振，在由传统的OEM转向ODM、OBM时具备更强大的支撑能力。

品类创新与工厂品牌化，两手抓、两手硬，天津尚美在好品质这一"必须项"上持续精进的同时，在为客户创造附加值的"加分项"上与同行进一步拉开了距离。

如今，但凡产品跟中草药沾点边的美妆公司都将目光投向天津尚美，众多跨界化妆品的医药企业更是将其作为重要的战略合作伙伴。从北方最大代工厂到全国领先的标杆，天津尚美正实现关键性跨越。

近年来，国家将培育"专精特新"企业提升至前所未有的高度，高质量发展战略重构产业竞争格局，美妆制造又开始站在新的起跑线上，中草药科技护肤的品类差异化优势无疑让天津尚美率先拿到打开新时代之门的钥匙。

| 下篇 | 连线

对话时间：2023 年 6 月

张兵武：您是我国最早一批从工程师转型创业的，当初是什么样的契机让您踏上了创业之路？

郭毅群：我是 1989 年 6 月从学校出来的，那时候我教高分子化学，跟今天的工作还是有些关联。那时我们处在"愤青"年代，抱着老先生灌输给我们的实业报国理念，从学校出来后我就去在天津的日本奇士美化妆品公司从事技术研发工作，当时化妆品是一个舶来产业，由欧美的品牌工厂来制定行业发展的规则，后来秉持着做好化妆品的初心，我创立了天津尚美。

张兵武：天津尚美的定位是"专注于中草药科技护肤"，为什么选择这一定位？

郭毅群：当前所有消费者对纯植物化妆品或者植物成分含量更多的化妆品的极致追求是不会改变的。因为这类化妆品对中国消费者来说，安全性更好，皮肤适应性更好。

人们常说"一方水土养一方人"。一切生物生存都是要与整个环境互相适应的。对于绵延了五千年的中华民族来说，中草药是中国人皮肤的天然适应原。用中国特色植物来护理中国消费者皮肤，它的安全性和适应性一定是更好的。基于这个天然适应原的原理，中草药科技护肤化妆品会更有市场，并且一定是未来最大的趋势。

中国化妆品产业发展到今天，已经不缺技术、不缺原料，其实很多国外品牌的工厂，反而在细心研究中国植物的一些活性成分，而我们中国在这块没能很好地将中草药成分和中医药技术应用到现在的产品当中。

随着阅历的丰富，眼界的开阔，我觉得东方草药、中国传统文化是有优势的，问题是该如何继承和发扬光大，因此天津尚美下决心挖掘中草药活性成分，在中草药科技护肤上做文章。

张兵武：当下年轻人越来越认可中草药护肤这个理念，但是做中草药护肤方面有影响力的品牌并不多，我想其中肯定会遇到很多难题，你们在这一块是怎么考虑的？

郭毅群：我们走这条路一定是摸着石头过河，我们要用中国特色植物做化妆品，要用东方草药，首先要沉得下心，知道这条路难走也要尽量努力去走。天津尚美联合天津中医药大学并虚心地向他们学习中医药的经皮给药、透皮吸收，以及中草药制药炮制等技术。

当前，天津尚美跟天津中医药大学达成战略合作，共建组分中药化妆品研究联合实验室，持续不断地研究中草药原料活性成分，以及中草药在化妆品功能上的应用。天津中医药大学的教授以及一些老师，还有硕士生、博士生都真正参与了与天津尚美合作的项目中的各种实验。我们发表了很多学术报告，也申请了很多专利，并在中国的一些核心期刊上发布了很多文章。

另外，天津尚美还与中科院天津工业生物技术研究所，共建化妆品天然原料发酵及生物转化联合实验室。中科院天津工业生物技术研究所是中科院所有研究所中专业做发酵、研究生物合成的研究所，我们借鉴现代生物合成学的最新方法，合作了多项发酵项目。

在传统中医药技术和现代生物合成技术的结合研究上，我们下了很大的功夫，运用了传统中医药文化中的炮制技术，用现代科学的语言来说叫微生物乳化、生物合成技术。生物合成发酵是传统中草药中医药炮制中最常用的手段，通过炮制或者发酵的办法，激发这些生物本身的一些分子集团，达到一个符合现代消费者皮肤舒适度的油水密接体，用现代科学的语言来说叫乳化体，油水密接体可以达到肤感的极致覆盖，并由此形成了纯植物配方体系的化妆品。

去年，天津尚美向全行业推出了一款新品叫酵制油膜，该产品就搭载该技术。酵制油膜上市后也很快成为"爆品"，不仅获得了1000+个品牌索样，更是拿下了两大传统品牌商1000万片的首批订单。

目前我们所代工的品牌中，中国的头部品牌就占到30%～40%，我们为他们研发、生产一些S级产品，或者叫主销品类。我可以自豪地说，天津尚美不仅是这些头部品牌的价值贡献者，更是共创者。

张兵武：天津尚美在提出"中草药科技护肤"主张之后，还需要做更多推广工作，天津尚美在这一块有哪些措施？

郭毅群：天津尚美最差的一块可能就是做营销，要说我们做技术，可能我们还敢说，做营销真的是我们的一个短板。我们在做营销上没有什么心得，所以我们就连续在行业内做倡导，举办了两届中草药科技与化妆品应用论坛做学术，希望用学术的方式来引起行业关注，吸引行业更多重量级的人物认可我们，参与到中草药科技护肤的事业当中。

两届中草药科技与化妆品应用论坛得到了政府领导、行业内众多头部品牌，以及顶流研发大咖等业内人士的支持和认可，很多高校专家也参与进来，像天津中医药大学的孟昭鹏校长、天津中医药大学制药工程学院的李正院长、上海中医药大学李医明教授、河南中医药大学苗明三校长，这些都是中草药行业内泰山北斗级的人物。这个会议也吸引了 22 所中医药大学教职委的关注。我想，天津尚美做这些工作想要达到的效果，就是让中国中草药的科研界、学术界关注化妆品应用这一块。

我在这个论坛上曾经说过一句话，我们不希望在别人的赛道上赛跑。现在一些海外品牌，仔细研究他们的生产技术或者配方结构，其中或多或少都应用了我们中草药的一些活性物质，其实中国品牌应用这些技术应该是更得心应手的，可我们恰恰就要在人家的赛道上跟着人家跑。

所以，我心里一直有个想法，就是在整个化妆品的配方、配伍、生产环节当中加入，或者搞出一套以我们中国东方思维和东方文化为主导的产品。天津尚美以一己之力，整合了很多产学研的力量来推动中草药科技护肤这个理念。

张兵武：今年年初，张伯礼院士莅临天津尚美，为我们中草药科技护肤点赞。现在国家也越来越重视这一块，国务院也推出了有关的规划，支持中草药护肤发展，我想听听您在这方面的一些看法，您怎么看国家在这方面的支持力度？

郭毅群：现在国家的支持力度是非常大的，无论是从政府大力支持的角度来看，还是从宏观民意和社会基础的情况来看，我觉得弘扬中医中草药文化，甚至说中国传统文化，我们是生正逢时。所以我们也愿意付出百倍的信心和努力在自己的赛道上奔跑。

现在消费者对中草药化妆品还存在一定的误区，认为有些中草药化妆品的功效并不明显，其实里边存在很大的量效关系。该怎么样把更多含量的活性物质添加到化妆品体系当中去，是我们需要解决的一个课题，也就是解决概念性添加的问题。

在张伯礼院士组分中药理念的指导下，我们将中草药的有效组分分析出来，了解有效组分对皮肤的作用。我们也获得张院士及其学生的指导，通过制剂技术，把中草药的有效组分更多地放到消费者觉得舒服的化妆品体系当中，来解决量效关系的问题，并发表了一些关于制剂的论文，以及申请了相关专利。

去年年初，我们和天津中医药大学联合成立了组分中药化妆品研究联合实验室，专门研究中草药化妆品添加物，以及量效功效方面的问题，研究机构的成立也获得张院士的认可和支持。

我经常听到一句话，"药材好，药才好"。中药本身有很多好成分，但是由于土壤污染，药材质量变差，进而影响了药效的发挥。我们既然做中草药科技护肤，原料这一块如果控制不好，也会影响到我们产品的实际效果。

为了保证原料的品质，我们的药材都是经过精心挑选的，也请了中草药行业的从业人员帮我们把关。与天津中医药大学合作后，我们学会了去检测药材的药效，也懂得如何检测中草药某一个有效组分的含量。

天津尚美还在2022年创立了天中博研生物医药技术（天津）有限公司（简称"天中博研"），同年天中博研成功入驻大学科技园，并获得了张伯礼院士的支持与关爱，在张伯礼院士的指导下，天中博研致力于草药产业在化妆品领域的发展。天中博研在原料研发、作用机理研究、功效测试等多方面进行深入研究，从地道药材的产地、部位开始选药，再通过提取和炮制的手段，为天津尚美提供专属高科技、高质量化妆品原料，同时实现了原料可追溯。

张兵武：天津尚美是怎么去布局中草药科技护肤的？

郭毅群：布局上，天津尚美主要分两步走。第一步，深入到原料端，开发出由我们自己研发的、更有功效、更有保证的专属原料；第二步，利用传统思维、传统方法、传统手段，研制出符合现代消费者使用习惯的新剂型，以及符合现代消费者追求的功效型产品。

以面膜品类为例，市面上大部分面膜的配方组成里，只有单一的水相物质，但是有很多功效的活性物反而是亲油的，我们开始思考如何研发出含有油相物质，整个体系又像水相面膜，没有厚腻、不透气的感觉的面膜，到后来我们利用水油密接技术开发出了酵制油膜，成功实现水油融合的创新剂型。

未来，我们将会利用水油密接技术将传统的护肤品重做一遍，去生产乳液、膏霜、洗面奶，在不改变消费者使用习惯的情况下我们都走一遍，这对行业也是一次新的启发。

张兵武：这些年很多药企进入到化妆品这个赛道，天津尚美的定位是"专注于中草药科技护肤"，有没有成功引起这些企业的关注和兴趣？

郭毅群：我觉得有大量的药企正在扎堆"入局"化妆品赛道，我们现在也与多家药企合作，按照他们制定的品牌规划做打样研发。这些制药企业做化妆品，对产品有效成分的添加量、化妆品功效评价的要求更为严格，当然他们也愿意付出一些成本代价，进行药效研究也是他们日常必须做的工作。

毕竟药企对美妆行业不太了解，天津尚美会结合三十多年为行业提供产品的经验，以及自己对当前市场的理解，给他们提供一些建议。

张兵武：当前一些新锐品牌对中草药科技护肤领域很感兴趣，天津尚美如何帮助新锐品牌，进一步推动中草药化妆品品牌建设，振兴国货民族品牌？

郭毅群：现在一些年轻的创始人所带领的新锐品牌，对中草药化妆品的兴趣度远超过传统品牌，我们也与很多的新锐品牌展开合作。我觉得中草药已深深扎根在中国人的心智当中，我想经过我们这些年的努力，还会有很多合作伙伴加入，这一定会成为更大的潮流。

在天津尚美，我算是处于退休状态的老人家，但在我们工厂还是可以看到很多年轻人在工作，这些年轻人以更饱满的热情和更勇敢的精神投身于中草药化妆品品牌建设当中，比我们这些老一辈人有过之而无不及，新一代年轻消费群体对中国文化、民族品牌的认同达到空前一致。

我们这一代人走出学校门的时候，还经历过一段盲目地崇洋媚外的阶段。现在的年轻人走的地方多了，也更愿意在中草药化妆品开发应用推广上"下功夫"，以振兴民族品牌为己任，投身于"大健康国妆美丽事业"的建设。

| 高春明 |

越过山丘，开启福瑞达新纪元

2023年5月，A股证券代码"600223"对应的简称由"鲁商发展"变更为"福瑞达"，其公司名称由"鲁商健康产业发展股份有限公司"（简称"鲁商发展"）变更为"鲁商福瑞达医药股份有限公司"。

这一变更，宣告了一场艰难而重大的战略转型的成功，也意味着这家山东国资委旗下的集团公司全新时代的开启——这个时代，将以主营医药、化妆品的福瑞达作为里程碑，并以其为业务主体打造国内一流的科技型健康产业集团。

2018年底，山东福瑞达医药集团通过资产置换成为房地产类上市公司鲁商发展全资子公司——此前，二者为鲁商集团旗下兄弟企业。一年后的年报显示，房地产仍为鲁商发展主要收入来源，占总营收的87.84%，福瑞达业务板块中的医药占比为5.81%，而化妆品占比仅3.05%。

此时，鲜有人能料及，业务占比如此低的福瑞达化妆品能在短期内成为母集团战略转型的推进器，为鲁商发展绘出全新的增长曲线——这个曾经的地产公司将在2023年10月底彻底剥离房地产业务。

2019—2022年，福瑞达化妆品一路狂飙突进，年营收呈指数级增长，从2.2亿元剧增至19.69亿元，以高质量增长C位出圈。其中，聚焦微生态护肤的瑷尔博士在入市第四年便跻身10亿元美妆品牌俱乐部；主打玻尿酸成分的颐莲品牌年营收突破7亿元，并打造了销量破3000万元的超级大单品。以这两大品牌为引擎，福瑞达化妆品跃升至国产美妆头部阵营，并成为鲁妆崛起的重要推手。

作为这一战略转型的重要参与者与推动者，福瑞达化妆品业务板块的掌舵人、山东福瑞达生物股份有限公司（简称"福瑞达生物股份"）总经理高春明，在福瑞达化妆品事业草创期便躬身入局。在国企严谨、程序化的体系与高度灵活的市场运行之间，他所带领的经营团队，通过经营机制、品类战略的创新性探索，借助移动互联发展的契机，开创了国货品牌跳跃式发展的奇迹——从年亏损 200 多万元到营收规模 20 亿元左右、净利润 2.1 亿元，并向百亿级化妆品企业大步迈进。

> 对话时间：2023 年 8 月

张兵武：福瑞达在玻尿酸领域从事了近 20 年研究后，凭借在玻尿酸原料研发领域积累的力量，推出了玻尿酸护肤品牌"颐莲"，并凭借"玻尿酸"卖点高速增长。以"颐莲"为出发点，福瑞达在化妆品业务板块经历了怎样的发展过程？

高春明：颐莲品牌过去是以商超渠道为主，随着商超红利期过去、门槛提高，虽然产品做得很好，但整体来讲发展也遇到了阻碍。伴随着传统电商发展，尤其是淘宝的出现，我们抓住机会在 2011 年正式做电商，并配备了专业的人员。但前期因为接触不多，行业人才很少，我们在 0—1 阶段走得比较慢，直到 2015 年才开始进入高速发展的快车道。

在我刚接手公司的时候，企业亏损 200 多万元，人员仅有 60 多名。时至今日，我们的净利润是 2.1 亿元，整个化妆品板块的营收规模在 20 亿元左右，管理人员也达到 1000 人。颐莲作为一个传统国货品牌，算是吃到电商红利比较早的，关键是在这个发展过程当中，我们成长了一批人。这一批人成为我们公司发展的支柱，品牌瑷尔博士的崛起，产品下一步的开发都离不开这些人。

张兵武：颐莲在大众市场心目中的关键词一个是"玻尿酸"，另一个是"喷雾"大单品，销量累计共 3000 多万支。福瑞达是怎么把"玻尿酸"和"喷雾"打爆的？

高春明：颐莲最早要确立一个最终定位，当时我们在想市场上这么多产品，要如何比别人有差异化，后面考虑到我们在玻尿酸方面研究时间比较长，所以在玻尿酸领域具有专业性，因此就把它定位在玻尿酸上。当时没有钱投入，完全靠自我发展，在选择喷雾市场之后，通过不断地累积经验和实力，我们成功打造出一个超级大单品，去年光是单品的销售业绩就将近6个亿。

下一步计划是锚定产品的场景化，通过一些医学研究和部门调研，我们发现如今很多人都长时间待在空调房间里。空调房间的夺水性特别强，很多人用空调来除湿，但开的过程中又会让人的皮肤变得很干燥，人们就需要去快速补水，用喷雾喷脸可以改善整个皮肤的舒适度和湿润度。

张兵武：福瑞达旗下瑷尔博士品牌已突破性实现营收10.58亿元，作为一个新品牌发展如此迅速，瑷尔博士的成长秘诀是什么？

高春明：瑷尔博士于2018年推出，立足于微生态的科学护肤理念，去年营业收入10.58亿元。瑷尔博士能获得如此快速的发展，主要依靠产品和技术的储备。一方面是微生态这个概念消费者并不陌生，另一方面是我们把微生物发酵和我们的原料优势进行结合，福瑞达在做玻尿酸方面属于行业的领导者和缔造者，而在微生物发酵领域，我们与第三方合作获取数据，在皮肤微生态的大量基础性研究之上指导产品开发。

另外我们抓住了小红书流量红利快速崛起，在产品卖点上又利用产品场景化进行营销。我们应该是行业里做产品场景化最早的，提出了熬夜肌概念。当时打法也非常简单，不需要过高的价格，但是要有很好的性价比，我们在这一领域很快就打出名气。

今年我们会形成全渠道的覆盖，目标人群主要是新锐人群，这部分人接触新鲜事物比较快。随着渠道的构建深入以及宣传的加大推广，我们的产品也会往精致妈妈人群推广。

张兵武：近年来福瑞达持续进行"4+N"品牌发展战略，它的总体规划是什么？

高春明："4+N"战略更多是公司在不同赛道上选取的一个方向。"4"是指福瑞达生物股份四大主力品牌及相对应的护肤技术赛道，即专研玻尿酸护肤品牌"颐莲"，专注微生态护肤品牌"瑷尔博士"，以油养肤品牌"伊帕尔汗"，精准护肤品牌"善颜"。

除四大主力品牌之外，福瑞达生物股份基于企业强大的产业链、创新链、供应链、价值链，致力于对"4+N"的更多突破，实现全年龄段护肤产品创新。

张兵武：福瑞达聚焦"生物医药+化妆品"双主业发展战略，背靠医药集团，优先发展化妆品产业，这对集团业务发展有怎样的协同效果？

高春明：其实妆和药本身就是同源的，在我看来，它们很多研发理念都是一样的。在2014年，我们就提出过"妆药同源，科技美肤"的理念，前面很多工作都是结合集团理念去做的。

像我们杨素珍杨总，原来是眼科品牌润洁研发团队当中的主创人员，成功研制了润洁系列眼用产品。后来她加入福瑞达化妆品板块，负责化妆品研发工作，带领团队开发了颐莲、瑷尔博士、善颜等多个品牌。她曾说过，很多研发的理念是基于她原来做药品的理论，化妆品研发工作也是带着制药时的严谨态度去做的。

大家都知道眼睛里容不下沙子，眼部环境的pH值稍微有点变化，都会造成眼睛的不适，所以我们在细节方面关注非常多。虽然前期投入较大、研发周期较长，但20多年的研发积累、技术储备和标准化体系建设，为企业近年来的快速发展提供了重要科研保障，这也是形成福瑞达产品高复购率的原因。

20多年坚持下来，我们也感受到消费者对我们产品的认同，复购率可观，产量增加，找我们谈合作的企业也是络绎不绝。我们愿意以开放包容的心态，去接纳更多的合作对象，让每个合作者发挥自身的优势，所以大家都很愿意来合作。虽然福瑞达在合作机制方面的条款不是很优惠，但大家都一致认同——只有获得消费者认可、有生命力的产品才能长久存活。

张兵武："妆药同源，科技美肤"已成为贴在福瑞达化妆品上的一道鲜明标签，这背后依托的是福瑞达生物股份强大的研发能力和技术水准。研发方面，福瑞达是如何布局的？

高春明：作为一家从医药行业转投化妆品的企业，在创立之初，福瑞达生物股份就将企业研发医药品的理念、生产标准、功效测试、品质管理等引入化妆品的研发与生产。近两年，我们在原料、配方和技术研发层面有重大进展，比如益生菌发酵褐藻专利技术、线粒体靶向抗衰专利技术、玻尿酸富勒烯专利技术。2022年，又有一项重组人源化胶原蛋白技术通过专利申请。

另外，针对原料创新、原料的特性改性、原料如何运用到产品等方面，我们成立了专门的原料研究部门去研究。比如，福瑞达生物股份全新研发创新中心实验室去年9月正式启用，公司专门成立基础研究部，依托"细胞平台""功效评价中心""分析测试中心""原料平台"这四大板块，进行深入的功效机理研究、创新原料研发以及前瞻科技研究。

此外，在产品开发方面，我们在上海设立了科创中心，把上海的信息优势、技术优势快速地嫁接到山东，进一步构建产学研合作平台，不断加强科技成果转化。

张兵武：除了在医药和化妆品板块布局外，福瑞达还收购了伊帕尔汗这一家来自新疆的香料企业，是基于什么考虑？

高春明：在2019年贾董事长提出要大力发展化妆品之前，集团还是以药品为主，后来开始推动化妆品发展，逐渐形成化妆品和药品两大板块。当时我就提出不光是要做一个东西，而且要在不同的赛道上去筛选。

根据对市场的洞察，我认为在以油养肤等赛道上有很大的机会，所以我们就去收购一些企业。在我看来，品牌最终是要求追根溯源的，产品要求无污染，而且还要有一些国家地理标志。后来我们发现了伊帕尔汗，它在新疆的整个店铺将近200家，还是全国知名品牌，更是具有中国地理标志的企业。像拥有这些资源的企业并不多，另外它还是兵团企业，与国有企业合作很容易达成共识。

张兵武：在您接管企业初期，就面临财务亏损、人员紧缺的状况，作为负责人，当时的感受和想法是什么？

高春明：我印象非常深，在接手前集团领导告诉我，你只要不亏损就是首功一件，我接手第一年赚了87万。当时第一次来到公司，我发现公司大厅里静悄悄的，没有声音，连走路的声音都很少听到，我就觉得这个氛围不对。

在最早的时候,我唯一听到的声音来自隔壁一个电商发货的小仓库,每天下午3点钟左右,传来吱吱啦啦贴胶带的声音,我就觉得这个不大对,就把它搬到别的地方去发货,然后将那个地方改成产品讨论室,重新构建整个部门。大概一周时间过后,外边就跟天天吵架一样,"火药味"十足,这就是一个团队的氛围,大家开始研究市场、研究产品,这也是我们最早做电商的基础。

张兵武:2011年切入电商渠道的时候,整个公司是怎样思考的?

高春明:刚开始集团很多人不看好化妆品板块,都认为应该把它关了,因为前面我们一直在亏钱。在我看来,公司当时既有研发,也有生产,虽然人很少,但是五脏俱全,在行业里我们这种模式还是很少的。

当时给大家定的目标是小步快走,我们副总有一句话叫"花若盛开,蝴蝶自来;我若精彩,天自安排"。既然集团不重视,我就希望我们的团队先有勇气去把这一行做好,再逐渐去增加大家的信心。因为整个电商行业没人懂,而当时济南的世纪开元、韩都衣舍、顺网贸易等企业都做得非常好,我们就一块去学习交流。

后来我觉得在这个领域,我们可以有很大的发展,就开始配备人员队伍,组合各种优势资源。经历了从不懂到懂,我们现在可以说已经做得非常专业,像瑷尔博士,去年在电商领域排名前20位,颐莲排名前30位。

张兵武:福瑞达作为国企,流程要求规范,决策过程复杂。在市场效率和内部决策之间,您是如何保证品牌运作效率的?

高春明:我觉得企业经营有两大要点,第一个是稳定性,第二个是灵活性。稳定是指企业的战略、品控、生产,这一定是稳定的,但是它的营销一定是灵活多样的。

基于此,我们构建的经营方式有两类:一类是自我经营,像颐莲是以自我经营为主;另一类是以外包的形式合作,像瑷尔博士、善颜是与合作者共同发挥各自的资源,例如渠道优势、运营能力等,一同将品牌做好。

之所以要保留自我经营,首先是为了培养人才,并将人才不断输出到各个品牌；其次是要看到别人做得到底对不对，有自己的实战经验才不会被别人忽悠。所以说，我们既要保留自己的稳定性，也要保留市场运营的灵活性。

张兵武：福瑞达的外部合作机制是怎样的？哪些品牌、哪些渠道会是福瑞达选择的合作对象？

高春明：第一个是有渠道优势，我们可以做品牌的合作共创。我们本身也有平台是专门和大家一起共创的，有做品牌的想法、有渠道优势都可以找我们来合作，可以共同成立公司出品，也可以借用你的渠道来卖我现有的产品。

第二个是品牌孵化，你有很好的产品，我可以给你赋能，发挥我们企业的研发、制造、原料创新、资本优势，为品牌提供"研发生产+孵化场地+营销推广"全链路孵化定制服务。比如说我们有基金公司，也有一套成熟打法帮助品牌成长，甚至可以将产品推广给很多合作商。

张兵武：最近山东也提出了产业规划，要打造上百亿的品牌，未来福瑞达的具体目标是什么？作为山东省化妆品产业协会监事长，您对山东化妆品产业未来发展有着怎样的设想？

高春明：福瑞达的远景目标是要进入一线集团，在未来几年，我认为企业之间会是兼并重组的，一线集团的起步标准会在百亿元左右。我们不仅要在山东，在全国也要进入头部。

作为山东省化妆品产业协会监事长，其实每一次行业的重大变动，我都会积极地参与进去。比方说，在化妆品绿色化工产业园这件事情上，基本上是靠我和协会的力量积极推动的，我亲自找领导汇报、写方案提案，随后山东省政府也很快把它启动了。

我认为这能带动区域化妆品产业的协同发展，为培育中国化妆品高端品牌探索新的路径和模式。只有山东整个化妆品产业实现发展，才能够带动山东品牌、山东文化的输出。

张兵武：这几年山东鲁妆发展迅速，整体体量在行业内被称为新的一级。跟广州、上海、杭州这些地方对比，您认为山东能达到什么样的高度？

高春明：我个人认为要正视差距，山东化妆品的崛起受益于两个原因，第一个原因是电商的快速发展，第二个是山东为原料大省，有原料优势。但是山东也有自己的弱项，比如在品牌宣传、文化建设、创意推广等方面与广州、上海相比存在较大差距，更别提整个产业带的差距，产业带不是一天形成的，必须有几个百亿企业才能形成一个产业规模。

我认为山东要想真正形成一个第三极，构成三足鼎立局面的话，应当有更多的行业人士，经常到山东把品牌文化传播出来。另外，我们不光是要做产品、原料，更多的是去做品牌、做消费者认知、做品牌文化传播，在大家的共同推动下，山东鲁妆才会有更大的奇迹呈现。

许桂萍
10年还清3亿元债务，心怀使命冲击更高峰

整整10年，绝壁悬崖之下的许桂萍和她创立的广州迪彩实业（集团）有限公司（简称"迪彩"）坚持不懈地向上垂直攀登，直到重回山巅、笑看风云。

在市场巅峰期，命运跟许桂萍和迪彩开了一个大大的玩笑。2010年，作为国产洗护的佼佼者、啫喱品类的开创者，迪彩被多家颇具影响力的资本看中。许桂萍最终选择与某如日中天的头部机构合作，目标直奔上市而去。

孰料证券市场风云变幻，资本进驻不久的迪彩遭遇2012年IPO关闸，上市无望。一夜之间，许桂萍个人所有账户与资产都被查封，PE回购正式启动，银行抽贷，面对3亿元的债务，许桂萍从此开始了"十年浩劫"。

从巅峰到谷底，人生如伞盖未能张开的降落伞一般向着深渊垂直坠落，这是一段炼狱般的人生历程。

艰难困苦玉汝于成，白居易有诗云："试玉要烧三日满，辨材须待七年期。"作为阳明心学的忠实践行者，许桂萍用了整整10年时间还清了3亿元债务，也让这世界看到了她心中所怀之"玉"的成色——她带着那些在现金断流的日子里刷个人信用卡帮公司支付费用的"爱迪生"们，不仅保住了迪彩这块金字招牌，还在护肤品赛道、OEM领域成功地开疆拓土。

> 对话时间：2024年3月

张兵武：过去26年迪彩经历了怎样的发展历程？

许桂萍：我原来做原料端，服务了3800家化妆品企业。当时，我就想

作为一个日化人还能为行业做点什么。后来，我们发现摩丝给头发定型不自然，于是在1998年创立了迪彩，首推啫喱定型，成了第一个用啫喱代替摩丝的企业。

迪彩的第一个五年，定品牌战略。我们当时定下来是用聚焦战略和差异化战略，只做单一的啫喱水，在啫喱水这个品类立稳脚跟后我们才去做洗发水；第二个五年，着重管理线下网点，几千上万个网点管理起来其实是很费周章的；第三个五年，夯实管理。以品牌拉动销售，搭建人才梯队，以效益去推动企业发展，谋求上市。在这个阶段，我们就很明确，要往资本方向走；第四个五年，我们企业走入了一个困顿期，也可以说我们正式进入了"十年浩劫期"。

张兵武：迪彩"十年浩劫"到底怎么回事？

许桂萍：2012年，我们将资本引了进来。为了扩大市场规模，我们先后上了央视和地方卫视，实打实地投了1亿元到广告中。

紧跟着国家IPO关闸，资本提出来要退出、赎回，以至于我们面临3亿元债务，甚至我的账号和所有资产都被查封。

一开始我的反应就是不理解、怨恨，他们也是股东，企业没了于他们而言有何好处？当时的上千名员工要何去何从？我要怎么对得起所有供应商和经销商对迪彩多年的支持？

张兵武：如此庞大的债务，已经彻底影响个人、影响家庭了，为何不去申请破产保护，而是一心决定还债？

许桂萍：我相信每个人来到这个世界上都是有使命的，行有不得，反求诸己。我不断拷问自己："当时人家也是基于对迪彩的信任和认同才把钱投给你的，现在我们就是没有做到人家预期的效果，所以别人怎么做都不过分，于是自己就升起了一种愧疚感。"

这样去看待问题，心里的怨恨反而放下了。我跟自己的孩子说，我的债务可能会一直延续到你身上，你要做好继承债务的准备。我的孩子当时才14岁，她跟我说："妈妈，我选择跟你一起面对。"

当时也有人说过要不要通过离婚来保护财产，但是我不能为了保存财产去干这样的事。于是我就跟资本的负责人说，希望能给我们时间和空间，我们只想对这个债务负责，我唯一的请求就是我能有决策权和话语权，能够对这个事情负责。

当时我们还有很多高管刷信用卡来做应急支出，比如一线员工的工资、一些临时的采购，他们承担了非常多，我很感恩。如果我们上下游的供应商选择在这个时候不跟迪彩合作我也十分理解，他们的应收款我一定会负责到底。

张兵武：迪彩后来是怎样走出低谷的？如何看待今天的市场并进行战略布局？

许桂萍：首先作为企业领导者，面对企业低迷期，最关键的就是要有战略定力，不断反躬自省。

市场变幻莫测，这个世界的主旋律就是一个"变"字。以前日化个人护理品市场主要是洗发护发占主导，且基本是国际大牌形成垄断地位。

现在我们不难发现，国货是真的崛起了。国货品牌不断推陈出新，细分出很多品类，如围绕头部打理品：洗、护、定、染、疗各种形态的产品。当然这些变化，主要是为了满足消费需求的进阶，是用心对消费者洞察的体现。

都说2023年生意难做，企业难过，面对动荡不安的经济整体下滑变化，我始终相信危中有机，面对危机，我们要坚持使命引领，战略创新，机制保障，文化赋能，坚持走"专精特新"的道路，以用户的心为心，做良知企业，造良心产品，只有这样，迪彩才有可能持续发展。

张兵武：从商超起家的迪彩现在的渠道分布状况怎样？

许桂萍：过去迪彩主要是围绕着商超渠道进行布局，现在基本上全渠道覆盖了。

线上，我们入驻了淘宝天猫、京东、拼多多、小红书、抖音、快手、唯品会等网络电商平台；从线下渠道来看，因为这几年线下受到疫情和线上渠道分流的影响，所以我们必须不断优化，扬长避短，集中线下优势资源，通过体验营销和深耕细作，保持品牌传播的优势和深分渠道分销，做到品效合一；同时，近年来社群团购、社区团购、企业团购、私域经济的崛起，也给迪彩的业绩带来了不错的增长。

新的一年，迪彩还会继续拥抱新零售，全线布局，并计划走出国门，谋求更大的发展。

张兵武：当年迪彩的"体验营销"是业内的重要创新，如今进入移动互联网时代，迪彩如何看待社交媒体营销？

许桂萍：以前，一个产品的宣传主要依靠"海、陆、空"广告，而迪彩靠"体验营销"，以产品效果说话，顾客体验后的口口相传，虽然精准触达，但相对来说影响范围小。

有了社媒营销之后，我们可以更精准地触达目标受众，最大化利用社交媒体营销的影响力和粉丝建联，有效曝光品牌形象和推动产品销售。

最重要的是，我们可以借此和用户搭建"心链网"，用我们的好产品传递好口碑，传播我们"老国货，做优品"的企业精神。

比如小红书上，迪彩的植萃彩色染发剂和固色洗护产品就很受年轻群体喜欢，有很多"自来水"式的口碑，给我们带来了极大的鼓励。所以未来我们也会坚持多参与社交媒体营销，持续输出好产品，并做好口碑，与客户进行更紧密和及时的互动。

张兵武：作为染护发市场的隐形冠军，迪彩曾经是洗护分开、植物染发的创导者，是行业中多个品类的开创者，现在在品类创新上主要努力的方向和已有成果是什么？

许桂萍：染发品类是迪彩的品牌产品。在这个品类上，我们洞察到了"玩色"和"时尚"经济崛起，创新性地提出了"健康染发"的理念，即染发剂中不含对苯二胺，低敏低刺激，让想"玩色"的过敏用户无后顾之忧，并以此推出了多色调的染发剂，深受用户好评。同时我们针对染后掉色及长出新发的"爆炸头"需求，开发出的固色锁色系列产品也很受大家喜欢，能够做到不伤发质并有效固色锁色。

此外，我们还创新性地开发出白转黑解决方案和防脱生发解决方案，并推出健康养护的全新品牌——美存。

白转黑解决方案是在传承古方中药的配方基础上，结合现代工艺萃取出植物活性成分。该方案结合长效产品与短效产品的优势，不用染发成分，让头发白转黑，是一大创新；防脱生发解决方案是与生发仪器厂家联手，通过生物技术创新性地把植物的活性肽作用于头皮养护。这一方案受到了很多植发机构、养发馆、头疗馆、养生馆和用户的好评。

张兵武：今天的消费者越来越重视社会责任、绿色天然，迪彩在产品层面如何融入这一趋势？

许桂萍：做良知企业，造良心产品，是迪彩始终坚持的发展理念。

所以在原材料选择上，我们都尽量采用绿色天然环保可降解的成分，能用天然的原料，就不用合成的原料，注重用户的健康和安全体验，如洗发露有无泪配方，染发剂有无氨配方，很多产品是绿标，做护肤品坚持五不添加（色素、香精、尼泊金脂、动物性成分、酒精），等等。

生产工艺方面，引进新设备提高能源利用率，积极做到节能减排、减污降耗，尽可能避免环境污染，生产废水处理要求做到一级一类排放标准。

对于产品包装包材，可回收型的包材瓶身会有可回收标志，对于不可回收的也会有丢入垃圾桶的提醒。产品开发也一直坚持不过度包装原则，基本采用可回收、可降解的包材。

张兵武：迪彩注重创新，在哪些方面有所体现？技术上如何保持自身的品类优势并持续领先？

许桂萍：我们一直都深知创新的重要性，无论是在研发、营销上还是在管理上，都要做到有创新，企业才能生存。

要在技术上保持优势，我觉得要做到人无我有，人有我优。基于这样的认知，迪彩目前已拥有 50 多项发明专利，28 个染发剂特证，并在发用品领域开创了多个品类的先河。

还有很重要的一点就是，洞察消费需求。目前，我们已经积累了 3000+ 的配方数据，通过产学研医的资源整合，做到研发一代、生产一代、储备一代，迎合大众对头发护理的高质量和多样化需求。

张兵武：迪彩不仅生产经营自有品牌，还做起了 OEM 加工业务，是出于什么考虑？

许桂萍：增设 OEM 业务，这是我们深思熟虑的结果，也是积极应考的表现。这主要来自三方面的考虑：

第一，随着政府对生产企业的监管力度越来越大，规范性要求越来越高，淘汰了一大批不规范、小作坊式的化妆品制造企业，而对规范化、合规化、有技术创新能力的生产制造企业而言，这是拓宽业务范围的机会窗口。

第二，与此同时化妆品市场的需求又是不断增长的，很多网红想创牌，很多没有研发团队的工厂想出新品，那么迪彩正好有这样的技术储备和生产能力；来寻求 OEM/ODM 合作的品牌也挺多的，所以我们 OEM 事业的发展是顺势而为、水到渠成的事。

第三，在这个时代，我们看到很多厂商以劣质低价的"水货"冲击市场，做着损人不利己的事。所以，我们本着良币驱逐劣币的发心，将有专利技术、特色配方的产品奉献出来，希望将更多安全有效的产品带给消费者，哪怕产品并不属于自家品牌。

正式成立 OEM 事业部以来，广结善缘，进行机制创新，推动上下游的伙伴一道共同拓展 OEM 生意，分享生意成果，战略性地重视 OEM 事业的发展，不但为创牌的网红和创新发展的企业赋能，而且一站式支持并解决品类创新和品牌创建的系统工程。

一个企业，在不同的时期有不同的使命。现在我们以"帮您铸牌，助您成功"为使命，让更多的客户、用户感受到我们的诚意。

涂桂洪
跨界创业，换道超车

2011年，涂桂洪创立广州市金因源生物技术有限公司（简称"金因源"），开启美中集团（简称"美中"）跨越式发展的征程，他以创新性的全发酵工艺研制零添加面膜一战成名，成为享誉美妆界的"酵父"。

这是涂桂洪离开高校之后的第二次创业，也是一次跨界探索，此前的他一直从事医药生物方面的研发。

常言道，隔行如隔山，跨界创业便一击即中足以令人称羡。

那一年，涂桂洪已年近七旬，在这个年龄阶段进入新领域再创一番精彩事业，更是让人称奇。

涂桂洪对华为创始人任正非"换道超车"的说法颇为认同，也以自己的二次创业对此作出了精彩演绎——身怀科技屠龙术的知识分子不断突破产业边界、一路开挂，美中的创业史十分励志，也充满传奇色彩。

暨南大学教授，表皮生长因子研究权威专家，曾领衔两项国家一类新药的临床前研究，鲜明的科学家标签将涂桂洪与绝大多数美妆行业创业者区别开来。

然而，与医药生物领域不同，求新求变的美妆产业长期以来并非一个让科学家很吃得开的行当，所谓科技更多的是作为营销概念而存在，医药生物方面的科学大神跨界美妆久而不得破其门甚至折戟沉沙的也不在少数。

要将科技基因植入一个时尚性很强的产业并非易事，这一难题将很多科学家挡在美妆产业门外。

紧扣行业应用端需求，涂桂洪带领美中跨越科技创新与产业转化之间的鸿沟，在为时并不算长的创业历程中成功实现三次跨越。

第一次，创业之初，极速增长的面膜市场违禁添加现象屡发，涂桂洪与创业团队抓住天然健康安全的关键需求，零添加全发酵解决市场痛点，成功切入美妆代工领域。

第二次，国内化妆品业史上最强监管启动，推出功效分类管理机制，美中凭借医药生物科研优势研发相关产品，有机融入功效竞争赛道。

第三次，原料成为美妆产业竞争新的驱动要素，美中利用其在合成生物领域的技术沉淀，在原料领域拔得头筹。

基于硬核科技实力，三次迭代升级所创造的产品优势如三级推进器一般持续推动美中生物"换道超车"。

这些年，"内卷"算得上是国内美妆市场提及率最高的一个词，价格战把产业拉入低层次、低质量竞争的泥潭。在劣币驱逐良币的市场环境中，美中始终坚持的科技创新发挥出"压舱石"效应，成功避开低层面竞争泥沼，开创了一个破内卷的高质量样本。

对于未来之路，涂桂洪认为"换道超车"策略仍然行之有效，国货要与欧美国际大牌竞争，亦步亦趋定然难以超越，必须重新定义游戏规则蹚出一条自己的路来，美中践行的发酵工艺、自主开发新原料已让大家看到其中隐藏的可能与机会。

> 对话时间：2024 年 3 月

张兵武：据我所知，您创立美中的时候已经从大学里退休了，您那时候大概是什么年龄？在此之前您都做了些什么？

涂桂洪：1991 年迎着改革开放的浪潮，我下海在广州成立了一个基因工程实验室，从事表皮生长因子的研究。在这里一干就是 10 年，这期间完成了两项国家一类新药的临床前研究，把这个实验室做成了国家一类新药厂，并成功上市，这也是我的第一次创业。

65 岁的时候（2011 年）我回到了广州，觉得身体还不错，又开启了第二次创业——创立金因源。

张兵武：您的两次创业是否也和过去所学专业有很大关系？

涂桂洪：是的，我大学本科学的就是生物学，研究生的时候学的是细胞遗传学，毕业后受聘为暨南大学生物工程学教授，后来又到德国开展酵母基因工程的研究。所以从大学开始到现在，50多年来我一直都在从事生物科学和生物技术的研究。

也正因为我是做生命科学出身，也是做药出身，所以我们都是把安全性放在首位。开发护肤类产品前期，我们发现市面上"毒"面膜、激素面膜很多，走在街上经常能看到女孩子脸红彤彤的，那时候我们就发现人们的皮肤健康存在很大问题。

美中的诞生也是基于这样的信念，针对我们这个行业里一些对人体皮肤健康不利的东西，思考要如何去规避或者清除掉，做天然、安全、有效的护肤产品。

我们第一片不加防腐剂的面膜就是在这种背景下开发出来的。美中也是这个时候进入市场，因为能解决市场的这个痛点，所以很受行业欢迎。

张兵武：听起来两次创业都是将生物技术前沿的科研成果嫁接到事业当中去，那么美中是怎么把这些科研成果带到化妆品产业当中去的呢？

涂桂洪：其实美中对于化妆品产业最大的贡献，就是把国际上最前沿的科研成果落实到实践当中去。

以EGF表皮生长因子为例，其发现者因生长因子研究于1986年获得了诺贝尔奖，我大概在1988年就在研究怎么将其产业化。最开始分离出来的表皮生长因子十分昂贵，我们通过不断的技术革新，使其价格大幅降低，让大家都可以用得起这个成分。

第二次创业的时候，我们又将另一个获得了诺贝尔奖的"细胞重编程"研究成果产业化。"细胞重编程"简单来说就是把一个老的细胞变成年轻的细胞，后根据我们的理解，将其落实到化妆品产业里去做抗衰老的产品。

张兵武：将生物科技成果转化成化妆品有什么特别的挑战需要去克服？

涂桂洪：我们原来研究的是使用表皮生长因子做药，转到研发护肤品，需要克服很多做药的时候不怎么重视的问题，比如说肤感、味道、效果等等。所以我们最开始的时候大概有三年多的时间来研究技术和产品孵化。

张兵武：您是一个科学家，无论是在医药领域还是在化妆品领域，对研究一定是十分严谨的。据了解，您曾经为作出一片零防腐面膜，"狠心"销毁了 500 万片面膜，您可否谈谈这背后的故事？

涂桂洪：创新研发一个新产品需要从实验室转化到正式生产。在实验室，我们是手工操作，可以做得很细致，但转移到生产设备过程中，设备都是联动的，都是连续生产的，难免会有注意不到的细节，面膜就是在这个时候在一些不容易注意到的环节产生了污染。当污染超过一定比例的时候，整批面膜都要报废。

后面我们就开始从报废的产品中一个个分析问题，花了大半年的时间。但是在前半年已经销毁了 500 万片，这对我们当时的创业打击非常大。尽管如此，为了从根本上解决皮肤健康问题，作出一片让消费者可以放心使用，而且具有强大功效的产品，我们还是下定决心继续投入研发，直到最后的成功。

把前沿科技运用到化妆品领域是需要反复探索、试验的，到现在我们的质量控制水平有了极大的提高，染菌率基本上可以控制到 0。我们研发的产品也从面膜扩展到了所有护肤系列产品。

张兵武：除了您前面提到的安全性、功效性的优势，生物科技应用在化妆品行业中还有哪些优势？

涂桂洪：人的皮肤其实也是一个生命的世界。皮肤由细胞组成，细胞需要很多满足生长代谢环境所需的条件。所以我们经常讲，要解决皮肤问题必须从细胞生物学的角度去思考，例如皮肤为什么会衰老，为什么会松弛，皱纹为什么会出现等，都跟细胞有关系。

现在的研究技术表明，年纪越大，皮下的干细胞越少，胶原蛋白数量也在不断下降，因此人的皮肤代谢就慢了，皮肤自然而然就衰老了。

所以美中整个研究的思想体系、配方组成都从细胞工程理论出发，解决好细胞新陈代谢的问题，满足细胞的基本要求（信号和营养）。

张兵武：您还有一个外号叫"发酵哥"，也被业内称为"中国生物发酵之父"，能否分享一下美中发酵的底层技术逻辑？

涂桂洪："发酵"是美中最关键的一个标签，我研究发酵也有长达50多年的经历，业内也都知道美中就是做发酵的。

但很多人不知道的是，美中除了"发酵"这个标签以外，在它的底层还有很多不同的技术逻辑。发酵大家都会做，但是用不同菌种、原料、技术去发酵，它所出来的东西是不一样的。

发酵有一个非常重要的技术问题，如果用传统的发酵技术要配套蒸汽系统、空气系统、冷却系统等来进行维持，因此出现了高污染、高耗能等问题。我们在这方面也作出了非常突出的行业贡献，建立了开放式发酵技术平台。

我们的菌种主要有三种来源：第一种是从大自然中分离出来，并通过筛选鉴定安全无害的原生菌株；第二种是基因工程菌株，即通过基因工程的方法改造一些具备一定能力但表达能力不够高的菌株；第三种是合成细胞菌株，这是行业内的突破性技术，未来大概有60%～70%的行业内所需原料都可以用合成生物技术生产。

张兵武：基于这些技术，美中为我们化妆品产业带来了哪些比较有突破性的产品呢？

涂桂洪：目前我们已经成功地做成了两样产品：

第一个就是NMN[①]。它目前在市场上很受消费者追捧，同时我们也注意到它的市场价格非常高，因为要真正达到NMN产品所述的功效，就必须保证在产品中添加足够量的NMN，这也意味着产品的生产成本会很高。

我们以结果为导向去研发，通过合成细胞的方式研发生产NMN，可以在达到其应有的效果的同时，控制住成本。

第二个就是γ-氨基丁酸，也是通过合成细胞生产的，有镇定神经、舒缓的作用，一般用于口服产品当中。

这就是生物技术的好处，万物皆可生物合成，价格也便宜了非常多。未来我们还会通过合成生物技术生产更多具有保健功能的口服产品。

---

① NMN：β-烟酰胺单核苷酸。

张兵武：美中在生物发酵上涉及了这么多技术性的突破，在团队的建设上应该也有不小的挑战。请您介绍一下美中研发团队是怎么组建的？每个部门都在其中扮演什么样的角色？

涂桂洪：自从2022年9月"广州汉方合成生物研究院"揭牌后，我们在团队的建设上做了非常多的工作。我们研究系统的工作主要分为三个层级。

第一层级是技术发展战略研究实验室，主要是研究公司的发展方向、发展项目，这个很关键，主要由我和某药科大学生命科学院的院长来负责。第二层级是研究院，对我们的战略意图以及选定的目标进行具体的研究，并作出研究成果。第三层级是技术部门，把这些研究成果转化到生产中去。

研究院目前的工作主要集中在底盘细胞的研究上，研制易培养、可放入开放式发酵系统生产的细胞，并且生产出来的产品可以口服。底盘细胞的研究非常重要，对未来有着非常大的战略意义，因为美中把接下来的工作都放在肠道健康中。

人的皮肤和血液、肠道、睡眠都有关系，这是一环扣一环的。假如我们能把皮肤健康、血液健康、肠道健康、睡眠健康这四大板块都搞好，健康地活到120岁不是梦。

张兵武：您是一个科学家，也是一个很强的"技术派"，在您看来，未来的中国化妆品产业的技术发展，有什么需要高度重视的关键趋势？

涂桂洪：关于这点，最近华为创始人任正非的很多演讲给了我很大启发，他给出了一个新的说法叫"换道超车"，而不是"弯道超车"。我们以前常说要"赶超英美"，但是我们可以不走欧美的那条路，可以换个赛道重新定义游戏规则。

我们的化妆品产业也同样存在这个问题，如果我们一直跟着国际大牌的路子走，我们永远也无法超越。例如很多化妆品产业很重要的原料都控制在他们手中，也不会轻易给我们，所以我们可以自主开发新的原料。

美中就是按照这种思路走的，走天然生物现代发酵的路，自己研发新原料，开发具有中国特色的植物原料，用现代科技去传承经典，讲好中国故事，这是美中未来发展的重要方向。

郭学平
玻尿酸的产业传奇很难复制

作为一种重要的生命物质，人体中所含透明质酸（俗称玻尿酸）仅15克。

作为一种原料，玻尿酸曾极为昂贵——当年从日本进口的医药级玻尿酸价格高达90万~100万元人民币一公斤。

无论是在生物医药界，还是在化妆品界，从"高不可攀"到"飞入寻常百姓家"，玻尿酸都是"原料科研创新——应用产业化"这一课题的绝佳典范。

作为玻尿酸原料产业化的重要推手，华熙生物首席科学家郭学平博士，师承国内最早研究玻尿酸的张天民教授。跟着导师入行，郭学平一头扎进玻尿酸研发已近40年，如今已是这个领域的标志性人物。

通过持续的科研创新，郭学平带领他的团队推动了玻尿酸制备技术的飞跃式发展，以自研微生物发酵法驱动玻尿酸原料的规模化生产与应用，将其年产能提升上千倍——高居云端的价格因此而持续下跌，中国人彻底实现"玻尿酸自由"。

在华熙生物抢占全球40%以上玻尿酸市场份额的征程中，郭学平作为集团科研掌舵者，有力地推动透明质酸更广泛地应用于医药、化妆品、食品等行业，也摸索出行之有效的产研融合之道，如今更致力于将发酵技术与合成生物学技术平台化，以期推动胶原蛋白、依克多因等其他生物活性物的规模化应用。

玻尿酸的产业化传奇，就像一股飓风冲击着市场，也带给人们无尽的思索：

在众多国产化妆品原料中，为什么玻尿酸成了领跑出圈的那一个？

在玻尿酸国产化之前，国际上已不乏知名企业研究这一原料，为什么中国企业最终后来者居上占据全球市场的绝大部分份额？

其他原料能否复制玻尿酸的产业传奇？郭学平博士将对这些问题的思考总结娓娓道来。

对话时间：2024 年 4 月

张兵武：您深耕透明质酸这一领域已经快 40 年，获得过许多瞩目的成就。您是怎么进入透明质酸这个领域的呢？

郭学平：和透明质酸结缘，与我的老师张天民教授有关。张天民教授是国内最早研究透明质酸的科学家之一，大概是在 20 世纪 80 年代初，他便开始了透明质酸的制备研究，并成功从人的脐带和鸡冠中提取出透明质酸。我是他 1984 级的研究生，就读生化制药学科。受他影响，在研究生时期我便开始了研究透明质酸的进程。

透明质酸是典型的生化药物。当时，生化制药的狭义定义是，从动物组织中提取某种药物成分，如从猪小肠里提取肝素钠，从猪胃里提取胃蛋白酶，从鸡冠中提取透明质酸，制备成本高昂。当时化妆品、医美尚未广泛兴起，所以透明质酸最初主要应用在医疗领域。

张兵武：透明质酸由美国人发现，我国科学家对透明质酸的主要贡献是什么？

郭学平：透明质酸，是美国人发现并首先开始研究的，1934 年从牛眼玻璃体中分离出透明质酸。其实我们最大的贡献在于运用发酵技术突破提取来源的限制。鸡冠中能提取出的透明质酸量非常少，很难满足全球上千吨的需求。微生物发酵技术极大地提高了透明质酸的生产效率，解除了资源限制，拓宽了获取来源，从而使得透明质酸的产量成倍提升。

从市场驱动力来讲，我们把透明质酸昂贵的价格"打"下来了。以前，化妆品级的透明质酸原料大概是 3 万元一公斤，医药级的大概是 10 万美元一公斤，价格十分高昂。随着发酵产率提高、规模扩大，价格一直在往下走，达到非常亲民的水平，应了那句"旧时王谢堂前燕，飞入寻常百姓家"，让每个消费者都能用得起、用得好。

张兵武：透明质酸实现产业化之后，迅速为大众所认知，并掀起了一股热潮。透明质酸领域在国际上的评价发生了什么变化？有什么反馈？

郭学平：随着产能扩大，销售市场也在扩大。2003年，华熙生物开始进入国际市场，获得国际上众多著名企业的认可，市场影响力不断扩大，到2007年左右，华熙生物的市场占有率实现第一，成为全球规模最大的透明质酸生产商。根据弗若斯特沙利文的数据，2021年，华熙生物的透明质酸原料销量占全球市场的44%。

在此之前，日本、欧洲的市场占有率最高，最先实现化妆品应用的是日本资生堂。20世纪80年代中期，日本资生堂便实现了"发酵法"生产透明质酸的工业化，并成功地应用于化妆品生产中。资生堂并没有专注透明质酸这一原料，他们的目标是终端化妆品市场，随着华熙生物的竞争优势扩大，透明质酸对他们来说变得"鸡肋"，效益不明显，便逐渐关停了透明质酸业务，最后被我们"后来者居上"了。

张兵武：以前美妆行业对透明质酸原料的关注度并不是很高，如今火遍大江南北。整个行业是什么时候开始高度关注透明质酸？

郭学平：我认为行业对透明质酸的关注是从2015年左右开始逐渐攀升，2020年，华熙生物、爱美客、昊海生科三家公司陆续上市，大众对透明质酸这一物质的关注达到顶峰。此时资本介入，消费者密切关注，产业、消费者和资本市场的同频共振，让行业开始注意并审视透明质酸这一神奇成分。

一开始，华熙生物作为原料型企业，消费者关注度并不高。直到2012年，华熙生物作出了国内第一款透明质酸填充剂，标志着华熙生物正式涉足医疗和医美市场，顺利进入终端市场，实现了从原料向终端产品业务的拓展。除此之外，我还提出下一步要进入化妆品领域，直接触达消费者。在医美赛道上培养的高黏合度消费者，为华熙生物迅速打入化妆品市场奠定了厚实的消费群体基础。

张兵武：为什么透明质酸原料会率先跑出来，并吸引众多跟随者进入原料领域？未来，像胶原蛋白这些成分能否成为下一个像"透明质酸"这样的现象级产品？

郭学平：胶原蛋白和透明质酸的发展逻辑正好相反。实际上，胶原蛋白的兴起比透明质酸要早，在化妆品应用的热潮尚未兴起时，口服胶原蛋白便已经在保健食品领域火过一段时间了，那时候的胶原蛋白都是从动物组织中提取的，来源广，价格低廉，便宜的就几十块一公斤，贵一点的就一两百块一公斤，原料价格比透明质酸便宜得多。

在这种背景下，用发酵的技术做胶原蛋白，意义不大。而透明质酸的发酵技术和产业化，具有很强的市场竞争力和市场驱动力。即便每升原料只发酵出一克透明质酸，也比从鸡冠中提取的成本要低得多，目前每升原料可以发酵出十几克的透明质酸，所以其生产成本大幅下降，可以为化妆品和美容行业提供质优价廉的产品。这样作出来的产品才是有市场竞争力的，也有持续优化产量的动力，促使我们一直做下去，往上走。

张兵武：有哪些因素使得透明质酸比其他成分更受关注？

郭学平：首先，它是人体中广泛存在的一种物质；其次，可以大规模低成本生产；最后，它具备鲜明的美容功效。这几个现实条件加起来，很少有原料能符合。都说"江山代有才人出，各领风骚数百年"，不是随随便便一个物质，就能参与身体的构建和代谢。身体里固有的这些物质是经过上亿年，甚至几十亿年的生物进化，从而发挥各种生理功能，很难随随便便被更新掉。

张兵武：就透明质酸的应用前景，你觉得未来在哪些渠道，如医美、生活美容等的可能性会更大一点？

郭学平：我觉得都会有扩张。首先在化妆品领域，透明质酸从一个网红级的成分逐渐变成了基础原料，就像空气、阳光一样，是生活中的基础部分。在华熙生物备案的产品中，含有透明质酸的化妆品占比是非常高的，可以说它是除了基础大料外，添加量最多的。

在医美领域，透明质酸是填充剂中不可或缺的一部分。随着时代发展、技术迭代，虽然成分组合和填充剂生产技术会不断更新，但透明质酸作为基本原料，不会被替代。比如现在的产品添加氨基酸、抗氧剂、胶原蛋白等各种成分，但里面肯定还要加透明质酸。

张兵武：华熙生物作为透明质酸产业的领头羊，在透明质酸的研发上接下来有哪些新方向？

郭学平：研发，一定是和生物科技发展相结合，融合发展应用型的技术。比如，我们现在的重点是合成生物学，它代表着生物科技的最高水平，我们必须把它融入透明质酸的发酵中，才能保持领先地位。研发就是要与时代同频，吸取能为你所用的先进的前沿科技。

透明质酸是华熙生物安家立命的一种物质，我们必须一直扛着这面旗帜，并且在此技术平台上去研发新的活性物质。现在华熙生物也不只做玻尿酸，未来肯定还要向不同的领域延伸、拓展，做一些创新性的工作。

张兵武：目前华熙生物的研发团队有多少人？您作为首席科学家主要负责哪方面的工作？

郭学平：超过600人。现在公司发展比较快，仅济南就接近300人，我们还有上海的功能性护肤品研发中心、无锡的功能食品基础研究中心、北京的合成生物学国际创新研发中心等研发型基地。我们还收购了法国的一个研发型公司，用作面部年轻化实验室，收购过来后五六年间业务量翻了十倍。

从医药、医美、功能性食品，再到直接提供原料的toB业务，我需要根据华熙生物业务领域的发展去规划、布局研发方向。主要是以市场为导向，市场需要什么，我们就研发什么。接下来还要联合高校的力量，形成产学研共创的局面，促进基础创新。

张兵武：您怎么看待本土国货品牌化妆品的研发跟国际品牌研发之间的距离，或者说有没有差距？

郭学平：肯定是有差距的。比如说品牌建设，品牌需要积累，需要时间的沉淀，不可能一夜之间就造出全球知名品牌，一定是遵循规律，不能急功近利，得有独特性，品牌不是模仿出来的。纵观全球知名品牌，各有特点。你要学人家的东西，但不能一味地模仿，要有自己的创新，坚持长期主义精心打磨产品，经过安全性、功效性评测，最后将最好的东西呈现给消费者，对消费者负责，而不是草率地弄出配方，欺瞒消费者。

产品、功效、体验感、时尚度缺一不可，而不是简简单单的水或乳。因此，你必须认认真真去做事。你的品牌利益、企业愿景、企业文化等等，都是要围绕着消费者去进行，要知道怎么去提高消费者对美的感觉，改善消费者对产品的认知。

张兵武：您是怎么看合成生物在未来原料产业发展过程中的价值和作用的？

郭学平：合成生物学，是未来生物科技方向性的学科。过去合成生物学学术研究最多是在医学应用方面，包括用基因疗法来治病，都是合成生物学的研究内容。另外一个重要应用是生物制造方面，本质上是利用细胞、微生物来生产人们想要的东西。

合成生物学和微生物发酵结合，使得许多步骤能在实验室完成，通过人为改变基因从而获取所需物质，大大地提升生产效率和产能。在这个过程中，我也可以生产其他物质，"万物皆可合成"。但是，我们还有很长的路要走，就像西天取经一样，不是一天两天就能到的，但我们知道往哪走，就能到达。

实际上，目前我国的合成生物学技术才刚起步，以前主要是高校教授、国家专家在研究，也就是近10年布局企业开始增多，合成生物学开始大热起来。

张兵武：国产原料应用有哪些需要注意的问题，您有什么建议？

郭学平：发展空间还是比较大的。目前还是化妆品原料国产化的开端，天然特色植物与发酵技术的结合将会是发展风口。从品牌发展道路来看，我们需要先有创新原料和知识产权，再在市场上适当地推广独特原料。你想要做品牌的话，就必须有自己独一无二的原料，如果跟着别的品牌走，就永远落后于人。此外，在推广这一块上还有许多要提升的地方，要重视应用推广。往往原料企业研发出一个新原料，却不知道如何应用，与品牌绑定便显得至关重要。品牌在终端产品中宣传，突出创新原料，做好传播工作，美妆市场的新品往往就是这样诞生的。

张兵武：有部分企业看到华熙生物做原料成功了，做消费品牌也很成功，开始"跟风"，您觉得华熙生物的可复制性强吗？

郭学平：市场千变万化，或许某一节点、某一时机，正好促成某一品牌或者某一爆品的产生。好像积累到某一个点上，一下就成功了，即所谓厚积薄发。但很多东西是很难复制的，当时的情景、市场的机遇、研发的积累、产品经验等要素几乎无法重现。

梁其全
针尖上跳舞

在很长一段时间内，业内人士都以为梁其全是理工科出身——无论是他质朴无华的言行，还是他精益求精的匠人精神，都给大家如此感觉——但他自创业以来所作出的各种战略选择，无疑也体现出其暨南大学经济学出身的科班素养。

这两种特质犹如硬币的两个面，有机地融合在梁其全身上，使得他一方面在战略上能够升维思考，观产业全局以谋产品开发之一域，看到"窄门"之后的阳关大道；另一方面在日常经营中能够降维执行，具有无比的耐心和韧性，日复一日地优化创新发展所需模具与材质。

事实也正是如此，创办广州尚功塑胶有限公司（简称"尚功"）之初，从软管掀盖这一少有人看得上的细分品类切入，业内初露峥嵘时向可持续发展的 ESG 升级、推出全塑真空泵，梁其全对于产业痛点与发展方向，有着足够的洞察与前瞻性。而这种方向性的战略选择要成功落地，有赖于细致入微的日常实践——正如管理学大师彼得·德鲁克所说："有效的创新始于细微之处，它们并不宏大，只是努力去做一件具体的事而已。"盖子的色泽与手感、全塑弹簧的兼容度、车间粉尘颗粒的含量……一个个具体的细节，就是尚功塑胶在包材创新之路上的着力之处。

俗话说："熟能生巧，巧能生精，精则能通神。"掀盖也好，全塑弹簧也罢，都是产业链条上极其细微犹如针尖的点，但梁其全以其专注、执着与孜孜以求，让我们看到了"针尖上跳舞的天使"。

窄门：美丽产业的活法

对话时间：2024 年 5 月

张兵武：您是如何走上塑料软管盖供应商之路的？

梁其全：我从暨南大学经济学专业毕业至今做了 25 年软管和盖子，从业务员干到销售经理，再从职业经理人到合伙人，最后自己创业。

进入这个行业其实是机缘巧合。1999 年大学毕业后，我经同学介绍进入一家软管包装企业，很神奇的是，我一进入这个行业就爱上了。2016 年之后我有了自己的想法，由包材软管转向了配套软管的掀盖，然后创立了尚功。

张兵武：为何选择不被大家关注的掀盖作为创业切入点？

梁其全：这得从我做软管时说起。首先因为软管包装是软管加盖子配套给品牌方。在这个行业待的时间越久，了解越深入。我会听到很多品牌方的诉求：你给我的软管挺好看，但是盖子总觉得缺了点什么。同时，过去的盖子可选择的外观也比较单调。

其次，过去消费者打开盖子的体验感不是那么好。有的盖子有点刮手，对于手比较细嫩的女性消费者来说并不友好，容易被划伤；开盖力度也不统一，有的很容易开，有的怎么都开不动。

最后，中国幅员辽阔，假如我们的盖子是在广州生产，冬天运输到华东、东北地区时，盖子由于天然的物理属性可能会很容易断裂，这样消费者使用时一掰就断，品牌的整体形象会因此受损。

俗话说好马配好鞍，假如包装中匹配的盖子存在欠缺，对整体包装是有影响的。这也让我进一步认识到了一个好的包装，不仅管子要做得好，盖子也要做得好。

张兵武：您创立尚功之后是怎么解决这些痛点的？要把一个盖子做好有什么讲究？

梁其全：根据多年经验的积累，解决这些问题主要有四个维度。

第一，前期设计。在这个阶段就要想好怎么开盖才能让消费者有更优的体验感，外观如何才能吸引消费者。尤其化妆品本来就是美的事业，包材外观对于品牌形象来说很重要。

第二，模具。用更优质、更优化的模具结构作出来的产品会更结实、更好看。模具的结构非常重要，需要在模具的设计上花费大量时间精雕细琢，这决定了成品的细节好坏，所以我们在模具上的投入占比超过了 60%，是我们最大的投入。尤其是好的产品要在模具上作出来往往要经过多次的调试，它不可能一蹴而就，想要达到我们设计时的效果需要投入大量精力。

第三，工艺。好的工艺不仅能作出好看的外观，而且也能保证消费者在使用时有更好的体验感。但这非常需要经验，所以我们在筹备团队之初，就花了很大力气，一定要找到具备技术力量的师傅进入我们团队。

第四，材料。这一点非常重要，现在的竞争往往就是科技的竞争，而科技竞争在我们包材中的体现就是材料应用。我们要选用安全、耐折、有韧性的材料，而后我们还要从材料的配方上进行攻关，去克服盖子不耐寒、不耐冲击的短板。

张兵武：尚功在模具上的投入非常大，之前有没有为此交过"学费"？

梁其全：尚功从创立至今走过了七年半的时间，交过不少"学费"，也有过很多煎熬。

因为我是从软管制造转型去做盖子，又是经济学出身，对于工具制造还是相对陌生，所以刚创立尚功之时，我要另建团队，找资深的师傅，找材料配方，不断地优化测试。甚至刚开业半年基本上都没有订单，只是在不断地开模、调整设计、工艺、配方，不断重复这些动作，直到拿出有突破、能被市场认可的产品给客户。

有一件对尚功打击特别大的事：2018 年，我们有一批货将近 20 万个盖子，被客户投诉存在色差问题。这是在生产的时候，由于工艺的变化以及生产环境的变化，导致出来的颜色跟标准色发生了偏离。

当时我和客户沟通能不能让步接收，减少一点损失。但品牌客户很明确地表示，不可能将不良产品投放到市场，这有损品牌形象。这句话直接给我浇了一头冷水，但是也因为这件事情吸取到教训：我不能靠求情这种商业技巧去赢得信誉，必须严格按照客户标准作出优质的产品给到客户。

于是，我义无反顾把这 20 万个不良盖子全部报废重做，宁愿自己承担损失也不让品牌客户受损。从此,我个人就更加坚定了要做精品,坚持精益求精这种信念。

张兵武:您不是做技术出身,怎么管理这群专业人士?

梁其全:我们是因为有同样的信念而凝聚在一起的,尚功团队是一个优势互补的团队,所以说虽然我不懂但我们也可以做。

当然我入行以来,也做了很多的技术积累。在创立尚功之前,我就花了差不多三年时间去强补技术、材料、注塑的相关知识。同时,我之前在做合伙人的时候也做了很多相关的工艺和技术储备工作,经常到一线去摸索,才让我在创业的时候有了比较好的基础。

张兵武:尚功在做掀盖这件事情上做了这么多努力,外界怎么看待你们的成果?

梁其全:其实我们当时的产品一投放市场就得到了同行认可,整体质感、开盖时内在的厚重感,以及开盖手感,甚至是开合声音都很不一样。单单是开合时"啪嗒"一声的感觉,我们都做了千万次调试。从最开始的一个外行,到现在我觉得尚功完全可以和国际同行竞争了。

另外,我们经过四年多努力,尚功从最普通的掀盖,进阶到推出硅胶限量阀掀盖、功能性掀盖,再到止回掀盖。一路走来,我们都在不断升级掀盖的功能,尚功也在不断向上突破,就是希望把盖子能够有的功能做到极致。因此,我们也获得了国内众多知名品牌、新锐品牌的认可,并且得到很多定制化订单,做了很多定制化模具开发。

张兵武:现在是什么缘由,让您又去做了HDPE[①]全塑真空泵这种环保的可持续包装?

梁其全:在全球环保大战略下,国内外环保压力都很大。而可持续包装也是尚功开发产品时的理念,开发环保包装也是一直在坚持做的事。

在盖子上我们已经做到可以和国外包装媲美了,如何才能作出有中国后发优势、有技术创新的企业,是我时刻都在思考的问题。我看到国际企业还

---

① HDPE:高密度聚乙烯。

没有作出一款单一材料全塑弹簧真空泵，因此，我们就下定决心在这方面去做创新，唯有如此才能"弯道超车"。

HDPE全塑真空泵这个市场尚功已经关注很久了，同时这也是软管升级的方向。目前，市面上所有的包装都含有金属弹簧，日后回收时需要分拆才能回收，并不适合可持续战略。

我们从有这样的构思开始，仅仅是思考如何实现这个功能就花了一年时间。其中核心，就是全塑风琴结构弹簧，它凭借特有的优势可以做到减少部件，真正实现减塑低碳，便于回收。

张兵武：一路走来，您做企业有什么特别的心得？

梁其全：第一，我觉得无论是企业还是个人，都需要有"灵魂"。假如没有内在价值的追求，是很难坚持下去的。所以我会对尚功团队每一个干部员工说，要调整好自己的心态，让自己成为一个阳光的人，有足够开放、包容和积极的心态去面对实际工作中的困难，迎难而上才会迎刃而解。

第二，一定要有担当。做企业不可能一帆风顺，总会有一些突如其来的事情发生让你措手不及。如若没有担当精神就很容易被偶发事件打败，只要敢于面对，敢于抱团共同克服，一切就都不怕了，有担当才会有团队。

第三，匠心。现在的竞争已经进入了"红海"状态，无论是哪个行业。我们做盖子也有很多优秀的同行，他们也在不断地追求上进，我怎样才能在众多优秀同行中脱颖而出？怎么才能把我的产品做到比他们更好一点点？我认为只有"匠心"二字。坚持在每个环节都要有耐心，一点一点地精益求精去取得更好的结果。

尤其经过多年市场培育，不光是专业的包材研发人员，一些品牌方老板、产品经理、主理人一眼就能看出产品哪里有残缺，甚至比做包材的还专业。

第四，奉献精神。任何一个企业都离不开员工支持，更离不开客户支持。我们要通过优质、创新的产品去满足市场需求。把自己的青春奉献到我们热爱的行业中去，为行业作出应有的贡献，这也是我们尚功人应该具有的品德。

张兵武：尚功从一个掀盖切入到现在的全塑真空泵，未来方向又是怎么规划的呢？

梁其全：无论是掀盖还是单一材料真空泵，都是尚功"包装可持续创新发展"战略上的核心方向。第一，会继续深化掀盖产品的开发，我们正在研发在保证质量和功能不变的情况下减少材料使用的减塑盖，并且准备投向市场。第二，继续投入精力进行研发和创新，不做同质化竞争，不打价格战。目前，我们成功研发出的单一材料真空泵和单一材料真空瓶也得到了市场认可，并且已成功出口欧美市场。此外，单一材料乳液泵也是尚功重点开发的产品之一，这也是市场上的空白产品。第三，出海也成了我们重要的战略规划。目前国内市场竞争十分激烈，所以向外拓展是尚功规划中的重要一环。

张兵武：去年11月尚功完成了新工厂的搬迁，能否介绍下目前新工厂的情况？

梁其全：新工厂占地面积大概11000平方米，注塑机将近50台，员工120人左右，一年掀盖产量将近两亿个。

借由旧厂到期契机，我们对新工厂进行了全新的升级改造，车间规划做了人机分离，车间也达到了食品级无尘车间要求。同时我们还增加了多台自动化设备，产能增加了50%以上，可以更快满足交付需求。

除此之外我们还进行了数字化升级，引进了MES智能管理系统，让工厂的每一台设备都连入同一个终端，让我们可以更好地监控生产状况，优化管理，提升管理效率。

梁宏丽
提升美妆制造软实力

与海尔、日丰等知名品牌厂区相邻，总建筑面积达20万平方米的贝豪集团（简称"贝豪"）三水新工厂已成为当地重要的工业旅游景点。

这一被命名为"贝豪全球美妆文化创意产业园"的厂区，从整体规划到施工细节，无不透露出其引领未来美妆制造的野心与愿望。

"希望新工厂20年后仍不落伍"，对于新厂区的前景，贝豪总经理梁宏丽所图极为深远——如她所愿，这里正成为美妆产业的新地标。

过去20年，贝豪在面膜代工领域颇有建树，成为这一品类的重要推手——提到"贝豪"大家就会想到"面膜"。

十多年前，源起于台湾制药企业的贝豪以其凌厉干脆的作风，扬弃业内通行的全品类代工模式，将原本做得好好的护肤品全部砍掉，聚焦于单一的面膜品类，且以两到三年推一款产品的节奏上新。从隐形蚕丝面膜、备长炭面膜到大马士革玫瑰花水面膜、提拉紧致001面膜，再到7A级的铂金面膜，凭借这屈指可数的几款产品，贝豪成了国内美妆代工领域的"异数"，也为产业同仁演绎了"less is more（少即多）"这一理念的魔力。

常言道"大舍大得"，秉持极致聚焦战略的贝豪所推产品每一款皆为精品，也都成了爆品，这奠定了贝豪在面膜代工领域的标杆地位，也成就了梁宏丽"美丽教母"的盛誉。

如今的新工厂，不仅开启贝豪新的发展周期，更承载了梁宏丽新的梦想。相比于老工厂，新厂区建筑面积扩大数倍，贝豪重新推出护肤品代工业务以充实产能并在战略上迈向新阶梯，但仍然延续了极度克制的做法，仅推出一个高端抗衰系列——"少即多"的极简之道一以贯之。

贝豪以"一厘米宽、一公里深"的产品哲学,阐释了梁宏丽所奉行的座右铭:追求极致就是一种生命的哲学。

在产品线上坚持做减法的同时,贝豪在市场运营端则努力做加法,把代工厂本不擅长的"短板"加长。

形象、美学、创意、设计,这些传统代工厂所忽略的元素,在贝豪企业文化中却占有很大比重,不仅因为美妆产业的属性,更因贝豪打造品牌的执念与禀赋。梁宏丽深知,作为代工厂的"贝豪"如果不能成为一个业内知名品牌,那么是很难跳出低价内卷的产业困境的。从厂区园林绿化到员工餐厅,雅致的时尚感与数字化智能有机融合,处处体现匠心的贝豪新厂区为大家呈现的是一个热爱品牌的灵魂。

除了在研发、制造上持续投入,贝豪还更多地投入在品类教育、品牌打造,以及全方位的价值输出上,使得其作为一个有影响力的代工品牌获得了广泛认可——贝豪出品,给予合作品牌高品质的信心,也提供了走向市场的信任背书。在为客户提供优质产品的同时,贝豪也在不断降低其渠道沟通成本,因此而获取OEM溢价。在这一点上,很多唯"产品性价比"论的代工厂在意识方面与贝豪存在较大差距。

在打造自身品牌的同时,贝豪在人才与能力方面也不断强化,在为代工品牌赋能、提供附加服务方面提供了有效的组织保障。同样是做面膜代工,绝大多数工厂只能提供生产线上的产品,而贝豪从宣传资料设计到售前培训实行一条龙服务,合作方产品到手即可快速启动市场,而且在销售过程中能获得强有力的专业辅导与支持。作为一个代工厂,贝豪的能力半径已经比同行长了不少,这对于强化客户认同度、忠诚度有着不可小觑的影响力。

产品多而全的代工模式,往往陷入贪多嚼不烂的窘境。代工厂在市场运营方面的能力本来就比较弱,产品一多,自己团队都很难把每个产品都弄明白,在此前提下去为客户赋能无异于缘木求鱼。这正是众多代工同仁所忽略的美妆制造辩证法:因为在产品方面奉行极简战略,贝豪具有鲜明的市场辨识度,能够快速建立自身品类优势认知;极致聚焦的产品战略,两三年推一款产品才能做到"精益求精",才可以实现资源集约化利用,让团队在精专于产品的基础上为客户提供高质量的服务、支持，促进市场的良性循环。

产品做少，服务、支持才能做多，这正是贝豪将每款产品做成精品、爆品的关键所在，也是成就其软实力的根本原因。

过去几年，贝豪在法国、日本精心布局，如今已经初见成效。新工厂的建设让整个集团在硬实力上越级而立，其基于"少即多"理念构建的产业运营软实力将让这一切发挥更大的价值。

对话时间：2024 年 9 月

张兵武：感觉新工厂比老厂大很多，是什么契机促使贝豪建设新工厂？

梁宏丽：整体建筑面积 20 万平方米，整个的主体办公大楼有将近 38000 平方米，员工的餐厅跟公寓楼也有 2 万多平方米，生产车间有 13 万多平方米。比原来老厂区总面积大 5 倍吧。

贝豪原来在佛山南海区有两家工厂，都是租的厂房，但我们觉得一直租厂房也不行，正好佛山三水政府比较看好贝豪的发展潜力，通过招商引资就把贝豪引进来了，给了 100 多亩[①]地。

在做园区规划的时候，保守一点，其实可以分成两个板块，比如建一半，留一半土地，或者租给别人。后来我反复问自己："你是想做多久？做 5 年、10 年、20 年还是更久？那这个规划是否符合你未来 20 年的发展要求？"所以就以 20 年的时间去做整个厂房全部的规划。

贝豪新园区的整个规划，确实是花了很多心思，一改再改，推翻重来了很多次。

张兵武：20 万平方米建筑面积，很大，在全球来讲已经算排在前面了。

梁宏丽：虽然我们不能跟国际一线大牌之类的大厂比，但是单体体量放在全球美妆产业来讲，是排在前列的。事实上，现在肯定是用不到全部空间，我只是把空间全部建完了。因为我在做规划的时候发现，以贝豪这些年的发展速度，可能过 10 年空间就不够用了。

---

① 1 亩 ≈ 666.67 平方米。

如果过 10 年不够用的时候再去规划厂房，厂房的统一性、整体效果就没有那么好。所以我想来想去，决定给自己点压力，一次性建完，希望新工厂 20 年后仍不落伍。

张兵武：一次性到位，肯定会有很多挑战，比如说在产能上。您怎么看待这个问题？

梁宏丽：产能的挑战是一定会有的。因为只供应面膜单一品类，厂房面积大概五六万平方米就足够了。而且目前面膜市场已经到了瓶颈期，加上价格内卷，贝豪又是定位中高端，那么肯定会有一定的压力。虽然有压力，但压力伴随着动力。

张兵武：这就涉及贝豪战略的重新规划了，也是同行都特别想知道的，未来贝豪新战略会如何支撑 20 年的设想？

梁宏丽：很神奇的是，在做了一些规划后，就会发现新的商机和新的秘密。就像当年贝豪发现无纺布面膜一样，想去革新传统无纺布面膜的时候，创新性地发现了蚕丝面膜。这就是发现了新的商机和秘密，我们也愿意去挑战、做下去。

在产能方面，没有任何一家企业的生产订单能够仅凭面膜这一产品就填满如此庞大的体量规模，更何况多个工厂的订单量都未必能够完全饱和。因此，我们需要审视自身，明确我们拥有什么资源，缺乏什么条件，以及还能研发哪些不同的产品来丰富产品线。

贝豪一直是以单品爆品为主，我们以"超级大单品"的策略去做产品研发和创新。既然面膜填不满，那我们就重新开始推面霜、护肤精华、眼霜、颈纹霜等代工业务，而且主打抗衰。

贝豪并不是为了增加产能而去拓展任何一个新品类。抗衰的产品成本更高，这意味着不见得会有很大的销量，因为价格决定了数量。这些产品也是从面膜发展而来，把它（面膜配方）加到护肤品里面，会经过很长时间的测试，并不是随便推出的产品。

张兵武：好像过去十来年贝豪主推的就是面膜品类，是不是基本上没有推过膏、霜这类护肤产品？

梁宏丽：实际上，贝豪一直在做这些半成品，只是没有大量去推广和生产。因为它们（膏、霜类产品）的销量，跟面膜并没有形成正比。贝豪在没有专注做面膜之前，就是做护肤品的。贝豪原本是从专业线市场进入大日化市场的，在想要转型升级的时候，从2006年到2008年，就创新了蚕丝面膜第一代产品。之后，备长炭面膜、大马士革玫瑰花水面膜、提拉紧致001面膜、铂金面膜出现，再到现在的复合铂金面膜。

张兵武：这么多年贝豪主推的产品好像加起来都不超过十款，这在代工厂是极少见的。

梁宏丽：这就是应了那一句话，也是贝豪清晰的定位——少即多。做的产品少，你还能生存得这么久，那你这些产品一定是扛打的。

所以贝豪的价值观，也是我的座右铭：追求极致就是一种生命的哲学。做到"一厘米宽，一公里深"，我们要把产品的功能、效果打磨得更完善，做到极致。

行业里很多人都很难理解，说贝豪就做那么几样产品，是怎么生存到今天的？其实我们的客户复购率极高，最差的复购率都有50%。我的客户只有增加，没有减少。除非他是要做很便宜的面膜，贝豪确实做不了，也没有便宜的原料，这是贝豪的底线。我觉得接单容易，要懂得拒绝客人是超级难的。

张兵武：所以对于贝豪的产品来说，复购率是个很关键的问题。

梁宏丽：是的，我不想去做很多同质化的产品，就只能不停地去打磨品质，让我的产品没有售后问题，让它的复购率极高。这些年贝豪一直在坚守这个理念，把产品的品质打造到极致，而且成分很安全。把一款产品打磨到极致，总胜过1万个产品做得普通。

别看我只做这几样，也能做几个亿的生意，而且原料备货少了，成本也更少了。做成百上千种产品，意味着不同价格、不同品种的原料都要备货。一旦有卖不掉的原料或产品，到了保质期就要处理。原料是有保质期的，到期丢掉的量是非常大的。

贝豪产品这么少，一年都要倒掉价值几十万的原料。那么，那些做成百上千种产品的企业，一年要丢掉的原料估值会达到几百万。

张兵武：这是一个非常关键的数据。

梁宏丽：我们做产品，要反复去测试，小样、大样的检测结果可能会不一样，到生产大货的时候，还要去检测。万一检测不行，这批货就要报废。这样原料成本又会增加。

因此，我们反复去打磨一款产品，哪怕说它只是补水保湿好，那也会优于别人的产品。就好比大家都放玻尿酸，但贝豪的面膜会更舒服，即使拿同样的配方去打样，但生产顺序不同，只要有一丁点调整变化，就无法模仿到贝豪的产品。

张兵武：就算贝豪现在主推的产品多了，也还是坚持"少即多"精神去做产品？

梁宏丽：是的。我们虽然增加了护肤品，但主打抗衰。在消费者的认知里，抗衰是高端产品，这跟贝豪一贯的高端定位是匹配的。要推出一个产品，首先看市场定位，客户认知里能接受抗衰产品贵一点。

我们现在主推的铂金面霜，走的是私域高端线，虽然贵但是客户依旧相信贝豪产品的品质。而且我们对自己的产品负责，既然我们卖这么贵，就要保证产品品质，反复测试产品的使用效果，目前测试结果反馈也不错。

张兵武：业内都认为贝豪的代工成本会比别人高一点。实际上，单纯从原料层面来看，无论是品牌还是工厂购买，成本基本一样。那为什么贝豪代工产品更贵呢？是因为贝豪能为合作品牌做到别的工厂做不到的事情吗？

梁宏丽：首先，贝豪不做同质化的原料和配方，每一款产品都有自己的特色，具有独特的核心原料优势。以贝豪的玫瑰纯露原料为例，它产自贝豪位于保加利亚的玫瑰种植基地，加上独家的研发技术，很难被人仿制，有很高的竞争壁垒。没有专门团队研究5年以上，是很难复刻出一模一样的触感、质感的。掌握了核心优势，自然而然就掌握了话语权和定价权。

其次，是品牌孵化全案服务，为客户提供附加价值。贝豪组建了健全的市场部团队，为客户提供产品创意、卖点设计、包装包材、推广传播等全链路一站式解决方案，就像是一个小型广告公司，相当于一键输出，帮客户孵化品牌，打造核心竞争力，赋能品牌成长。

张兵武：我也接触过很多代工厂，都说自己产品很好，却说服不了客户下决心与之合作。很多代工厂都没有意识到一个问题：找你代工的人在产品方面都是不如你专业的人，你把产品给到他的时候，他还是不知道怎么卖。他走不出这一步，就无法决定跟你合作。

梁宏丽：是的，为什么我们要做品牌孵化这件事情？其实是加速跟客户签单。因为只有你自己最了解产品。客户走什么渠道，卖什么样价位，客户的定位群体是什么年龄段，你什么都清楚。给他去定制产品的时候，整个品牌的宣传文案、输出包装、设计会基本符合定位。

张兵武：有一件事情我印象很深刻，以前贝豪有一张面膜的宣传图片，市场上很多企业都在用，当时很少有人想到这是一个代工厂设计的。

梁宏丽：那是贝豪花了很多精力跟时间给客户做的一张关于蚕丝面膜的宣传照片，当时行业内很多工厂都被我们告了，因为这是贝豪的知识产权专利。

通过这件事我也看到了一个机会，就是在市场不规范、知识产权还不被重视的时候，贝豪已经卖出了原创作品，并给客户提供了附加价值。从那一刻开始，我们每年都会进步一点。

张兵武：现在回过头来看，当时就觉得也就是一张图片，但这么多年过去了，还是没有几个代工厂能提供这样的服务。

梁宏丽：这就是因为大家缺乏核心竞争力，也没有想过用一个创意来体现产品特征。

我觉得一个企业能够生存得长久，要有核心竞争力。贝豪源自台湾，已经有37年的历史，在大陆这边也有20多年，经历过很多风风雨雨。我们是一直在不断地进行创新和研发，上不封顶地投资技术研发。

不是每一家生产制造企业都敢去投入研发，因为没有定数：第一不知道研发方向；第二研发资金很高。过程很难，但市场很"卷"，贝豪还是要突破自己。从100%植物纤维的白膜，到有吸附功能的备长炭黑面膜，再到首款功能性膜布铂金纤维膜布，都是源于某一个想法。以铂金面膜为例，我们将微米铂金技术应用到制作面膜中，在原有的基础上增加了新的功效，效果也会更明显。

张兵武：刚才更多的是在产品、技术层面谈贝豪的竞争力，你有没有意识到其实贝豪已经不单单是一个"代工厂"了，反而更像是一个"品牌"。业内很多人都觉得贝豪就是个"品牌"。如何看待贝豪在品牌塑造方面的投入？

梁宏丽：很多年前，我就把贝豪当成品牌去打造，让其变成一个"品牌化工厂"。过去，很多企业觉得没必要在"品牌塑造"这方面投入，但贝豪恰恰要做不一样的事情。这跟前边提到的研发理念是一样的。

会做产品，只是企业生存的根本；技术、研发、生产，只是生产制造企业的立身基础，只有"价格"的话，就没有"价值"。

那企业的价值体现在哪里？文化。一个生产制造企业加上文化，相当于插上一双翅膀，更有竞争力。这就叫情绪价值的提供。就好比消费者愿意购买奢侈品和有设计感的产品一样，是因为它能提供情绪价值。

另外，工厂的外在形象本身也是品牌塑造的一部分。没有人会透过邋遢的外表，去欣赏内在美，尤其是美妆行业。在美业，审美很重要。我本身也是爱美的人，所以对环境、包装设计、办公室文化的打造很重视，包括展会、公寓、工厂的设计，要做到美感与科技并存。

这样的举动也得到了很多政府领导、客户和参观者的认同，让他人另眼相看。在这个过程中，他们发现我们跟传统生产制造企业不一样，是有情怀、有文化、有内涵的。我觉得这就是我做这些事的价值。

张兵武：经常看到贝豪在全球各地参加展览，宣传面膜文化，你个人也会经常宣传贝豪的企业文化。你们很看重文化的传播。

梁宏丽：其实文化是一种无形的东西，不去传播，没有人知道你有没有文化。我发现，在未来更具竞争力的前提下，除了会做技术研发，我们还必须提炼出核心文化内涵，并通过展会、平台传播等方式去表达出来。每一年的展会设计我都要求不一样，通过这种方式不停地去表达，持续加深行业和观展人对贝豪的企业认知。

现在行业中对贝豪的认可，就是这样潜移默化、多年累积下来的。

这也是贝豪新园区提前做 20 年规划的原因。一方面是对未来前景的憧憬，看好美妆行业。我觉得这辈子也做不了其他行业，只能在美妆行业去做事。既然如此，单靠生产是不行的，我们就想如何去传播美妆文化和"面子文化"，那就是需要做"产学研游"四位一体，包括生产、游学、研发、工业旅游。我觉得这是未来。

20 多年来，我去过全球很多国家游学，在这个过程中，我发现全世界优秀的企业都有共同特质，企业文化都做得很好，都很美。这些国际品牌都是一点点变化累积，今年有点变化，明年再有点变化，然后累积到现在成为一个大品牌。

虽然我们现在才刚开始，但这些年一点一点地变化，已经走出了过去那种很低端的工厂刻板印象。这种变化成为贝豪的一大优势，不管是政府层面还是客户层面，基本上进来都要坐游览车逛整个工厂。在这个过程当中，客户在感受完贝豪的文化以后，又提升了对贝豪的认可度。

其实这也是一种经营策略。但我觉得这种经营策略，不是说你想做就能作出来的。

贝豪一直都在想，能为 B 端客户或 C 端客户提供什么样的理念和什么样的美妆文化情绪价值，因此用心建设了新园区。我做每件事情都很认真，凡是跟工作相关都特别认真。工作对于我来说，是要去创造价值的，是给更多的人去看的，需要我更用心，这是我这些年对自己的一贯要求。如果没有达到我自己想要的结果，我就一定要做到、改到满意为止。

张兵武： 参观新工厂有一个感受很明显，你在员工关怀方面做了很多工作。

梁宏丽： 是的，目前员工公寓是酒店式的，也为贝豪的员工提供五星级食宿，这个想法也是按照未来 20 年的规划提出并实施的。随着新一代群体的成长，他们的观念、想法与上一代有很大差别，如果工厂能提供的服务、条件不能满足当代人群的需求，那将面临"用工难"问题。

科技以人为本，那么企业文化也要以人为本。美妆行业是难以完全做到

"黑灯工厂"的，特别是代工厂，更做不到，只能做到部分自动化流水线作业。大多数个性化定制的工作，还是需要很多人去完成。没有人，很多事情是做不了的。虽然未来机器人可能会非常普及，但是机器人依旧需要人来操作。

出于这个考虑，我们就把员工公寓打造成酒店式。一开始规划设计不合理，花了很大代价推翻重做，尽量给员工舒服满意的生活环境。

人都是有情感的高级动物。具体来说，你怎么对他，他就会怎么回馈你、怎么去对待你的产品。他带着一颗爱心，生产出来的产品可能都不一样，如果带着怨气工作，状态不可能会好。

张兵武：目前贝豪在全球的工厂是什么样的状况？在整体业务上有什么新的布局？

梁宏丽：目前，中国佛山的工厂是投资规划最大的全球美妆文化创意产业园；中国台湾的工厂，经过几十年的发展，已经非常稳定；日本工厂主要以代工为主，目前自负盈亏；法国工厂占地面积 2 万多平方米，是欧洲规模较大的美妆工厂之一，经历过 3 年疫情，但还是坚持下来了，从今年开始盈亏平衡，主要以孵化品牌为主，成效不错。

2022 年，有很多客户反馈说我们的铂金面膜对敏感性肌肤、痘痘肌都很友好，我们对膜布纤维材料进行检测，发现其具有非常突出的抗菌能力。

经过广州广检技术发展有限公司检测，这个纤维材料达到纺织行业最高的 7A 抗菌标准。当时萌生了一个想法，拿来做纺织品可能更好。7A 抗菌纤维材料可以解决脚臭问题，接着把碳晶科技加到纤维里，发现吸臭效果更好。抗菌加上吸汗除臭，营造出一个干爽的环境，对香港脚是很友好的。一开始研发的袜子质量确实很差，穿几天就破了。这两年，从纤维到纱线、面料，再到成品，我们不断去改进技术，查阅全球资料，研究怎么将袜子做得有弹性、质量更好，最后呈现给大众满意的产品。现在我们已经参加了几个纺织品、内衣的展会，反响都非常好。

这就是技术创新带来的新惊喜，是贝豪实验室里最大的惊喜，也是贝豪这些年一直在说的"道生一，一生二，二生三，三生万物"。从面膜、护肤，到高端抗衰，再到纺织。从产品端口来讲，贝豪已经完成了技术研发的突破；从企业形象上来讲，贝豪打破了传统的工厂模式，发展工业旅游，传播美妆文化。这些也将会是贝豪未来20年的规划主线。

我也希望行业越来越好，大家能在技术研发上、在形象上做一些美化，成为一个让人尊重的企业。就像行业内对我有很多称呼，这些称呼对我来讲，是一种认可，是一种尊重，也是企业家精神的诠释。

| 朱洪 |

构建功效护肤方程式

在本土美妆制造领域，有"祛痘界扫地僧"之誉的中通生化（简称"中通"）一直是个独特的存在。这家始创于 1996 年的工厂，不仅以其自有品牌为功效护肤探路的经营模式为同仁所瞩目，也因其在跨越传统 OEM 厂商路径依赖方面所作出的前瞻性探索而备受关注。

当大多数同行还在用"保湿效果不错"这种体感玄学评价产品效果时，中通生化率先建立数字化模型体系，将感性描述转化为可量化的科学指标；当 3D 皮肤模型在国内尚属空白时，他们耗资数百万打造实验室，与国际品牌展开平行比对。不仅如此，为从源头把控产品质量，中通在深度筛选原材料的同时自建中试提取车间，为功效护肤的河道构筑起安全堤坝。

2010 年前后的这些超前举措，数年之后才被一些头部品牌视为标配。

从传统单纯的 OEM 代工到体系化的全案服务，中通当年迈出这一步，实属无奈——意识到配套的供应商企业与自身标准相差太远、影响最终产品品质的稳定性时，中通创始人朱洪决定将业务范畴延伸至包材开发、功效检测、法规研究等全产业链环节——"无奈"背后的布局，是本土美妆制造企业对产业链条标准缺位的优化。

古语有云：不谋万世者，不足谋一时；不谋全局者，不足谋一域。过去几年，疫情与超级监管双重压力之下，美妆产业在震荡中重构，很多企业在价格战中迷失方向；而中通却展现出强大韧性，以祛痘为支点撬动功效护肤，在代工红海中辟出一条航道，从容深潜——针对熬夜、饮食等 20 余种诱因开发 40 余款产品，构建"自选超市"式解决方案，甚至将祛痘研究延伸至"后天敏感肌"领域；旗下祛痘品牌比度克历经多次产业迭代与渠道变革，如今重装上阵，充分展示了"祛痘专家"的强大生命力。

在国家强化功效宣称监管的当下，中通多年前所埋伏笔的战略价值得以凸显，这让其进一步坚定了从源头重塑价值链的野心。中国 8000 多种可用原料缺乏过硬的标准，同一原料不同纯度可能导致产品安全风险。一系列"原料带入门"事件，更让中通意识到必须从原点出发夯实功效护肤的基石。为此，他们提出了化妆品级原料标准构想，在安全评价中心进行实践并建立严苛的企业标准。

"功效护肤时代"轰鸣而来，中通默默构筑的技术壁垒给出了功效实力派的基本方程式：提升原料标准+死磕细分赛道+敬畏安全底线。

> 对话时间：2025 年 2 月

张兵武：中通生化是哪一年成立的？现在这个园区有多大？

朱洪：中通生化整个公司是 1996 年成立，这个园区（中通生化全新工业园区）是 1999 年征地，2000 年开始做规划，2002 年建设，2005 年投入使用的。整体面积 20200 平方米（30 亩）。

张兵武：现在 30 亩不小。在那个阶段，占地面积这么大的工厂并不多吧。

朱洪：很少。当时我们本来想找一些县城的厂房来扩大产能，但当时房地产还没兴起，所以只能自己去买块地。当时的地价也便宜，于是和几个朋友向农村征了一块地，最后建了这个园区。

张兵武：据我了解，中通生化提供研发、生产到包材包装等一系列深度服务，可以说是一条龙全案服务。一个代工厂为什么要这样做？

朱洪：其实做全案服务是无奈之举。本来我们是想往研究、配方、制造方面去做，但是在产品交付标准制定过程中，发现有一个很大的问题：配套的供应商企业跟我们的标准相差太多。

举个例子，对于化妆品来说，包装是很重要的一部分。包装由内包装、外包装构成，包括纸盒、玻璃瓶、塑料瓶、塑胶瓶等，与内容物直接接触，内容物又直接接触消费者皮肤，因此包装质量会对化妆品质量产生很大的影响。

张兵武：那有很多企业在配套上满足不了你的需求。

朱洪：是的。当时很多包装供应商没有关注包装和化妆品的匹配性问题，对品质要求没那么高，水平参差不齐。因为标准不一致，会造成产品的不稳定，导致消费者在使用过程中产生不良反应。因此，我们给合作的包装企业定了统一的标准，能清楚知道包装和产品是否匹配，从而规避掉一些潜在隐患，把控产品终端的品质。

做好包装开发模块后，我们开始做产品功效检测的模块。当时产品检测有国家标准，但功效检测并没有明确的标准，大家多用"膏霜很好用很舒服""保湿度很好"这类感性的词语去描述功效。而对于开发配方来说，这是没办法去量化的，无法与配方中添加的物质和原料比例相对应，存在很大的不确定性，开发难度很大。

因此，我们把消费者使用过程中的感觉慢慢用指标量化，针对不同功效类型、皮肤类型，建立了数字化模型体系。

张兵武：这个操作是走在行业前面了。

朱洪：是的，我们从 2010 年就开始做，当时国内没有几家企业做。因此对标的时候，我们只能向国际品牌企业学习，和他们的实验数据做平行对比。我记得做 3D 皮肤模型的时候，国内没有一家企业做，中通生化应该是第一个在做。当时找不到任何资料，后来找到专业人士，我们投了几百万做实验室。

张兵武：现在很多头部品牌也才刚开始。

朱洪：是的，很多头部品牌到 2017、2018 年才做，我们从 2012 年开始。做这个事情，其实是长期主义思想，我们想把一件事情做好，做完之后也不是只为了结果。我一直在想，回到原点，到底是什么原因。

张兵武：这样反过来也能够不断提高中通生化的研发水平。我看中通生化的研发中心有 40 来人，有 50 多项专利，尤其是对全案服务的配套来说，研发是最核心的环节。中通生化在研发方面有什么优势？

朱洪：对，所以说我们研发的工作量还是很大的。中通生化的研发团队刚开始只有十几个人，随着想法越来越多，队伍不断壮大，消耗、占有空间也越来越大。后来两层楼都不够用了，新建了一栋研发中心。

中通生化主要分为五大基础模块，分别是基础研究、应用研究、包装开发、检验检测与质量控制、法律法规。这几个模块主要方向是导向性需求。对于希望做好的品类，我们会投入很大的精力。你看我们在祛痘品类做了很多基础研究。痘痘像病却又不是病，它的形成原因很复杂，在全球范围内都没有黄金诊断标准。

张兵武：大家都关注这个问题，但是没人能说出个所以然。

朱洪：其实全球都研究一百多年了，都没有找到一个核心的黄金诊断标准，所以大家会针对不同的痘痘症状去开发不同的产品，来应对这些问题。

中通生化也在分类型做基础研究，做得比较深，有20多年。从做祛痘的皮肤模型到不同皮肤类型的实验和测试，针对症状找到现有的国内外的治疗方法。最后比对哪些方法能在化妆品中使用，哪些方法不能在化妆品上使用，哪些原料能用在化妆品中，哪些原料又不能用在化妆品中。这就是在基础研究上的深耕。

张兵武：那特色研究方面呢？

朱洪：特色研究就是把基础研究成功转化为应用。在祛痘品类上，我们针对年龄、熬夜、饮食习惯不良等不同原因，开发了很多剂型的产品，从洗面奶到各种类型一共有40个品种左右，再去做多元化组合。只要是长痘痘，我们一定能找到解决方案。

这相当于自选式超市模型。我们产品经理和研发同事会帮你针对不同的客户类型去匹配。

张兵武：这些年市场对中国特色植物资源的研究越来越"火热"，中通生化应该很早就开始这方面的研究和开发了吧？

朱洪：受家庭影响，我一直心怀悬壶济世、治病救人的思想。其实任何一个东西我们都不要把它过分地夸大、极端化，取之所长、弃之所短，综合应用起来才能更好地使用它。

在中国，中药是宝贵的资源。实际上中草药是一门经验科学，是李时珍、孙思邈等中医药大师试出来的经验方，把中药的有用成分提取出来，再通过煎煮的方法将成分浓缩和去除有害成分。因为天然的植物来自大自然，但不一定安全，所以中药的炮制过程是去毒性的。

我认为，中医、西医有两个不同的诊断方案，但殊途同归。中医的望、闻、问、切在于诊断，中药在于治疗，这两个方向首先要分开，西医则是数据化的诊断。

基于这个原理，我们先把中药中的有效成分提取出来，接着结合西医方法分析、分离，看看某些物质在皮肤外用上的毒理是怎么样的，再通过皮肤模型慢慢筛选成分的毒性和效果，最后进行成分叠加复配。这就是我们在中草药研发中的基础研究。

张兵武：总体感觉上中通生化是一个偏功效型的工厂，提出的口号也是"功效护肤找中通"。现在市场竞争也很激烈，国家对功效的检测要求也越来越高，那中通生化怎么来定义这个"功效"，以及怎么去做战略规划？

朱洪：回到原点去思考，我们是做化妆品的，不是做药品的。两者最大的区别，首先化妆品在于安全，所以中通生化的核心开发理念是天然、安全，然后才是有效。药品则是允许有一定副作用的情况下，达到对主病的治疗效果。

其实化妆品不是追求疗效，而是追求保养、保湿、润肤等基本功能。但是，中国这几年化妆品市场竞争激烈，同质化比较严重，企业为了寻求差异化，就把"功效护肤"提出来。中通生化也不能独善其身，我们在功效上还是有优势的，所以也提出来了。

在中国，功效型化妆品叫特殊用途的化妆品，在日本叫医药外部品，在美国叫 OTC 产品，防晒、美白、防脱等这些都属于功效型。它的安全性是需要考证的，需要做严格的测试和评估。所以，我们一直秉承着一点：在安全的基础上追求效果。我们的安全评价中心，主要工作就是做安全评价之后，再做功效评价。

张兵武：你们做功效产品还是很严谨的。

朱洪：其实我们在做一件整个行业一直都没有做的事情。

做化妆品是一个物理混合的过程，基本没有什么化学反应。但在混合过程中有一个很重要的标准，就是成品跟原料是有很大关系的。

在 INCI 目录中，中国大概有 8000 多种原料可以使用，国外大约是 2 万种。问题来了，原料可以使用，但使用标准是没有的。简单来说，同一个原料不同纯度，作出来的产品一定不一样，那么不纯的原料中，哪些物质是不能添加的？如果存在不能添加的物质，就会影响到最后的产品质量。

比如说霸王，当年香港某周刊指出它添加违禁物质，最后证明是原料中带入的，虽然胜诉了但霸王的市场却受到严重冲击。这就是原料带入的影响。那么这类原料允许存在的含量是多少，现在还没有真正的标准。在安评的过程中，应该把化妆品的标准确定了，现在有工业级标准、医药级标准，但没有化妆品级，没有规定至少在哪个标准之上才能使用。

张兵武：这导致一些人做低质低价的产品。

朱洪：对，所以现在低质低价才这么容易"进门"。因此中通生化希望监管部门定个化妆品级的原料标准。有了这个标准，可以减少很多功效评价。只要功效在这个标准之内，很多都不用去测了。

这就是我们所说的从原点去思考，需不需要标准。如果需要标准，我就制定标准，之后就简单多了。在标准范围内，我可以选择合格的供应商和原料，在合格的基础上去研究功效。就跟包装开发一样，原料也要有统一的标准。

张兵武：基于刚才提到的研发、安全、原料标准，横向比较，在功效这一块，您觉得中通生化多年来积攒下的这些资产在哪个方面表现得最突出？

朱洪：说实在话，一个企业能在一个或两个品类做好，已经很不容易了，要看你想做多深。中通生化在祛痘领域是做得比较深的，衍生到痘痘肌的敏感性也做了一些研究工作。发现部分人不是天生的敏感肌，而是后天因素刺激导致皮肤出现暂时性反应，只需要停掉不良护肤品，就会慢慢恢复。

基于这些现象，中通生化目前基本是围绕祛痘、敏感、修复这 3 个品类深耕，其他的品类有所涉及，但不算太深。我们希望做到"1 厘米宽，1 公里深"。做深一点，我们自己也踏实一点。碰到什么问题之后，心里还是有底。

张兵武：这方面，市场反馈如何？

朱洪：消费者反馈还挺好的。我们有一个祛痘品牌叫比度克，从2004年上市到现在有20多年时间，没有做什么广告，但销量一直比较稳定。在销售过程中，我们可以汇总消费者反馈回来的问题，根据反馈来改进产品开发。我们提供ODM、OEM服务，这个过程也是在帮其他品牌做市场验证，这么多年的销量也证明了产品配方的稳定性。

张兵武：比度克市场表现怎么样？

朱洪：2004年到2008年，我们主要做学生市场，覆盖了全国100多所高校。从2008年开始，我们做淘宝天猫，成为流量红利的受益者，几年就有上千万消费者。线下渠道也表现不错。后来因为市场波动沉寂了几年，这几年我们又慢慢把这个队伍建立起来，开始在市场做推广。

现在大家看到就会说"比度克回来了"，其实不是回来了，我们就睡了一觉，休息一下，然后再出发。

张兵武：祛痘品类的代工在你们整体业务的占比应该比较大吧？

朱洪：没仔细算过，但客户的满意度、认可度还是很好的。祛痘市场有一个很大的特点，你要么在找客户，要么就在找客户的路上。祛痘产品是阶段性的产品，痘痘好了就不用了，产品不好也不会再找你。不过，我们20年的老用户还会给他的小孩买比度克的产品，真是实现了当年的口号：伴随着一代人成长。

张兵武：您也提到，中通生化做功效品肯定要天然、安全。当下中国的消费者对天然安全的概念，难免会跟中国特色植物资源结合在一起。在这方面，中通生化是如何挖掘结合的？

朱洪：有一部分人专门做中草药的基础研究，包括中药提取、安全评价、功效评价等，做完之后再把基础研究方案给到应用团队去做组方，他们会根据不同使用场景设计产品。

我们一直把中国特色植物作为主要研究方向，筛选了很多植物，发现并不是所有的植物都可以用，还要筛选出植物中的哪个主要成分起作用。按照化学拆分的方法，植物可以拆分出有效成分、无效成分、有毒成分以及无毒成分。这个工作也是我们自己在做，我们建了一个 600 多平方米的中试提取车间，这样对源头的质量把控更容易些。

其次，中国现在很难找到真正有效的中药了。

张兵武：这是一个致命的问题，有个说法叫中药毁于中药材。

朱洪：对，已经很难了。我们每次要找点中药，真是踏破铁鞋，上山下乡，去乡间地头收，不能去二道中药市场收，因为你看不出来那是什么东西。

张兵武：反过来看，在这种环境下，也形成了一个竞争优势。

朱洪：通过这种方法获得优势，其实是无奈之举。目前市场上对中医中药存在一些诟病，间接因素就是好中医能诊断，但没有好中药了。所以我们真要把一个产品做好，不仅要有火眼金睛，还要脚踏实地，去把每个环节控制好了之后，才能真正得到想要的效果。

张兵武：目前国家层面也在推动功效评测的发展，在这个市场之下，中通生化怎么规划未来发展战略，来匹配未来市场的发展？

朱洪：我们有一个初心：把自己所擅长的品类延续下去，也没想去做特别宽，就想把它做得窄一点，深一点。因为一个企业在一个品类上能做得很好，已经很不容易了。

对中通生化来说，经营理念是先做强再做大，所以在做每一个品类的时候，并不着急去做大。这么多年我们一直相对比较低调在做自己的事情，盈利后把其中一大部分投入到研究中。

在生产上，我们追求单位空间的使用率和利用率，多模块生产的模式使我们 30 亩园区的产能跟七八十亩的产能差不多。

张兵武：这很契合现在国家提出的专精特新的发展理念。

朱洪：做强做大之后没有核心竞争力是很危险的。没有核心竞争力，意味着你被超越的门槛会很低。某一些企业"暴雷"，也是因为没有核心竞争力，很容易在某些方面"塌方"。

张兵武：近年来中通生化一直在"出海"参展，您怎么看待"出海"这个方向？

朱洪：其实是被"逼"出海。如果能做点小富即安的事情，其实在中国待着挺好的。出海和出国旅游不同，出海肩负着巨大的责任和压力。我们现在先走第一步：先做外贸。所以我们参加了很多国外展会，希望能获得一些客户。以前进入WTO，我们是享受全球化红利的，但是从2025年开始，全球化基本上就结束了，又开始进入区域化，有很多联盟。那我们也不能坐以待毙，必须走出去，找到适合我们的机会。

张兵武：走到国外后，您怎么看待中国制造，尤其是美妆领域，跟国外制造的差距？

朱洪：中国制造在花色品种、使用功能和基础性能等方面，基本上跟国外没有太多的差距。而它的成本、性价比、品种丰富性，是国外制造所不能比的，因为国外做东西相对比较简单一点，也没有那么强的竞争，不像我们在这种高压力、高竞争情况下衍生出了这么多产品。